宁波学术文库

JD59.201505

Kuaguo Jingying Qiye Fazhan Moshi
Chuangxin Yu Lujing Tuozhan
Ningbo Kuaguo Jingying Qiye Dianxing Anli Yanjiu

跨国经营企业发展模式创新与路径拓展
——宁波跨国经营企业典型案例研究

孟祥霞 / 等著

ZHEJIANG UNIVERSITY PRESS
浙江大学出版社

图书在版编目(CIP)数据

跨国经营企业发展模式创新与路径拓展：宁波跨国经营企业典型案例研究 / 孟祥霞等著. —杭州：浙江大学出版社，2017.12
ISBN 978-7-308-17305-6

Ⅰ.①跨…　Ⅱ.①孟…　Ⅲ.①企业经营管理－跨国经营－案例－宁波　Ⅳ.①F279.247

中国版本图书馆 CIP 数据核字(2017)第 202202 号

跨国经营企业发展模式创新与路径拓展
——宁波跨国经营企业典型案例研究
孟祥霞　等著

丛书策划	吴伟伟 weiweiwu@zju.edu.cn
责任编辑	杨利军
文字编辑	陈　园
责任校对	高士吟
封面设计	春天书装
出版发行	浙江大学出版社
	（杭州市天目山路 148 号　邮政编码 310007）
	（网址：http://www.zjupress.com）
排　　版	杭州中大图文设计有限公司
印　　刷	嘉兴华源印刷厂
开　　本	710mm×1000mm　1/16
印　　张	18.75
字　　数	327 千
版 印 次	2017 年 12 月第 1 版　2017 年 12 月第 1 次印刷
书　　号	ISBN 978-7-308-17305-6
定　　价	58.00 元

本书作者(按写作顺序排列)：

孟祥霞　　刘美玲　　陶海飞

朱艳敏　　李成艾　　张　晴

陈林兴　　黄文军　　吴　瑛

杨　光　　吴瑞勤

序

改革开放以来,中国经济迅速崛起,对外直接投资已经实现了连续 15 年快速增长,2016 年中国对外直接投资(不包括银行、证券、保险)达到 1701 亿美元,超过外商直接投资(不包括银行、证券、保险)的 1260 亿美元。我国正在由资本引进为主的阶段向资本输出阶段过渡,越来越多的企业开始走向国际市场。2014 年之后,在国家"一带一路"倡议的引导下,许多企业开始向中东欧国家和东南亚国家投资,企业国际化经营的地理布局也逐步发生改变。宁波作为浙东地区的一个海港城市,交通便利,地理位置得天独厚,其外向型经济的特点显著。作为"一带一路"重点区域带城市之一,通过政策推进和企业努力,宁波企业跨国投资发展迅速,发展态势良好,一批具有"宁波品牌"的大型跨国公司正逐渐成长,跃升为宁波跨国经营企业技术创新、模式创新的典型。

随着宁波企业对外直接投资的高速增长,越来越多具有本土特色的企业由小变大、由弱变强,成为全球瞩目的跨国公司,受到世界的广泛关注。这些企业复杂、多元的国际化过程具有哪些共性规律? 企业在成长过程中采取了何种路径? 它们的跨国经营活动具有什么样的特点及经验? 这些问题对于拓展和创新企业跨国经营理论具有重要意义。本书选择盛威国际、宁波华翔、宁波西赛德、均胜电子、圣龙集团、申洲国际、宁波萌恒、杉杉集团、赛尔集团等 9 家宁波典型案例企业,通过对案例企业深入地调查与分析,对跨国经营现象和问题进行了描述、解释以及探索性的研究,梳理了案例企业的跨国经营实践,总结了企业跨国经营的模式和路径,在一定程度上总结和归纳了宁波跨国企业成长的规律。

　　传统跨国经营理论所研究的企业国家竞争优势,在中国的民营企业中难以找到相关的证据,以中国为代表的新兴经济体的兴起,使得发展中国家企业的跨国经营问题受到了更多学者的关注。宁波作为中国改革开放的先行地区,其在经济发展过程中克服了资源、土地、劳动力等限制,实现了经济快速稳定增长,形成了以民营企业为主导的区域经济特征。全书将9个案例企业跨国经营模式基本分为三类:华翔集团、圣龙集团以及均胜电子通过开展海外并购,快速嵌入了国际领先的技术网络,进而实现了技术创新,是"基于嵌入全球研发网络的发展模式";申洲国际、宁波西赛德以及盛威国际的共同点在于通过构建海外生产网络,实现劳动力、原材料及销售市场的一体化,快速构建全产业链的发展模式,进而实现了成本内部化,是"基于构建海外生产网络的发展模式";杉杉集团、赛尔集团以及宁波萌恒通过商业模式创新,快速开拓海外营销网络,进而实现了产业链的升级,是"基于开拓海外营销网络的发展模式"。

　　通过对三类不同模式的跨国公司实践的特点及成长规律提炼归纳,总结出如下结论:

　　1.中小企业的跨国经营形式更为多样化,基于资源获取、市场获取及技术获取等不同动机,采取了新建、并购等不同方式;

　　2.跨国企业的成长并没有按照传统理论预期遵循渐进发展的规律,许多企业在起步阶段就以对外贸易为其主要的经营手段,而后逐渐进军国内市场;

　　3.中小企业的跨国经营与政府政策密切相关,政策实施是影响企业"走出去"的重要因素之一。

　　本书的9个案例非常翔实,对每一家企业的分析也比较深入,归纳的模式规律及结论也具有一定的代表性。该研究对于中国众多民营企业的跨国经营实践具有深远的借鉴意义;也能为浙江省省内民营企业"走出去"战略的规划和制定提供决策依据和政策参考,同时也可以为跨国经营理论研究提供一定的研究思路和翔实的案例资料,推动相关学术理论研究进步。

　　本书案例分析还是存在一定不足,如案例企业集中于制造企业,缺乏新兴企业,结论经验具有一定局限性;此外,主要从企业战略视角探讨了宁波企业跨国经营的特点及规律,缺乏对企业家精神等角度的探讨分析。期望作者团队可以围绕这些问题进行后续深入研究,使研究成果更有借鉴意义。

　　总体来讲,本人认为,这样一本展示宁波民营企业跨国经营成长历程、揭示民营企业跨国经营一般规律、对传统理论进行拓展的研究成果集,能够为摸索中前行的中国民营企业决策者、政策制定者、学术研究者提供思想的启迪。

中国社会科学院教授　剧锦文
2017 年 3 月 25 日

前　言

　　随着经济全球化进程的不断深化,跨国经营已经成为企业突破资源约束、扩大市场的主要方式。从20世纪70年代以来,关于跨国经营的相关研究不断深化,在国际贸易、国际商务、发展经济学等领域都形成了一批有代表性的理论和学说。自2002年以来,我国一大批企业走出国门,兼并收购成为越来越多中国企业成长的选择。随着我国"一带一路"建设的推进,基于政策红利,我国企业跨国经营的方式和区域将显现多样化趋势。长期以来,以国有企业为主导的跨国经营将逐渐向民营企业转化,国有企业的跨国经营已经有较长的历史,积累了较为丰富的实践经验,而对于众多民营企业来说,跨国经营无疑是一个新的问题。民营企业如何借助跨国经营获得技术、市场、资源等要素是推进民营企业"走出去"战略实施的现实问题。

　　宁波作为浙江经济发展,尤其是外向型经济发展的主导城市,全市70%以上的GDP来自于对外贸易和对外投资。宁波经济以民营企业为主体,以外向型发展为特色,在当前世界经济持续低迷、原材料价格上升、劳动力成本上升等多重不利因素的影响下,宁波以传统产业为主的经济模式必须做出改变。而这种改变要以宁波鲜明的港口区位优势为前提,立足宁波以民营企业为主体的贸易发展模式,研究宁波民营企业跨国经营的模式、存在的问题以及如何利用国外先进技术改善宁波企业的竞争实力等已经成为宁波经济发展中必须重视的问题。随着上海自贸区的建设、浙江海洋经济战略的确立以及宁波离岸贸易、港口物流等发展方向的确定,宁波民营企业跨国经营的研究变得更加迫切与重要。此外,宁波作为"一带一路"重点区域带城市之一,如何利用政策机遇促进宁波经济更大的发展也是当前政府面临的重要议题。

民营企业的跨国经营问题，无论在理论上还是在实践上，对宁波来说都是一个创新研究的命题。民营企业跨国经营的内在规律、发展机理、经营模式都需要在理论上进行梳理和创新。本书基于对宁波九家民营企业的深入调研，结合现有跨国经营实践，对其形成过程和模式进行理论上的探讨，总结宁波民营企业跨国经营的经验，发掘宁波民营企业跨国经营的特色，发现宁波民营企业跨国经营的不足，为企业跨国经营理论提供补充，为宁波民营企业跨国经营决策提供借鉴与参考，为宁波市经济政策制定提供理论与现实依据。

企业跨国经营的研究已经较为普遍，但针对民营企业特点与内涵的研究还有待深入，本书的研究主要基于传统跨国经营理论，对企业成长的路径与模式进行解释与探讨，我们力求能够在民营企业跨国经营研究上有所创新和突破，但由于跨国经营研究涉及理论综合性和跨国经营实践的复杂性，书中难免会有理论分析和实践总结上的不足和偏差，敬请相关专家学者提出宝贵的意见和建议。

作　者
2017 年 3 月

目　录

第一章 宁波跨国经营典型企业发展模式与路径研究

第一节 引　言

　　在全球化的环境中,跨国经营已成为企业成长的一般方式,越来越多的企业参与到跨国经营的行列当中,在中国经济的快速增长以及我国企业的飞速发展中,跨国经营发挥着举足轻重的作用,创造并提供诸多的就业机会,有效解决国内日益突出的就业"难"问题,刺激国内经济,促进经济增长以及服务贸易、货物与技术转让等,在我国的贸易与经济中的地位越发凸显。为保证我国中小企业跨国经营活动顺利进行,我国先后出台了一系列财税优惠政策,特别是 1999 年以来,加大了在财税方面的支持力度,鼓励民营企业跨国经营。2001 年,企业"走出去"被正式列入"十五"规划纲要,从此,我国政府正式加大了对我国企业"走出去"的扶持、推动力度,鼓励、支持一批有实力的企业走出国门、走向国际舞台。随着"走出去"战略的实施,我国各类公司参与国际分工的方式突破传统贸易形式,逐渐加大并加快资本输出的步伐,对外投资屡创新高,投资区域及范围不断扩大。2014 年,我国对外非金融类直接投资额突破千亿美元,达到 1029 亿美元;2015 年创下了 1180 亿美元的历史新高,实现对外直接投资连续 13 年增长;2016 年达到 1701 亿美元,同比增长 44.1%。对外投资竞争力的持续走强,为我国企业利用国际市场和资源、培养品牌优势、提升技术水平等提供了渠道和路径。2013 年 9 月至 10 月,国家主席习近平在对哈萨克斯坦和印度尼西亚进行国事访问期间,首次提出共建"丝绸之路经济带"和"21世纪海上丝绸之路"的构想,简称为"一带一路"倡议。随着我国"一带一路"倡议的提出,对外直接投资成为国家和地方"十三五"期间的工作重心,推动对外直接投资规模的扩大与质量的提升成为新时期的重点任务。

宁波作为浙东地区的一个海港城市,交通便利,地理位置得天独厚,其外向型经济的特点显而易见,企业跨国经营投资发展迅速。同时,宁波民营企业约占宁波企业总数的90%,中小型企业为主体的民营经济是宁波经济的主角和增长的主要动力,为宁波经济的发展做出了重大贡献,在宁波市经济中占据重要席位,尤其是在宁波市对外投资领域,更是不可或缺,起着关键性的作用。宁波民营企业善于寻找适合的战略合作伙伴,寻觅适宜的切入点,充分把握目前全球产业结构优化调整的机会,果敢地进行对外投资,成为较早进行对外直接投资的一批民营企业。宁波属"一带一路"倡议规划下的重点区域带城市之一,"一带一路"倡议为宁波区域经济发展和企业海外投资提供了良好的机遇。在此背景下,宁波民营企业积极响应国家政策,大力推进对外投资、跨国并购,吸收国外资本和先进技术,提高规模效益。在国家方针指导下,宁波市委、市政府高度重视推进企业国际化,加快培育大型跨国经营企业,宁波市对外直接投资发展迅速,据宁波市商贸委员会现有资料统计,宁波2015年新增对外贸易经营企业3891家,共计备案登记企业29825家。全年累计境外投资企业(机构)数量为1000814家,突破100万大关,较2014年新增260118家,同比增长35.12%,较2006年增长了1538.7倍。宁波对外直接投资规模扩大,宁波境外投资企业(机构)数量增长迅猛(详见图1-1、图1-2)。

从对外投资的行业分布及形式看,其呈现多样化趋势。据宁波市商贸委员会数据统计,2005年宁波对外直接投资的主体行业为第二产业(97家),2009年金融危机之后,全球经济发展趋缓等国际因素致使宁波制造业的国际经营环境恶化,在此背景下,宁波境外投资企业逐步意识到了技术创新在企业经济发展中的重要地位。近年来,宁波民营企业对外直接投资的方向慢慢开始与国内经济需求紧密结合,涉外的科学研究、房地产、餐饮、汽车、酒店等产业逐步兴起。2010—2014年,宁波对外直接投资主要集中在贸易型、生产型、资源开发型企业以及境外加工贸易等领域。2015年以后,宁波对外直接投资的行业由以制造业为主逐渐转向制造、批发与零售、租赁与商务服务等行业,分别在宁波对外直接投资实际中方投资额中占比为26.8%、26.9%和21.3%,但就行业整体状况而言,制造业和批发零售业仍是宁波民营企业对外投资的主体。据相关统计显示,2015 年 1—11 月,制造业和批发零售业备案金额分别为 5.9 亿美元和 7.5 亿美元。此外,建筑业、制造业和商务服务业的境外投资状况良好,有较大幅度的增长。

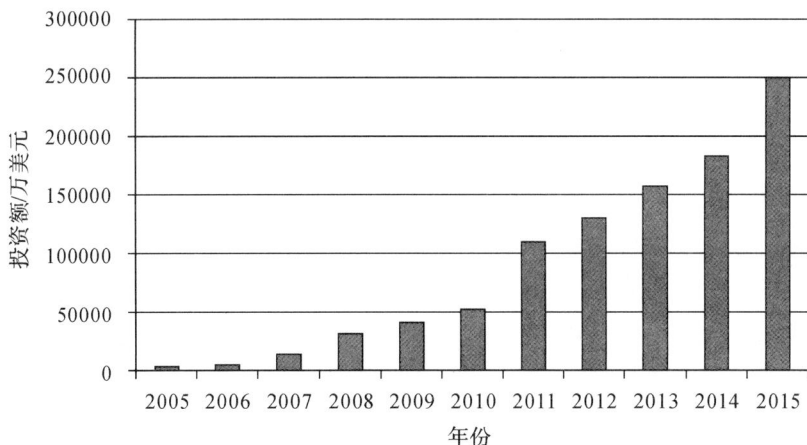

图 1-1　宁波对外直接投资核准中方投资额

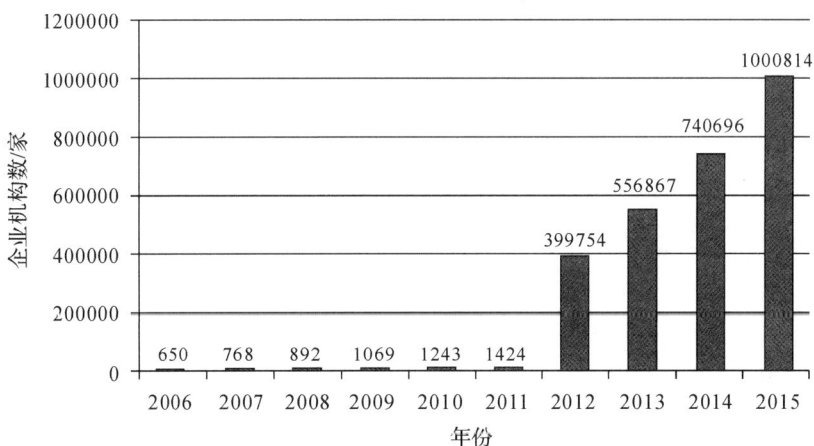

图 1-2　宁波历年累计境外投资企业(机构)数

随着宁波民营企业的不断发展壮大,宁波民营企业在宁波企业中占据核心地位,对宁波经济的发展具有巨大的推动作用,占据宁波市企业总量90％以上的宁波民营企业是宁波市经济大舞台上的“当家花旦”。宁波民营企业的存量资本虽由 2006 年的 81％缩减到 2014 年的 63.6％,但其超过半数的占比仍使得宁波民营企业在对外投资中具有优势。盛威国际、宁波华翔、宁波西赛德、圣龙集团、均胜电子等一批实力强大的宁波民营企业主导对外投资的国际化大舞台,向世界充分彰显了宁波对外投资的经济特色。

在国家"走出去"战略和"一带一路"倡议推进下,国内各地企业纷纷响应国家号召,加快对外直接投资发展步伐,沿海城市宁波更是表现出色。宁波对外直接投资发展迅速,发展态势良好,一批具有"宁波品牌"的大型跨国公司正逐渐成长,跃升为宁波企业技术创新、模式创新的典型。在此背景下,只有了解这些企业是如何开展跨国经营的,有哪些共性的发展模式,进一步归纳分析跨国企业成长的路径,才能更好制定宁波跨国企业培养的对策及建议。为了实现上述目标,基于宁波民营企业开展国际贸易普遍性和大型跨国企业稀缺性并存的现状,本研究采用多案例研究方法,通过对盛威国际、宁波华翔、西赛德、圣龙集团、均胜电子等企业准确翔实的观察,结合这些典型跨国经营企业国际化发展及成长的实际情况,深入探讨市场、环境等外部因素及技术、管理等内部因素对企业成长的影响,梳理跨国企业发展的模式,总结宁波跨国企业成长的路径,进而提出适应于培养大型跨国企业的策略及建议。本研究所选择的案例包括宁波盛威国际集团股份有限公司(以下简称盛威国际或盛威)、华翔集团股份有限公司(以下简称宁波华翔或华翔集团)、宁波西赛德渔具有限公司(以下简称宁波西赛德或西赛德)、均胜电子股份有限公司(以下简称均胜电子)、宁波圣龙(集团)有限公司(以下简称圣龙集团)、宁波申洲国际集团有限公司(以下简称申洲国际或申洲集团)、宁波萌恒工贸有限公司(以下简称宁波萌恒或萌恒)、宁波杉杉集团股份有限公司(以下简称杉杉集团)、宁波赛尔集团有限公司(以下简称赛尔集团),这些企业在探索跨国经营的过程中,逐渐成长为大型跨国企业,在各自领域内确立了竞争优势。因此,总结这些企业跨国经营的模式成长的路径,不仅可以将这些优势企业的先进经验在宁波市、浙江省乃至全国范围内推广和运用,也可以促进这些优势企业进一步深入思考企业自身的特色及优势,梳理企业发展路径,从而走出一条持续的创新发展之路。

本研究采用案例研究方法,探究宁波跨国经营企业发展模式与成长路径,研究的基本思路是:首先,这些跨国企业在跨国经营中依靠哪些策略帮助企业形成确定了国际竞争优势,即跨国经营企业的发展模式及成长路径是什么?其次,这些优势企业采取了不同的发展模式,不同模式在不同企业的运用下,达到了相同的效果,即企业决定采用不同跨国经营模式的影响因素是什么?最后,这些优势企业所采取的策略和发展模式对其他企业以及政府有何重要启示?

第二节　国内外相关研究与实践述评

自 20 世纪 60 年代,美国学者海默提出垄断优势理论以来,先后有英国学者邓宁、美国学者弗农等管理学家、国际商务专家不断地对企业跨国经济理论的研究进行深化,但在 2003 年之前,企业跨国经营在经济学界并没有引起太多关注。2003 年,美国青年经济学家 Marc Melitz 基于 DS 研究框架,从经济学角度提出了研究企业跨国经营的新理论,在全世界引起震惊,这一突破性的理论被后来的研究者称为新新贸易理论。在这一理论中,Melitz 用企业异质性解释了跨国公司经营的路线和选择的方式,他认为企业跨国经营的基本路线为,先国内经营,再出口,最后进行跨国投资;企业生产效率的排序为,生产效率最高的企业选择国外投资方式,次高的企业选择出口,再次的企业进行国内经营,最差效率的企业将会退出市场。

以外向型经济为特色的宁波经济则是表现出与其研究完全相反的结论,宁波大多数企业在规模和生产效率都比较低的情况下选择出口,而当企业发展到一定阶段、具备一定实力的时候才转向国内市场。从这一层面上来说,宁波民营企业的跨国经营具有与西方发达国家完全不同的发展模式。为什么会形成这种发展模式,当前的理论界还没有给出明确的解释。Melitz 的研究结论对于西方国家是适用的,但对发展中国家,尤其是中国,并没有表现出太多的适用性。研究宁波这一特定的现象对于补充和完善当前新新贸易理论具有重要的理论意义。从当前文献的研究来看,关于企业跨国经营主要有以下几个方面的研究。

一、跨国经营的绩效评价、动因及影响因素

企业跨国经营的绩效直接反映了企业国际化竞争力,代表了企业的国际化水平。而企业国际化竞争力往往与企业跨国经营的动因及影响因素密不可分。因此,本部分重点介绍企业跨国经营的绩效评价、动因及影响因素相关研究成果。

（一）跨国经营的内涵及绩效评价

早期学者探讨了企业跨国经营的内涵及基本要素,认为跨国经营是国内企业通过对外直接投资,在国外建立子公司或分支结构,并以此为基础所展开的跨国界的、以营利为目的的生产经营活动。企业跨国经营要满足两个基本要素:一是强调企业对海外资产的控制权,或对其经营管理施加有效影响;二是在母国之外的其他国家展开以营利为目的的生产经营活动(Dunning,1996;Buckley et al.,2007;鲁桐,2003;李梅,柳士昌,2012;杨校美,张诚,2014)。

基于波特竞争力模型,Hamel、Prahalad(1983),Andersson 等(1997,2002),以及国内学者王建华、王方华(2002),金碚(2003),赵世磊(2011),李珮璘(2015)等研究了跨国公司经营绩效的影响因素,并构建了跨国公司竞争优势的测度模型。上述学者大多采用综合指标评价方法,主要从跨国公司跨国化(国际化)、市场规模、经营效率等方面综合评价企业国际竞争力。Welch、Luostarine(1988)及 Sullivan(1994)提出多维度复合指标测度跨国公司的国际化绩效。也有一些学者关注企业国际化与企业经营绩效之间的关系,主要观点为线性关系(Tallman et al.,1996;Bausch et al.,2007;王福胜等,2009)、N 形关系(Contractor et al.,2003)、U 形关系(Ruigrok et al.,2003;鲁慧玲,2008)、S 形关系(Lu et al.,2004;杨一尘,余颖,2008;Nielsen,2010)等。

(二)跨国经营的动因

与发达国家跨国公司比,新兴经济体跨国公司往往规模较小,先进高端技术短缺,资源相对简单。这些因素使新兴经济体跨国公司在制度环境不健全、市场效率低下的本国市场开展经营时面临困难(Denis et al.,2002;Cheung et al.,2012)。因此,学者从企业特定因素(Luo,Tung,2007)、母国和东道国制度因素(Witt,Lewin,2007;Kolstad,Wiig,2012)、资源禀赋(Chen et al.,2012)及企业市场(行业)关联(Rugman,Verbeke,2007)等内外因素阐释了企业开展跨国经营的动因。

Bausch、Krist(2007)对德国和新西兰的对外直接投资动机进行了比较研究,发现拥有丰富熟练劳动力的东道国能显著吸引德国跨国公司对其的对外直接投资,但丰富的熟练劳动力对新西兰跨国公司的对外直接投资却没有显著的影响。Elango 等(2013)基于美国 1992—2000 年的数据研究了美国对外直接投资的动因。研究表明,产业集聚、市场规模、劳动力市场的成熟程度、东道国市场成本等因素是美国对外直接投资考虑的主要因素。

而关于中国企业对外直接投资的动机,国外有些学者从中国特殊的政策环境分析得出了不同的观点。Buckley 等(2007)着眼于中国国内完善的资本市场所带来的低成本资金优势、特殊的华人社会网络所带来的所有权优势以及政府对于经济的强力控制等制度性因素。Morck 等(2008)指出，近年来中国企业对外直接投资以国有企业为主，他们对此的解释是国有企业获得了巨额的国内资金支持，但政府对这些企业的高度控制导致了企业决策者缺乏理性投资和合理分红的经济动机。

(三)跨国经营的影响因素

目前，对企业跨国经营影响因素的研究文献，更多停留在对外部宏观环境的分析上，如鲁桐(2000)、刘志彪(2007)以及邱斌、叶龙凤、孙少勤(2012)等。其中一部分文献侧重于从区位选择的视角，主要选取包括东道国工资水平、研发水平、基础设施、制度质量、市场规模等因素，研究企业"走出去"的影响(Morck et al.，2008;陈继勇，雷欣，黄开琢，2010)。Elango 等(2013)研究了美国在泛太平洋地区对外直接投资的演变，发现东道国收入水平、劳动生产率在美国对外直接投资的区位选择中具有显著的影响。Kolstad、Wiig(2012)，在区分技术拥有型和技术利用型对外直接投资的基础上，实证检验了劳动生产率和劳动成本对对外直接投资的影响。研究表明，劳动生产率和劳动成本对技术拥有型对外直接投资具有明显的影响，而对技术利用型对外直接投资的影响却不显著。

另一部分文献的研究是从母国视角出发，主要关注母国制度质量和政策支持等对中国企业"走出去"的影响(Cheung et al.，2012;杨丽丽，赵进，2009;冀相豹，2014;Powell，2014)。Yam 等(2011)将比较优势、对外直接投资及生产率三者之间的关系进行了理论和实证研究，结果发现韩国的对外直接投资与其国内的劳动生产率及比较优势之间呈现正向关系。此外，还有少量研究文献是从母国与东道国之间特有的双边制度联系，解读中国企业"走出去"的影响因素(Buckley et al.，2007;阎大颖等，2009;陈岩等，2012;杨校美，张诚，2014)。

二、跨国经营的模式及经济效应相关研究

(一)跨国经营的模式研究

Geringer、Hebert(1991)认为国际市场进入模式是指一个企业成功地将该企业的业务活动以及企业的营运活动扩张至海外市场的方式。后续相关的研究表明进入模式是指企业权衡其运作状况以及诸多外部环境变量等条件之后所做出的方式抉择。Makino 等(2004)则将这一恰当的方式抉择阐述成一种合适的制度安排，也即企业在将其工业技术、产品、人员技能、管理经验以及其他自有资源移至国外市场所采取的一种制度安排。当然这一制度安排是有时间限制的,由于伴随着企业所在行业的经验的增加,企业市场进入模式的选择也有可能会发生改变,因此大多数研究都采取了3~5年的时间长度。Shaner、Maznevski(2011)指出,市场进入模式的选择包含两个层面的战略决策:制造和营销活动的区位及它们的股权模式(零股权、合资和全资)。市场进入模式即企业以独资或者与其他企业合资的方式在东道国进行产品的生产或销售进而安排其产品市场的战略结构。

李国学(2013)就我国中小企业对外直接投资的模式与途径进行研究,将我国中小企业对外直接投资的模式划分为主动防御型、主动依附型、政府主导型、产业集群型这四种投资模式。罗伟、葛顺奇(2013)将中国资源型企业对外直接投资的模式划分为基于资本优势的资源诱发型模式、基于资源—技术—管理优势的诱发型模式、基于资本优势的资本—技术—管理诱发型模式和基于资本—技术优势的资本—技术—管理诱发型模式。阎大颖(2013)对国家特定优势下中国对外直接投资的区位模式与产业模式进行了研究,认为自然资源、战略资源、廉价劳动力是影响国家对外直接投资区位模式选择的三大因素,服务业、制造业、资源开发等是对外直接投资的几大产业模式。周茂、陆毅、陈丽丽(2015)认为,随着企业生产率的提高,企业对外直接投资时选择并购模式进入海外市场的可能性增加;母国企业上游知识资产跨国流动性减弱会削弱高生产率企业对并购模式的选择效应。

(二)跨国经营模式选择的因素研究

不同的进入模式体现了不同的控制、承诺以及风险水平。通过对国际贸易、产业组织以及市场资源等领域的研究,学者们发现,对于不同的进入模式,有很多因素会对其产生影响。新新贸易理论的典型代表Grossman、Helpman建立了一个内生性模型来分析企业最优国际化战略,分析各种最优国际化战略的选择行为。陆亚东、孙金云(2013,2014)基于新兴国家跨国公司的视角,提出了互联、杠杆化和学习的跨国经营模式及路径。国内学者裴长洪、樊瑛(2010),唐晓华、徐雷(2011),胡平、温春龙、潘迪波(2013)等从资源、制度等内外变量角度,分析了我国企业开展跨国经营的影响因素及跨国经营优势的提升机制。

(三)跨国经营的经济效应研究

关于跨国经营效应的研究,主要集中于逆向技术溢出效应、产业结构调整和就业效应三个方面。有关跨国经营逆向技术溢出效应的研究主要集中于两个方面。一方面观点认为,跨国经营逆向技术溢出效应促进了投资国生产效率的提高。Kogut、Chang 最早研究跨国经营的技术寻求动机,提出获取东道国的逆向技术溢出已成为跨国公司对外投资重要动因。Almeida、Phene(2004)研究表明跨国经营均获得了显著的逆向技术溢出效应。另一方面观点认为,跨国经营逆向技术效应会因为国别差异而出现不同的效应。Palmatier 等(2007)通过对不同国家跨国经营实证研究,发现了对外直接投资的逆向溢出效应国别差异的存在。

产业结构效应研究方面,日本知名学者 Ozawa 从边际产业跨国转移、动态比较优势互补和各国经济发展阶段差异性的视角深入考察了对外直接投资与国内产业结构调整之间的相互关系。同时,Stahl、Voigt(2008),以及霍忻(2014)也提出对外直接投资与产业结构调整之间存在着紧密的关联。

就业效应研究方面,柴庆春、胡添雨(2012)在综合比较替代效应与产出效应以及比较外向型企业就业增长状况与非外向型企业就业增长效应的基础上分析了对外直接投资对国内就业的影响,结果表明这种影响是积极的。王胜、田涛、谢润德(2014)认为,对外直接投资对我国就业总量产生了替代效应,但在很大程度上促进了我国就业结构的优化,同时认为对外直接投资对母国就业的影响主要是通过对外贸易、国内投资、技术进步、产业结构调整、国际收支、人力资本、市场化进程等因素实现的,通常具有双重作用。董有德、孟醒(2014)发现,我国对外直接投资的就业效应在地区上存在差异:"一线城市"及沿边省份呈微弱负相关,而其他省份为正相关。

三、研究述评

上述研究成果展示了国内外学者在不同角度对对外直接投资的不同见解,为本论文对宁波民营企业对外直接投资的模式分析提供了非常坚实的理论基础和参考。通过对现有文献的梳理,我们可以发现,国内外关于跨国公司经营的研究主要集中在跨国经营的影响因素、进入模式等方面,多数研究主要分析面上跨国经营问题,而对企业层面的研究,尤其是案例研究较少。现有国外研究无论是企业国际化的理论研究还是实证研究,无论是探索不同国际化进入模式的影响因素还是研究不同进入模式与企业绩效间的关系,现有文献基本上把目光聚焦在发达国家的企业身上,基本都是基于对欧洲、北美、澳大利亚或新西兰的企业的研究所得出的研究结论和研究成果,关于发展中国家企业国际化的研究却是凤毛麟角,而且现有研究多集中在企业的外因,对内因的研究比较缺乏,尤其缺乏基于中国民营企业的样本研究。

对照国内外研究现状,国外学者对对外直接投资的研究较为深入与成熟,其研究的广度与深度更甚,而我国对对外直接投资的研究理论描述较多,有待进一步具体化,我国对对外直接投资的相关研究绝大多数是建立在国外学者的研究成果基础上的,所以,在对我国对外直接投资的相关研究上,仍有待进一步深入和完善,并需要进一步结合国内企业和我国国情的特点,落实研究,更好地为企业与政府服务。通过前面的分析,可以发现宁波作为浙江省民营经济发达的地区之一,其跨国经营与理论预期并不完全一致,通过典型案例来研究宁波的跨国经营能够补充现有跨国经营理论;同时,也能够在当前"一带一路"建设背景下,为宁波跨国经营政策制定提供战略参考。

第三节　本研究分析框架

一、分析框架

基于上述理论与现实背景,本研究通过查阅相关文献资料以及相关的案例研究,在梳理对外直接投资的相关模式后,结合宁波盛威、华翔集团、宁波西赛德等 9 家宁波民营企业对外直接投资的实际情况,梳理总结宁波民营企业对外直接投资的模式及其优劣势,同时,结合相关研究分析,就能更好地对促进宁波民营企业的对外直接投资提出部分相关对策与建议。通过此次研究,我们真切地希望能够为宁波市政府在对外直接投资政策制定以及宁波民营企业在对外直接投资模式的选择上提供借鉴与参考,以此推动宁波民营企业对外投资的更好发展。

本研究主要采用以下研究方法:一是理论研究法。对国内外关于对外直接投资的研究成果进行收集、整理、研究与分析,在较为充分了解对外直接投资相关理论的基础上就宁波民营企业对外直接投资的模式进行分析。二是案例研究法。案例研究法是经济管理类问题研究的常用方法,广泛用于说明和佐证论文的观点或研究结论,因此也是本研究的主要方法之一。本研究以宁波盛威、华翔集团、宁波西赛德、均胜电子、圣龙集团、申洲国际、宁波萌恒、杉杉集团、赛尔集团这 9 家跨国企业为主要研究对象,就宁波民营企业跨国经营的主要模式进行分析,进而为宁波市政府相关政策制定与宁波民营企业跨国经营模式的选择提供借鉴与参考,具体研究思路见图1-3。

驱动因素	模式选择	跨国经营决策	发展路径	结果

技术进步　市场开拓　资源获取　制度红利

嵌入研发网络　开拓营销网络　构建生产网络

参与研发设计　获取原料供应　搭建营销网络　建立制造基地

渐进发展　激进发展　跳跃发展

跨国公司成长

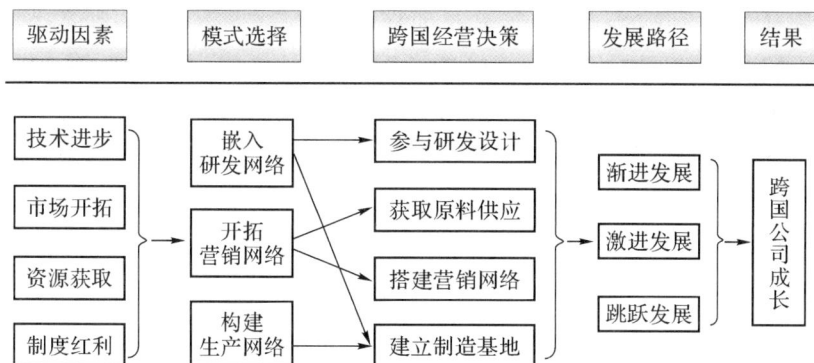

图 1-3　民营企业跨国经营发展模式与路径选择

二、民营企业跨国经营的发展模式

模式是指一种成型的套路与方法。企业参与对外投资的第一步就是进入国际市场,企业如何进入国际市场对一个企业对外投资的成功与否有着极为关键的影响。为保护本国企业,一国通常会制定政策限制外商活动,利用贸易壁垒、技术壁垒、关税壁垒等阻碍他国产品的进入。为有效避开东道国的各种贸易壁垒,实现向东道国市场或通过该市场向其他成员国家输出的目的,企业往往会选择在东道国直接设厂房、基地与分支机构等。还有很多其他有关跨国模式的说法,例如把中国企业集团跨国经营的模式分为工贸一体化型、外贸联营型、交通运输型、金融投资型、劳务输出对外服务型。最近跨国并购成了一个比较热的跨国模式的话题,有的学者把跨国并购的动机分为资源寻求型、市场寻求型、技术寻求型、战略资产寻求型,把并购的操作方法分为直接并购、成立合资公司并购、新设控股公司并构、境外子公司并购、换股并购。基于宁波企业的跨国经营的做法,本研究将其跨国经营的模式分为三种:嵌入全球技术网络模式、构建全球生产网络模式和开拓海外营销网络模式。

嵌入全球技术网络的方式很多,企业通过参与国外研发,承担国际研发的某个环节等方式实现参与全球技术研发。早期也有大量研究验证了参与研发具有溢出效应、竞争与示范效应、关联嵌入效应和互补机制。Sturgeon(2001)引入了一个企业层面的技术溢出框架,验证了技术嵌入的溢出效应有助于提高企业的创新能力。Prashantham、Young(2011),Chetty 等(2014)也论证了中小企业参与国际研发的互补机制。

全球生产网络的形成对企业成长发展方面、集群企业和产业升级方面及国家经济发展方面都带来了显著的影响,也给各行各业带来了新的发展契机,受到学术界的广泛关注。一般认为,全球生产网络的专业化提高了本国生产率水平,并对发展中国家供应商能力的形成起重要作用(郑准,王国顺,2012)。也有学者认为,全球生产网络存在一定的负面影响,必须强化企业主体创新能力,通过产业集聚创新来突破领导企业在价值链关键环节设置的壁垒,获取在全球生产网络价值链上的全面升级(王敏,冯宗宪,2013)。

开拓境外营销网络是企业进入国际市场的重要方式,该模式就是由企业自行在境外投资建立零售网点、仓储中心、销售中心及分销渠道等,自行在境外进行产品销售。该模式优势是企业直接通过境外专卖店、分销商销售自己的产品,可积极推广自主品牌,但劣势是初期投资大、建设周期长、见效慢。我国民营企业偏向于选择相邻的国家和地区的市场。这些国家和地区与我国的文化相近,华人集聚度高,有相似的需求偏好。

三、民营企业跨国经营的发展路径选择

对于企业跨国经营的发展路径,学术界普遍存在"渐进论"和"激进论"这两种观点,基于跨国企业国际化经营实践及学术研究,大致可分为渐进式、激进式和跳跃式三种路径。

渐进论学派学者认为,企业是经过一定的时间与历程,然后才逐步地发展为跨国公司的。这一过程包含两个方面:一方面是指企业会经历"国内生产—中间商出口—直接出口—在海外设立办事处/销售部门—在海外设立子公司"的经营方式的演变过程;另一方面是指企业地理空间扩大的过程,即国内市场—海外相邻市场—全球市场。目前,在国际市场中不具有比较优势的我国民营企业,往往缺乏企业异质资源,而且与西方发达国家的文化差距较大,有"心理距离",因此国际市场扩张模式是"渐进式"路径:①首先以港澳地区和相邻国家市场为突破口。②寻找制度市场接近的区域进行市场开拓。选择一些资源丰富、市场潜力巨大的市场进行投资。例如:高收入的中东国家对进口商品的需求量大,各个层次的产品都具有一定市场规模;拉美地区有丰富的矿产资源,而且对外资需求迫切。③逐渐扩大对发达国家的跨国经营。发达国家是最为理想的海外投资地,市场规模巨大,投资环境优越,在发达国家市场取得认可就能获得区位优势,可以高效获取我国所需的知识、技术及资金。但是进入的门槛很高,市场竞争也更为激烈,对企业自身实力要求很高。

此外,一些企业在跨国经营中并未遵循渐进成长规律。基于这些企业

的跨国经营实践,国际新企业理论形成于 20 世纪 90 年代,研究对象为具有
天生全球化特征的中小企业。该类企业在国际化扩张中遵循激进式的成长
路径,成立后不久便走上国际化发展道路,参与对外直接投资和国际经营
(Freeman et al.,2006)。近年来,长三角和珠三角地区涌现了大量的知识
密集型和技术密集型企业,它们往往采取激进式的国际化成长路径,其特征
主要体现在以下几点:①拥有丰富的国际化经验,使得这些企业愿意并且有
能力出口或直接投资;②拥有良好的外部网络组织的合作关系,通过跟随顾
客或供应商开拓海外市场;③公司利用高质量、差异化的产品设计和定制化
产品与服务为客户创造价值(曾德明等,2016)。

　　2008 年以后,随着全球经济发展新格局的形成和中国对外政策的不断
深化,少数长三角和珠三角的高科技企业采取了激进式的成长路径。这些
企业跨国经营呈现跳跃式发展,绕过某个渐进的环节。比如具有垄断优势
的大型企业凭借自己的绝对优势直接到其他国家投资建厂,在当地直接生
产营销,跳过出口贸易环节,美国很多大型企业都是如此。而且,它们会首
先选择在欧洲或日本这样的发达地区设立子公司或工厂。我国能源行业的
大型企业也主要选择进入资源丰裕国家的市场。近年来,宁波地区一些跨
国公司也利用资本优势及制度红利,通过实施跨国并购、战略联盟等手段,
快速实现企业的国际化扩张。

第四节　宁波跨国经营企业案例分析

　　本研究选取了宁波盛威、华翔集团、宁波西赛德、均胜电子、圣龙集团、
申洲国际、宁波萌恒、杉杉集团、赛尔集团等 9 家不同的宁波民营跨国企业
作为实证研究对象,所选择企业的基本特点如表 1-1 所示。

表 1-1　案例企业基本特点

序号	企业名称	产权性质	企业类型	产业特色及优势
1	宁波盛威	民营	保险箱制造企业	科、工、贸、金融投资为一体的专业化、集团化经济实体
2	华翔集团	民营	汽车零部件制造为主业的综合性控股公司	核心客户覆盖宝马、奔驰、大众、通用、福特、沃尔沃等大部分国际汽车制造业巨头

续表

序号	企业名称	产权性质	企业类型	产业特色及优势
3	宁波西赛德	民营	渔具制造企业	国际渔线轮行业的领先者和开拓者
4	均胜电子	民营	汽车零部件制造企业	国内前十大汽车零部件企业,是汽车电子的龙头企业,也是新能源动力电池控制系统、主被动安全领域的翘楚
5	圣龙集团	民营	零部件制造企业	发动机机油泵产量居全球第二位,已成为全球知名厂商福特、通用、雪铁龙、捷豹路虎、宝马、保时捷的一级战略供应商
6	申洲国际	民营	服装制造企业	中国最大的纵向一体化针织制造商,中国出口金额最大的针织服装生产企业,在中国服装出口企业中排名首位
7	宁波萌恒	民营	贸易、投资多元企业	国际贸易、海外投资、国际电商、国内贸易、生产制造、国内投资等领域的大型企业集团,服装辅料领域名副其实的"航母级"企业
8	杉杉集团	民营	服装制造业	以品牌运作为核心的多元化战略模式
9	赛尔集团	民营	进出口贸易企业	以供应链管理为特色的多元化综合型的总部企业

一、宁波跨国经营企业发展模式与路径的特征

在对 9 家宁波跨国经营企业发展模式与路径分析的基础上,借助本研究对于跨国经营的动因、模式及选择路径的理论分析框架,本研究发现宁波民营企业跨国经营的模式大多偏向于渐进论的市场扩张模式,同时,本研究从具体到一般,基于研究宁波民营企业的跨国经营的实践,归纳出三种不同模式,包括"嵌入全球研发网络的发展模式"、"构建全球生产网络的发展模式"和"开拓海外营销网络的发展模式",其主要特点总结如表 1-2 所示。

表 1-2　案例企业跨国经营模式及特点

发展模式	案例企业	跨国经营特点	主要特点
嵌入全球研发网络的发展模式	华翔集团	围绕汽车零部件产业链,运用全资、控股、参股等方式不断开展海内外资本扩张,实现了跨国经营战略	以技术升级和市场扩张为导向的跨国并购

发展模式	案例企业	跨国经营特点	主要特点
嵌入全球研发网络的发展模式	圣龙集团	采用跨越式市场扩张模式,技术品牌竞争组合的市场竞争模式	技术寻求为先导,"实验室＋生产工厂"同步跟进
	均胜电子	通过多次并购整合,成功实现了由低端制造到高端研发的转型升级,形成了汽车电子、内外饰功能件、新能源动力控制系统、工业自动化及机器人的多元化产业链	以产业链升级为导向的海外并购
构建全球生产网络的发展模式	申洲国际	生产基地海外拓展及转移,实现纵向一体化,在研发方面也越来越注重国际化的经营战略	纵向一体化
	宁波西赛德	通过国际众包,提升企业产业链地位	国际众包
	盛威国际	以海外生产基地为抓手,推进渠道、技术和管理的高效整合,实现品质和销售的双提升	生产、技术及渠道融合发展
开拓海外营销网络的发展模式	杉杉集团	以资本运作为手段,专注品牌运营及产品设计,剥离了大部分生产和营销业务	品牌营销
	赛尔集团	以供应链管理为切入点,建设以供应链管理为特色的新型外贸服务平台,加快从外贸产品提供者向综合贸易服务提供商转型	供应链管理创新
	宁波萌恒	基于全产业链战略,开展跨国经营,提升企业全产业链地位	构建全产业链

二、嵌入全球研发网络的发展模式

在我国从以资本、资源投入为主的增长模式转向以知识资源的投入与知识创新为基础的增长模式过程中,从微观层面看,作为经济细胞的企业快速地通过技术进步、升级而成长是形成跨国企业竞争优势的关键和基础。从华翔集团和圣龙集团的"以技术升级和市场扩张为导向的跨国并购"以及均胜电子的"以产业链升级为导向的海外并购"中,我们发现它们的共同点在于通过开展海外并购,快速嵌入了国际领先的技术网络,进而实现了技术创新,走出了一条"基于嵌入全球研发网络的发展模式"。

（一）华翔集团

华翔集团成立于1983年,是一家以汽车零部件制造为主业的综合性控股公司,总部设在宁波象山,从原来生产烟灰缸等小配件加工企业发展成为当前中高端汽车零部件、汽车电子产品和大中型精密模具等汽配制造业龙头。华翔集团旗下的子公司宁波劳伦斯汽车内饰件有限公司、宁波华翔电子股份有限公司和华众控股有限公司开展了多次国际并购,从一家普通的民营企业成长为全球汽配行业500强的汽车零部件制造巨头。

近15年来,公司销售收入增长了13倍,2015年本土销售收入近130亿元,营业收入复合增长率是同期国内乘用车销量复合增长率的2倍,成为宁波市重点培育的18家大企业大集团之一,跻身中国民营企业500强。目前控股子公司9家,包括华翔电子和华众控股两家上市子公司以及从英国移植到宁波象山的宁波劳伦斯;参股企业60余家,布局宁波、武汉、重庆、南京、沈阳等国内重要城市以及英国、德国、美国、罗马尼亚、捷克、新加坡等国际生产基地。

随着汽车行业全球化不断深入,国内竞争日趋激烈,融资难度日渐增大,越来越多的民营企业通过跨国并购寻求技术突破和产品转型升级。华翔电子通过跨国并购实现了短时间内提升核心技术、扩大市场占有率和加快打造全球协作平台,但由于我国金融市场发展缓慢,民营企业自身实力有限,跨国并购中面临较大的融资约束。并购融资模式选择对民营企业海外并购绩效形成了深远、持久的影响,同时也决定着民营企业后续国际化的发展进程。

（二）圣龙集团

圣龙集团成立于1996年,现有员工2600人,外籍员工400余人,是一家集工业、贸易、投资于一体的国家火炬计划重点高新技术企业、资信AAA级企业。目前,集团旗下有多家子公司,涵盖了汽车零部件、地源热泵空调及船舶配件等产业。汽车零部件是集团支柱产业,主要产品为汽车发动机油泵、变速箱油泵、发动机凸轮轴及铝压铸件四大系列50余个品种。公司客户分布北美、德国、英国、日本、韩国、澳大利亚等国家和地区,2012—2014年公司在境外市场的销售额占公司当年总销售额的比重分别为69.62%、59.84%和46.03%。截至2014年年底,圣龙集团累计完成各类科技成果50项,其中国家火炬计划项目3个,市级新产品47项;累计获得国内发明专利

7 项、国内实用新型专利 58 项、外观专利 7 项;获得美国、德国、日本、法国等国的发明专利 21 项。2012 年,公司被评为"浙江省专利示范企业",集团企业技术中心被评为国家级企业技术中心;2014 年,公司被评为"国家火炬计划重点高新技术企业"。

圣龙集团通过多次技术寻求型跨国经营,实现了技术升级,全面融入国际主流整车厂的供应体系,目前已经成为长安福特、上海通用、上汽通用五菱、江铃、神龙、长城、奇瑞、吉利、北汽福田等众多国内外知名整车厂商的一级供应商。其发动机机油泵产量居全球第二位,在核心零部件这块,通过"引进来、走出去",集团现在已建成以宁波为总部,中(宁波)、美(底特律)、德(慕尼黑)、英(利明顿)四地联动的全球技术中心,以及中(宁波、湖州)、美(俄亥俄州)、印(普纳)三国四地的全球生产基地,目前正在积极通过并购等建立欧洲(德国)生产和研发基地,已成为全球知名厂商福特、通用、雪铁龙、捷豹路虎、宝马、保时捷的一级战略供应商。

在我国汽车行业研发投入低、研发资金使用效率低、研发基础薄弱、缺乏关键性技术储备和重大技术突破等不足的情况下,通过技术寻求型或技术获取型跨国经营能够缩短研发时间,节约相应的成本,迅速获得技术来源,提高技术能力,同时可以实现企业快速扩张、进入国际市场,被认为是后发工业化国家的企业提高技术能力的有效途径甚至是捷径。

(三)均胜电子

成立于 2004 年的均胜电子前身是一家以汽车功能件为主业的零部件生产企业,初创期产品涉及发动机进气管、洗涤器、空调出风口、车载影音娱乐系统等。2009 年,均胜收购了中德合资的上海华德塑料制品有限公司,在汽车功能件领域取得快速发展,成为大众、福特等品牌的国内核心供应商。2011 年起,公司先后收购了汽车电子公司德国 PREH、德国机器人公司 IMA、德国高端内饰件公司 QUIN、美国机器人公司 EVANA、汽车安全系统全球供应商美国 KSS 以及德国智能车联公司 TS 德累斯顿。通过多次并购整合,公司成功实现了由低端制造到高端研发的转型升级,完成了由贴牌加工到汽车电子风向标的华丽蜕变,形成了汽车电子、内外饰功能件、新能源动力控制系统、工业自动化及机器人的多元化产业链,立足于中德两国的两大研发和生产基地,实现了全球化布局。

开启海外并购前,均胜电子的主业是汽车内外饰功能件制造。经过 7 年的发展,公司在汽车零部件行业已经崭露头角。核心产品风窗洗涤系统、出风口系列、发动机进气管在国内技术领先,格栅模块、发动机零件模块等产品已形成一定的业务规模和较强的市场竞争力。公司成为大众、通用、福特的供应商,2011年营业收入已达20亿元。但汽车功能件技术含量和产品附加值低,加上我国知识产权保护体系不健全,新产品一经问世,大批厂商会相继模仿,均胜难以取得突破性发展。鉴于汽车功能件难有突破而且市场前景黯淡,均胜将发展战略定位于主打发展迅猛的汽车电子,但面对畸高的行业门槛、国际品牌的打压以及自身技术能力的匮乏,显得心有余而力不足。在内生性发展受阻的情况下,加之国际金融危机的影响,均胜电子将目光投向海外,探索性地走上了一条与众不同的成长之路。

均胜电子的海外并购并不是盲目、仓促的,它能够清晰认识自身的短板,明确辨识外部的环境,准确把握市场的动向,在此基础上制定缜密的发展战略,并一步一个脚印稳步推进海外并购。海外并购为均胜电子带来了宝贵的技术、人才和市场资源,是均胜电子进行价值链重构、产业链布局和市场开拓的重要基础,是均胜电子业绩攀升的主要源泉。

三、构建全球生产网络的发展模式

宁波民营跨国企业在其形成与发展过程中,注重企业发展过程中的生产、劳动力、成本要素等要素间的均衡关系,通过合理运用海外扩张手段,从而推进构建海外生产企业,实现企业的快速成长。申洲国际的"生产基地海外拓展及转移,实现纵向一体化",宁波西赛德的"通过国际众包,提升企业产业链地位",以及盛威国际的"以海外生产基地为突破,实现渠道、技术和管理的国际融合",我们发现它们的共同点在于通过构建海外生产网络,实现劳动力、原材料及销售市场的一体化,快速构建全产业链的产业模式,进而实现了成本内部化,走出了一条"基于构建全球生产网络的发展模式"。

(一)申洲国际

申洲国际创建于1990年3月,从创业初期只有138名员工、资产不足百万元的小企业发展到目前注册资本达8000万美元、占地约72万平方米、拥有总资产超过41亿元、员工4万多人的国内最大的OEM(授权贴牌生产)针织服装企业,并于2005年成功在香港主板市场上市,2015年度"香港上市公司100强"排行榜中申洲国际位列第74位,申洲国际通过港股市场累计融资75亿港元。境外资本市场的追捧使得申洲国际成为香港服装行业中市值最大的公司之一。总部设在宁波的申洲国际集团是集纺纱、织布、染色、制衣、绣花、辅料、缝线等所有工序的全链条纺织服装企业,不仅承接世界主要品牌的服装生产,出口欧、美、东南亚的 30 多个国家,而且已经建立自主服装品牌。申洲国际集团控股有限公司及其子公司是中国最大的纵向一体化针织制造商,主要以代工(OEM)方式为客户制造质量上乘的针织品。申洲国际的一系列国际化经营策略促使公司成为目前中国出口金额最大的针织服装生产企业,在中国服装出口企业中排名首位。

从外部客观环境来看,受制于不断攀升的原材料成本和人工成本,近年来越来越多的纺织服装企业正在加速将生产基地外移。申洲国际集团最早于 2005 年就投资于柬埔寨,设立制衣厂,目前在柬埔寨有两家公司、4 个厂区,包括 8 个制衣车间、2 个印花车间、1 个绣花车间和 1 个水洗车间,员工总数约 1 万人。这样规模的制衣企业在柬埔寨也是屈指可数的,在柬埔寨中资制衣企业中是规模最大的企业。之后,2014 年 8 月,公司又决定在越南建立生产线,原因主要是考虑在中国邻近的服装生产国家中,越南当地劳工成本低、雇员素质相对高使得其纺织及服装产业发展相对快速,且作为 TPP协议(跨太平洋伙伴关系协议)的成员国,越南还将受益于出口美国的零关税等特殊关税政策。因此,申洲国际集团的全资附属公司 Gain Lucky Limited 德利有限公司与西贡 VRG 投资控股公司订立租赁协议,租赁位于越南西宁省鹅油县和长鹏县福东工业区的一块土地,德利将在越南设立附属公司以生产针织服装产品及布匹。

申洲国际通过在海外建立纵向一体化生产模式,坐拥更加低廉的水电、人工成本,以及当地出口关税优惠,为国内生产基地的转型升级争取了过渡时间。在此基础上,申洲国际海外工厂已经成为纺织企业"走出去"的成功典范。

（二）宁波西赛德

宁波西赛德组建于 2010 年。公司建立之初,高管团队确立了以"产品开发为核心、以质量求生存、以诚信谋发展"的经营理念,建立了一套完整的研发、生产、销售体系。公司现有职工 400 余人,其中各种专业技术人员 50 余人。公司采用国际先进的生产设备和工艺,年产高端渔线轮 800 多万套,业务伙伴都是世界知名的渔具公司或者渔具销售公司。产品畅销美国、日本、法国、德国、英国、意大利、西班牙、波兰、丹麦、澳大利亚、巴西等 40 多个国家与地区,赢得各地客户和资深海钓爱好者的一致认同和好评。

在我国渔线轮生产基地宁波市,这种高起点的企业非常少见,但是作为新创企业,西赛德同样面临其他企业普遍遇到过的难题——行业竞争激烈,业务很不稳定,因此从 2010 年到 2011 年,公司首先考虑的是生存问题。当然,作为一个有愿景的团队,管理层也有意识地在这个过程中积累经营和管理经验。

面对国内外市场激烈的竞争压力,西德赛不像其他国内企业一样一味打价格战,而是在技术开发的同时,在现代营销理念的引导下走进消费者群体,然后根据消费者的需求开发设计产品。概括来讲,西赛德是通过国际众包来引导公司的商业模式创新,参与国际市场竞争的,向前迈进了一大步,短短的 5 年间就在国际市场上建立了独特的竞争优势,奠定了自己的地位。

(三)盛威国际

盛威国际控股有限公司源于美国,是一家专注于保险箱制造的浙江民营企业,国内业务起源于 1998 年,依托海内外强大的科技和研发团队,已形成科、工、贸、金融投资为一体的专业化、集团化经济实体。现有业务领域主要涉及现代安防通信(智能保险箱、智能通信机柜、智能 PDU、智能门禁系统等)、智能健康设施(新风系统、智能净水机)等先进实体产品的研发、制造,还拥有具悠久历史的法国自有酒庄酿造的绿色生态红酒、高端红酒服务会所和多个国内外奢侈品牌的顶级体验馆,为客户提供高品位的体验和享受。除此以外,主营业务还包括金融投资服务、国际贸易、电子商务等。

发展至今,盛威国际是 SAFEWELL(盛威)、GUARDWELL(家威)等多达 16 个安防领域国际知名品牌的拥有者和生产者,在我国内地和香港,以及欧洲、东南亚、美国等地设有多家分支机构。目前,盛威国际在法国、德国、土耳其、美国、阿联酋、英国、澳大利亚等国家收购和并购了多家保险箱相关制造和销售企业,并相继设立了海外分公司,在越南建立了生产基地。公司通过了 UL、SP、CE 等多项国际认证,通过了 ISO9001:2000 质量管理体系认证,产品畅销欧美等全球 110 多个国家和地区。

从 1998 年国内业务起步,盛威用 10 年的时间,实现了在欧、美、亚等不同地区开设海外分公司的愿景。2007 年,建立越南海外生产基地,依托生产基地平台,快速建立了海外旗舰店,实现了品质和销售规模双提升。盛威国际利用跨国巨头现有的品牌和销售渠道,利用西方文化对消费市场的影响,推广自主品牌;同时对海外分公司全部实行本地化管理,在科技创新方面与海外分公司高效整合。凭借融合之道,盛威国际叩开了一扇扇通往国际市场的大门。

四、开拓海外营销网络的发展模式

互联网的出现改变了基本的商业竞争环境和经济规则,互联网使大量新的商业实践成为可能,在此背景下,民营跨国企业在设立海外销售网点、开设分支机构后逐渐采取以商业模式创新为突破,开拓海外营销网络的方式推进企业成长。为此,宁波的跨国企业也尝试把新的商业模式引入企业的生产体系,并为客户和自身创造价值,逐渐形成了基于开拓海外营销网络的发展模式。我们发现,杉杉集团的"以资本运作为手段,专注品牌运营及产品设计,剥离了大部分生产和营销业务"、赛尔集团的"以供应链管理为切入点,建设以供应链管理为特色的新型外贸服务平台,加快从外贸产品提供者向综合贸易服务提供商转型"以及宁波萌恒的"基于全产业链战略,开展跨国经营,提升企业全产业链地位",其共同点在于通过商业模式创新,快速开拓海外营销网络,进而实现了产业链的升级,走出了一条"基于开拓海外营销网络的发展模式"。

(一)杉杉集团

杉杉集团是以服装、服饰、纺织品等为基础构建的时尚产业集团,1989年,杉杉集团由即将倒闭的地方小厂——宁波甬港服装厂改制而来。成立伊始,由于多方原因,企业即组织技术力量开发新式西服,打出旗号"创中国西服第一品牌",并高瞻远瞩地在中国服装界第一次系统地提出了品牌发展战略;1997年,推出"名牌、名品、名企、名师"战略,按国际高级成衣理念和品质打造自有原创品牌,并带动中国服装品牌进入"设计品牌"时代。

杉杉集团通过实施"多品牌、国际化"战略,成就服装业的多项第一:第一次系统地提出了品牌发展战略;1996年,成为中国服装业第一家上市公司,同年,聘下中国名气最大的两名设计师张肇达、王新元,力推时尚女装"法涵诗",开创服装名牌与名师联手之先河;在中国服装业第一次提出自主创新;2007年,杉杉集团率七大民族品牌亮相米兰时装周,中国品牌首次登上国际舞台。从1998年10月建成国际一流水准的服装生产基地,并全面引进日本、意大利的生产管理开始,到后期打造"类NIKE模式"的"多品牌国际化运营",杉杉集团成功实现了与国际品牌合作,运营了多个国际品牌,实现杉杉服装国际化。

毫无疑问,品牌是杉杉集团成功的一大法宝,也是其跨国经营的利器。而多元化,不仅是指品牌经营中的多元化,也包括集团业务的多元化。杉杉集团确定品牌发展战略,迅速将品牌形象渗透市场,企业之后所采取的一系列开拓海外营销网络的措施,都是围绕这一目标而展开的,充分体现了专业化的精神。

（二）赛尔集团

赛尔集团成立于 2010 年,前身为创办于 1997 年的赛尔国贸,现集团控股优越投资、赛尔国贸、高岳进出口、优胜国贸、优景进出口、优讯进出口、优鼎进出口、优贸供应链、环宇港通、优游国旅等 10 余家子公司,集团和控股子公司总注册资金达 3 亿元。赛尔集团以日用百货的进出口业务为核心主业,经过多年自营贸易利润的积累,已经具备相当雄厚的经济实力,2013 年获"市优势总部企业"称号,公司正跨步向多元化综合型的总部企业发展。

在宁波市外贸行业企业中,赛尔集团的商业模式具有典型的总部企业的特点。贸易型总部企业是指境内外企业在本地设立的具有采购、分拨、营销、结算、物流等单一或综合贸易功能的总部机构,既包含传统贸易企业,也包含基于互联网等信息技术,从事撮合交易或提供配套服务的平台型贸易企业。经过多年的发展,赛尔集团已和全球 100 多个国家和地区的 1500 多个买家建立了稳定的贸易合作关系。以供应链管理为切入点,将供应链管理引入外贸综合服务领域,建设以供应链管理为特色的新型外贸服务平台,集团积极整合行业上下游资源,加快从外贸产品提供者向综合贸易服务提供商转型。

（三）宁波萌恒

宁波萌恒成立于 1999 年年底,成立之初主要从事国际贸易活动,主营产品为面辅料等。随着竞争的加剧,公司在 2003 年成立第一家绣花线工厂,同年开设第一家海外公司——尼日利亚办事处,正式拉开了宁波萌恒全产业链战略下进行跨国经营的序幕。在过去的十几年中,宁波萌恒员工数从创业之初的 3 人发展到 4000 多人,年产值达 40 多亿元,逐步形成了以国际贸易、海外投资、国际电商、国内贸易、生产制造、国内投资为重要支撑的萌恒新格局,是服装辅料领域名副其实的"航母级"企业。

随着电子商务的兴起,传统贸易受到了前所未有的冲击。宁波萌恒又一次抓住历史机遇,于 2011 年启动国际电商项目——遨森电商,目前遨森电商拥有包括户外用品、藤编产品、居家用品、健身用品、宠物用品和儿童用品六大类 7000 余种商品,拥有 300 余人的专业电商服务团队,已相继在美国、加拿大、德国、法国、英国、意大利、西班牙 7 个国家建立了近 3 万平方米的专业仓储中心和本土化仓储队伍的分拨中心。经过第一阶段的积累,宁波萌恒开始迈入自有平台营运的新阶段,国际电商的快速发展,成为宁波萌恒新的增长点。

宁波萌恒在国际化经营过程中,从传统的出口贸易到海外投资,再到跨境电商业务,依托强大的研发、生产制造能力,不断进行跨国经营模式的创新升级,实现了企业的持续高速成长。至今,宁波萌恒已形成集生产制造、国内贸易、国际贸易、电子商务等为一体的集团型企业,打造出了一条完整的跨国经营产业链。

第五节　宁波跨国经营企业成长路径的启示

成长和发展是企业永恒的主题,企业进行跨国经营,实现商品、劳务、资本、资源与技能的跨国转移,最终目的是使企业更好地成长,这种依托跨国经营带来的跨国成长可以看作是企业成长的一个特殊阶段。为了实现企业的持续成长,企业在进行跨国经营模式选择时需根据国际国内环境的变化以及企业核心能力发展状况,进行战略变革,制定符合企业不同成长阶段的战略,引领企业不断发展壮大。根据对宁波盛威、华翔集团、宁波西赛德、均胜电子、圣龙集团、申洲国际、宁波萌恒、杉杉集团、赛尔集团等9家不同的宁波民营企业跨国经营实践的调查研究,探索总结宁波民营企业跨国经营的"嵌入全球研发网络的发展模式"、"构建全球生产网络的发展模式"和"开拓海外营销网络的发展模式"三种不同模式,可以为企业的发展提供有益的启迪。

一、要因地制宜并增强风险控制能力

时代在不断进步与发展,且每个国家的国情不同,对外投资的模式亦随着国情的不同、时代的不同而在不断地更新与变化,国际上传统的对外投资方式已不适用于我国企业的对外投资,无法满足我国企业对外投资的需求,故而不能够生搬硬套国际上通用的对外投资模式,企业只有在对外投资的过程中不断总结经验、不断创新发展对外投资与合作方式,才能产生最适宜自身的对外投资模式,才能够从根本上促进企业对外投资效益与规模的扩大。宁波民营企业在对外投资发展的过程中,为增强控制风险的能力,可以选择到境外设立生产基地,如此一来,便可以借助东道国的优势,有效避开贸易壁垒,削减不必要的麻烦,提升进入国际市场的水平,或者直接在东道

国设立贸易公司，直接进入目标市场，抑或是开展境外并购，并购海外的公司、研发中心等，吸收海外优势资源，内化为自身的生产力，提高营利能力。

此外，企业在开展境外投资时，还应提前做好东道国各方面的信息收集，包括政治、经济、文化等方面，有利于减少因文化冲突或信息不完善而带来的一系列问题。同时，企业在具备条件时，可在东道国设立境外机构，及时了解并定期向国内公司反馈相关信息。

二、要加快管理人才培养及人才本土化

解决人才问题是宁波民营企业开展海外投资的一大重要前提，只有培养、吸收、引进高质量、符合要求的国际经营管理者，企业才能在对外投资业务中取得胜利。

首先，宁波海外投资企业应努力挖掘内在潜力，培养自己所需的国际化人才，并努力引进国际化人才。企业应制定海外人才的培训制度，定期选送优秀员工到国外锻炼和学习，吸收国际先进的思想、技术等，适应国际经营环境；在引进国际化人才方面，要积极采取相应的措施，为海外留学归来的优秀人才创造良好、宽松的就业环境，同时，建立起能够体现国际化人才价值的薪酬机制，创建公平竞争的人才选拔机制，努力吸引与留住人才。

其次，人才本土化也是目前企业对外投资的一大难题。许多企业在开展对外投资业务时，往往会选择在东道国设立生产基地、贸易公司、研发中心等，所以企业人才是否熟悉当地经营环境，如当地的文化、政治、经济、法律等，是否能够实现本土化，是企业对外投资能否成功的非常关键的因素。企业人才本土化主要有以下两方面的优点：一方面，人才本土化能使企业的各项生产经营活动更好地符合东道国企业的行为规范，避免不必要的冲突与麻烦，助力企业更快地拓展东道国目标市场；另一方面，人才本土化也能够增强企业与当地消费者的亲近感，减少东道国政府和民众对企业的抵触、防范情绪，最大化消除海外投资企业与东道国消费者之间的距离，增强当地消费者对企业的认同度。企业可以通过招募熟悉东道国各种环境的人才，抑或是经常定期对企业人才进行相关内容的培训来实现人才本土化。

三、要充分利用政府各项鼓励支持政策

随着国内经济的日益发展，我国进入国际市场的步伐加快，开放型经济的重要性愈发凸显。政府对不同类型的企业往往针对性地制定了各类相应的鼓励政策，宁波民营企业应充分利用好政府对民营企业"走出去"的各项鼓励与支持政策。例如，在政府审批程序上，民营企业对外投资项目有较为

宽松的政策环境。除了个别较大项目需要进行详细审批外,一般项目的审批程序被尽量简化,只需备案即可。同时,对一批有实力的宁波民营企业,宁波市政府给予了大力的支持。例如,针对有实力的高新技术企业,宁波市政府制定了相关鼓励政策,积极鼓励企业去海外设立研发中心或机构,吸纳国外先进的技术,从而促进其不断提升创新水平和推进产业转型升级;对能源型企业,政府鼓励企业积极"走出去",与海外企业合作开发国内稀缺资源等。宁波民营企业应充分把握与利用好政府的各项鼓励与支持政策。

四、要积极寻求政府政策支持

大多数中小企业在"走出去"的过程中面临着资金短缺、资金链断裂等资金短板与限制,从而制约了它们对外直接投资的步伐。宁波民营企业中,中小企业占据主体地位,资金成为大多数中小民营企业的难题,因而,宁波民营企业应积极寻求政府的金融支持。一方面,可提议宁波市政府与相关银行沟通,针对宁波对外直接投资企业制定相关的支持政策,加大金融支持力度。对投资境外重大项目的企业在贷款利率及保险费率等方面给予适当优惠,便于企业积极"走出去",或提高贷款的政策性贴息率和延长贴息期限,最大化地提高用汇和汇出的便利化程度,取消不必要的管制,等等。另一方面,大力寻求宁波市政府相关政策的支持,积极鼓励、引导宁波金融机构设立和发展境外机构,充分利用区域性平台,为宁波民营企业对外投资提供便利的金融服务与金融支持。

参考文献

柴庆春,胡添雨,2012.中国对外直接投资的贸易效应研究——基于对东盟和欧盟投资的差异性的考察[J].世界经济研究(6):64-69.

陈继勇,雷欣,黄开琢,2010.知识溢出、自主创新能力与外商直接投资[J].管理世界(7):30-42.

陈岩,杨桓,张斌,2012.中国对外投资动因、制度调节与地区差异[J].管理科学(3):112-120.

董有德,孟醒,2014.OFDI、逆向技术溢出与国内企业创新能力——基于我国分价值链数据的检验[J].国际贸易问题(9):120-129.

胡平,温春龙,潘迪波,2013.外部网络、内部资源与企业竞争力关系研究[J].科研管理(4):89-96.

霍忻,2014.我国OFDI产业结构调整效应研究——基于灰色关联理论的实证分析[J]. 国际经贸探索(9)：24-32.

冀相豹，2014. 中国对外直接投资影响因素分析——基于制度的视角[J]. 国际贸易问题(9)：98-108.

金碚，2003. 企业竞争力测评的理论与方法[J]. 中国工业经济(3)：5-13.

李国学，2013. 对外直接投资模式选择[J]. 中国金融(1)：49-50.

李梅，柳士昌，2012. 对外直接投资逆向技术溢出的地区差异和门槛效应[J]. 管理世界(1)：21-32.

李珮璘，2015. 我国跨国公司竞争力的国际比较及对策[J]. 经济纵横(3)：57-61.

刘志彪，2007. 中国贸易量增长与本土产业的升级——基于全球价值链的治理视角[J]. 学术月刊(5)：80-86.

鲁慧玲，2008. 跨国公司FDI与区位优势[J]. 中国科技产业(5)：82-84.

鲁桐，2000. 企业国际化阶段测量方法及案例研究[J]. 世界经济(3)：9-18.

鲁桐，2003. 海外投资四模式抉择[J]. 大经贸(2)：60-61.

陆亚东，孙金云，2013. 中国企业成长战略新视角：复合基础观的概念、内涵与方法[J]. 管理世界(10)：106-117.

陆亚东，孙金云，2014. 复合基础观的动因及其对竞争优势的影响研究[J]. 管理世界(7)：93-106.

罗伟，葛顺奇，2013. 中国对外直接投资区位分布及其决定因素——基于水平型投资的研究[J]. 经济学(季刊)(4)：1443-1464.

裴长洪，樊瑛，2010. 中国企业对外直接投资的国家特定优势[J]. 中国工业经济(7)：45-54.

邱斌，叶龙凤，孙少勤，2012. 参与全球生产网络对我国制造业价值链提升影响的实证研究：基于出口复杂度的分析[J]. 中国工业经济(1)：27-67.

唐晓华，徐雷，2011. 大企业竞争力的"双能力"理论——一个基本的分析框架[J]. 中国工业经济(9)：88-97.

王福胜，孙妮娜，王虹妹，2009. 中国上市公司国际化程度与经营绩效关系的实证研究[J]. 哈尔滨工业大学学报(1)：115-122.

王建华，王方华，2002. 企业竞争力评价的指标体系研究[J]. 软科学(3)：63-66.

王敏，冯宗宪，2013. 全球价值链、微笑曲线与技术锁定效应——理论解释与跨国经验[J]. 经济与管理研究(9)：45-54.

王胜，田涛，谢润德，2014. 中国对外直接投资的贸易效应研究[J]. 世界经济研究(10)：80-86.

　　阎大颖，2013. 中国企业对外直接投资的区位选择及其决定因素[J]. 国际贸易问题(7)：128-135.

　　阎大颖，洪俊杰，任兵，2009. 中国企业对外直接投资的决定因素：基于制度视角的经验分析[J]. 南开管理评论(6)：135-142.

　　杨丽丽，赵进，2009. 国际化程度与企业绩效关系实证研究综述[J]. 外国经济与管理(4)：15-21.

　　杨校美，张诚，2014. 要素禀赋、政策倾斜与中国对外直接投资——基于省级面板数据的分析[J]. 国际贸易问题(5)：124-134.

　　杨一尘，余颖，2008. 国际化程度与经营绩效：基于制造业的实证研究[J]. 科学技术与工程(15)：4418-4421.

　　曾德明，苏亚，万炜，2016. 国际化程度和企业绩效 M 型曲线关系研究[J]. 科学学与科学技术管理(4)：25-34.

　　赵世磊，2011. 中国跨国公司竞争力模型探析[J]. 贵州社会科学(2)：85-89.

　　郑准，王国顺，2012. 全球生产网络、俘获效应与集群企业转型升级——整合性分析框架与政策建议[J]. 国际经贸探索(2)：45-53.

　　周茂，陆毅，陈丽丽，2015. 企业生产率与企业对外直接投资进入模式选择——来自中国企业的证据[J]. 管理世界(11)：70-86.

　　ALMEIDA P，PHENE A，2004. Subsidiaries and Knowledge Creation：the Influence of the MNC and Host Country on Innovation[J]. Strategic Management Journal，25(8/9)：847-864.

　　ANDERSSON U，FORSGREN M，HOLM U，2002. The Strategic Impact of External Networks：Subsidiary Performance and Competence Development in the Multinational Cor-poration[J]. Strategic Management Journal，23(11)：979-996.

　　ANDERSSON U，PAHLBERG C，1997. Subsidiary Influence on Strategic Behavior in MNCs：An Empirical Study[J]. International Business Review，6(3)：319-334.

　　BAUSCH A，KRIST M，2007. The Effect of Context-related Moderators on the Internationalization-performance Relationship：Evidence from Meta-analysis[J]. Management International Review，47(3)：319-347.

　　BUCKLEY P J，CLEGG L J，CROSS A，et al.，2007. The Determinants of Chinese Outward Foreign Direct Investment[J]. Journal of International

Business Studies,38(4):499-518.

CHEN S, TAN H, 2012. Region Effects in the Internationalization Performance Relationship in Chinese Firms[J]. Journal of World Business, 47 (1):73-80.

CHETTY S, JOHANSON M, MARTIN O M, 2014. Speed of Internationalization: Conceptualization, Measurement and Validation [J]. Journal of World Business, 49(4):633-650.

CHEUNG Y W, HAAN J D, QIAN X, 2012. China's Outward Direct Investment in Africa[J]. Review of International Economics, 20(2):201-220.

CONTRACTOR F J, KUNDU S K, HSU C C, 2003. A Three-stage Theory of International Expansion: The Link between Multi-nationality and Performance in the Service Sector [J]. Journal of International Business Studies, 34(1):5-18.

DENIS D J, DENIS D K, YOST K, 2002. Global Diversification, Industrial Diversification, and Firm Value[J]. Journal of Finance, 57(5): 1951-1979.

DUNNING J H, 1996. The Geographical Sources of the Competitiveness of Firms: Some Results of a New Survey[J]. Transnational Corporations, 5 (3):1-29.

ELANGO B, TALLURI S, HULT G T M, 2013. Understanding Drivers of Risk-adjusted Performance for Service Firms with International Operations [J]. Decision Sciences, 44(4):755-783.

FREEMAN S, EDWARDS R, SCHRODER B, 2006. How Smaller Born-Global Firms Use Networks and Alliances to Overcome Constraints to Rapid Internationalization[J]. Journal of International Marketing, 14(3): 33-63.

GERINGER J M, HEBERT L, 1991. Measuring Performance of International Joint Ventures[J]. Journal of International Business Studies, 22 (2):249-263.

HAMEL G, PRAHALAD C K, 1983. Managing Strategic Responsibility in the MNC[J]. Strategic Management Journal, 4(4):341-351.

KOLSTAD I, WIIG A, 2012. What Determines Chinese Outward FDI? [J]. Journal of World Business, 47(1):26-34.

LU J W, BEAMISH P W, 2004. International Diversification and Firm

Performance：The S-Curve Hypothesis[J]．Academy of Management Journal，47(4)：598-609．

LUO Y，TUNG R L，2007．International Expansion of Emerging Market Enterprises：A Springboard Perspective[J]．Journal of International Business Studies,38(4)：481-498．

MAKINO S，ISOBE T，CHAN C M，2004．Does Country Matter? [J]．Strategic Management Journal，25(10)：1027-1043．

MORCK R，YEUNG B，2008．Why Investors Value Multi-nationality [J]．Journal of Business，64(2)：165-187．

NIELSEN S，2010．Top Management Team Internationalization and Firm Performance：The Mediating Role of Foreign Market Entry[J]．Management International Review，50(2)：185-206．

PALMATIER R W，MIAO C F，FANG E，2007．Sales Channel Integration after Mergers and Acquisitions：A Methodological Approach for Avoiding Common Pitfalls[J]．Industrial Marketing Management，36(5)：589-603．

POWELL K S，2014．From M-P to MA-P：Multinationality Alignment and Performance[J]．Journal of International Business Studies，45(2)：211-226．

PRASHANTHAM S，YOUNG S，2011．Post-Entry Speed of International New Ventures[J]．Entrepreneurship Theory and Practice，35(2)：275-292．

RUGMAN A M，VERBEKE A，2007．Liabilities of Regional Foreignness and the Use of Firm-level versus Country-level Data：A Response to Dunning et al. (2007)[J]．Journal of International Business Studies，38(1)：200-205．

RUIGROK W，WAGNER H，2003．Internationalization and Performance：An Organizational Learning Perspective[J]．Management International Review，43(1)：63-83．

SHANER J，MAZNEVSKI M，2011．The Relationship between Networks，Institutional Development，and Performance in Foreign Investments[J]．Strategic Management Journal，32(5)：556-568．

STAHL G K，VOIGT A，2008．Do Cultural Differences Matter in Mergers and Acquisitions?：A Tentative Model and Examination[J]．

Organization Science，19(1)：160-176.

STURGEON T，2001. How Do We Define Value Chains and Production Networks[J]. IDS Bulletin，32(3)：9-18.

SULLIVAN D，1994. Measuring the Degree of Internationalization of a Firm[J]. Journal of International Business Studies，25(2)：325-342.

TALLMAN S，LI J，1996. Effects of International Diversity and Product Diversity on the Performance of Multinational Firms [J]. Academy of Management Journal，39(1)：179-196.

WELCH L S，LUOSTARINE M R，1988. Internationalization：Evolution of a Concept[J]. Journal of General Management，14(2)：34-55.

WITT M A，LEWIN A Y，2007. Outward Foreign Direct Investment as Escape Response to Home Country Institutional Constraints[J]. Journal of International Business Studies(38)：579-594.

YAM R C M，LO W，TANG E P Y，et al.，2011. Analysis of Sources of Innovation Technological Innovation Capabilities，and Performance：An empirical Study of Hong Kong Manufacturing Industries[J]. Research Policy，40(3)：391-402.

第二章　华翔集团:基于混合并购融资的
　　　　　跨国经营模式

第一节　引　言

一、研究背景

随着中国经济总量和国际影响力的持续上升,中国企业的海外直接投资迅猛发展,2015 年达到 1456.7 亿美元,而跨国并购占海外直接投资的比重达到 30% 以上,成为"走出去"的重要方式。融资是跨国并购成功的基础和关键环节。融资工具和融资方式的选择,直接关系到企业跨国并购过程中的资金筹集难度和成本预算决策,同时也影响到并购后企业的资源整合过程。汽车零部件行业是一个资本密集型行业,单次并购事件涉及的交易金额一直保持在高水平。近年来,我国汽车零部件行业的跨国并购事件高达数十起,通过跨国并购获取国外核心技术、优质客户和全球市场配套机会,正在成为国内汽车零部件龙头企业的重要战略选择。然而,在复杂多变的国际市场环境下,汽车零部件制造企业的跨国并购面临诸多风险。特别是本土民营企业,其跨国并购战略面临的最大挑战是资金不足与融资约束(江乾坤,2014)。国内汽车零部件民营企业在跨国并购过程中,由于融资方式过于单一、融资期限过长、融资成本过高等,跨国并购财务风险大幅增加的案例也屡见不鲜。民营汽车零部件制造企业参与跨国并购的融资有何特征,主要面临哪些融资风险? 混合跨国并购融资相比单一并购融资有何优势？如何优化跨国并购融资环境、创新融资工具和拓宽并购融资渠道，缓解民营企业跨国并购过程中面临的融资约束与融资风险？目前相关研究尚未深入。

华翔集团股份有限公司是一家以汽车零部件制造为主业的综合性控股公司，总部设在宁波象山。华翔集团的前身是宁波邮电器材厂，1983年经过改制后，华翔集团成为民营企业，并于1994年完成了股份制改造，实现了多元化经营。近十年来，华翔集团旗下的子公司宁波劳伦斯汽车内饰件有限公司（简称宁波劳伦斯）、宁波华翔电子股份有限公司（简称华翔电子）和华众控股有限公司（简称华众控股）开展了多次跨国并购，华翔集团从一家普通的民营企业成长为汽车零部件制造巨头，跻身全球汽配行业500强。本章从跨国并购融资相关理论入手，以华翔集团为例，结合案例企业所处的行业和市场背景，探讨该企业如何突破融资约束，实现多次跨国并购并加快技术升级的发展路径，提炼主要观点，形成研究假设；在此基础上，重点探讨案例企业的混合并购融资的形成背景与动因、运行特征、内外制约因素及其对公司财务绩效的影响，最后提出相关政策建议。

二、华翔集团的案例典型性

本研究选择华翔集团作为研究案例，主要基于以下原因：

第一，华翔集团在本土汽车零部件行业领域具有标杆意义。华翔集团成立于1983年，从原来生产烟灰缸等小配件的企业发展成为当前中高端汽车零部件、汽车电子产品和大中型精密模具等汽配制造业龙头。2001—2015年，公司销售收入增长了12倍，2015年本土销售收入达到近130亿元（见图2-1），营业收入复合增长率是同期国内乘用车销量复合增长率的2倍，成为宁波市重点培育的十八家大企业大集团之一，跻身中国民营企业500强。目前华翔集团控股子公司9家，包括华翔电子和华众控股两家上市子公司以及从英国移植到宁波象山的宁波劳伦斯；参股企业60余家，分布于宁波、武汉、重庆、南京、沈阳等国内重要城市以及英国、德国、美国、罗马尼亚、捷克、新加坡等国际生产基地。华翔电子成立于1988年9月，早期从事复印机元器件、电子元器件和模具等产品的生产和销售，1995年公司主营业务调整为汽车零部件的生产和销售，2001年8月完成股份制改造，注册资本扩大为6500万元，2005年在深圳证券交易所公开上市。

第二，华翔集团的国际化程度较高，在跨国并购领域形成了先发优势和行业经验。自2006年首次收购英国劳伦斯汽车内饰件有限公司（简称英国

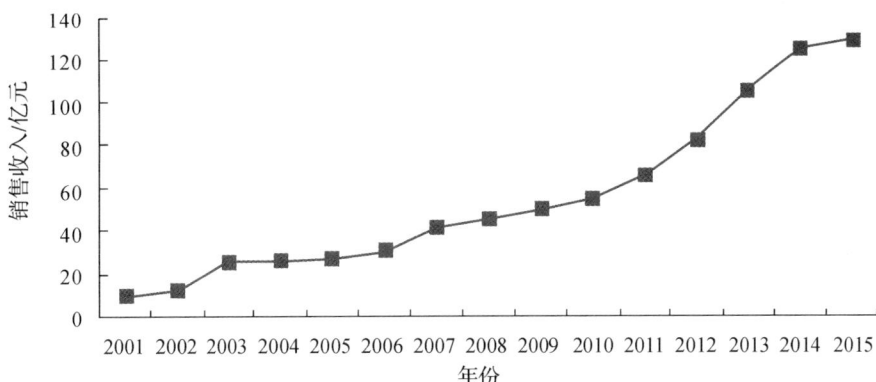

图 2-1　华翔集团本土销售收入增长情况

数据来源：根据对华翔集团调研的资料整理。

劳伦斯）以来，华翔集团在德国、美国、捷克等地又陆续开展了 8 次跨国并购，融资规模达到人民币 10 多亿元，在行业内形成很大的影响力（见表 2-1）。截至 2015 年，公司拥有国内员工 15000 余人，国外员工 4000 余人，年营业总收入达到 300 亿元，其中国际基地营业收入达到 100 亿元，占比约33%，进入世界汽配行业 500 强，是浙江省实施"走出去"战略示范企业。

表 2-1　华翔集团跨国并购一览

时间	收购方	被收购方	被收购方主要业务
2006 年 12 月	宁波劳伦斯	英国劳伦斯汽车内饰件有限公司	主要供应美国通用、福特、克莱斯勒等汽车整机厂中高档轿车真木饰件
2010 年 12 月	宁波劳伦斯	英国捷豹路虎下属真木饰件制造中心	主要生产英国捷豹和路虎等整机厂高档轿车真木饰件
2011 年 11 月	华翔电子	德国塞尔纳（Sellner）公司	全球第二大高档轿车内饰件和功能件制造商，拥有 20% 全球市场份额，主要供应宝马、戴姆勒、大众、奥迪、通用、福特等欧洲和北美知名整车厂
2011 年 12 月	宁波劳伦斯	美国北方刻印公司	世界第二大中高档汽车专用铝合金饰件设计制造公司，主要生产汽车配件、电子电器用品和铝制铭牌标牌等 3 类产品，在欧美拥有较高市场占有率
2012 年 4 月	华众控股	德国 HZ-FBZ 公司	主要生产高档汽车大中型精密模具，供应宝马、奔驰、沃尔沃、奥迪等欧洲知名整车厂

续表

时间	收购方	被收购方	被收购方主要业务
2012 年 6 月	华翔电子	德国 HELBAKO 公司	主要从事轿车电子类产品的研发和生产,主要客户为宝马、奔驰、大众等
2013 年 4 月	华翔电子	德国 HIB Trim Part Group	高档轿车内饰件领先者,天然桃木内饰件全球第三大供应商
2014 年 8 月	华翔电子	德国 Alterprodia 公司	汽车工业领域天然纤维材料和天然纤维模塑件的研究、开发和生产

数据来源:根据对华翔集团调研的资料整理。

三、研究方法及资料收集

本课题的研究方式主要包括理论分析、案例研究、逻辑归纳演绎等方法,在充分阅读相关文献和对企业实地调研访谈基础上,提炼主要观点,形成假设,并经过反复论证和专家咨询等方式,形成理论研究框架;在理论研究框架指导下,开展对华翔集团的纵向案例剖析,最后得出结论和启示。本案例研究的数据资料主要来自:①收集二手资料。包括从中国期刊网、百度、Google 搜索,以及华翔集团总部与相关子公司官方网站获得的资料,还包括集团董事长的媒体访谈报道、华翔电子首次发行招股说明书、历年上市公司年报等文档材料。②实地访谈和调研资料。课题组成员主要通过设计访谈提纲、提炼主要问题等方式,对华翔集团及各子公司的中高层管理人员、技术研发团队和市场营销管理人员等进行实地访谈、电话访谈和面对面的交流与咨询活动,获取第一手资料;并通过对公司的实地考察、征询对研究报告的反馈意见和观点咨询等方式,形成完整的资料库。

第二节　理论框架

一、跨国并购融资概述

本节主要在综合国内外相关研究文献的基础上,阐述企业跨国并购融资的内涵及其构成要素,并分析企业跨国并购的混合融资选择及其对企业并购绩效的影响,形成理论研究框架。

（一）企业跨国并购融资的内涵

跨国并购(Cross-border Mergers & Acquisitions)是并购企业为了实现

某种战略目标，通过一定的融资安排，将海外企业的所有资产或足以行使经营权的股份进行购买或实际控制的行为(谷留锋，2012；王冉，2016)。跨国并购融资包括跨国并购交易与整合阶段所需要筹集的资金及相关融资工具、融资方式的安排。相比普通的公司经营性融资，跨国并购融资一般具有资金规模大、时效性高、融资风险纷繁复杂、对被收购方后续经营影响大等特征。融资工具和融资方式安排是跨国并购融资的关键构成要素。

(二)企业跨国并购的融资工具

按照融资性质划分，跨国并购融资工具大致可分为三类：债务性融资工具、权益性融资工具和混合融资工具。债务性融资工具是通过举债获得融资的各类金融安排，需要债务人在未来一个确定的时间支付本金和利息资金；权益性融资工具是并购方需要出让股份(权益)获得外部资金支持；混合融资工具则是债务性和权益性融资的共同安排，包括带有权益特征的债务工具和带有债务特征的权益工具，如可转换债券、优先股、证券化信贷和认股权证等。按照融资期限划分，并购融资工具可以分为货币市场工具和资本市场工具，前者主要指资金期限在一年期以内的金融工具，如短期商业贷款、过桥贷款、商业票据等；后者主要指资金期限在一年期以上的金融工具，包括银团贷款、杠杆贷款、中期票据、融资租赁、股票、公司债券等(谷留锋，2012)。

(三)企业跨国并购的融资结构安排

企业跨国并购的融资结构可分为内源融资、外源融资或内外源融资组合安排。内源融资主要依靠企业自有资金积累，成本最低，但容易受到企业营利能力和资金规模的限制。外源融资是企业从外部筹集资金，包括各类债务性和权益性融资工具及其组合搭配。外源融资机构主要包括存款性金融机构、投资机构和信托机构。其中，存款性金融机构(商业银行、信用合作社和互助储蓄协会等)主要提供流动性贷款、中长期贷款、抵押贷款、抵押证券、优先票据、周转信用贷款、次级贷款等；投资机构包括共同基金、证券(股权)投资基金、风险投资基金、投资银行和财产保险公司等主体，基金类机构主要提供债券发行和股权融资工具，包括可转换债券、从属债券、公司债、普通股、认股权证、优先股、商业票据、银行票据、大额可转让存单等；投资银行主要提供证券化融资服务，包括证券承销、融资方案设计、证券私募、过桥贷款等。信托机构主要提供租赁融资、售后回购融资、分期付款等新型并购融资工具。从融资市场范围看，跨国并购既可以在国内金融市场上融资，也可以到目标公司所在国金融市场上融资,甚至可以到离岸金融市场上融资。并购融资结构安排的本质是对不同种类、不同期限的金融工具进行合理搭配,实现资本成本最低、股东价值最大的融资组合。

二、民营企业跨国并购融资约束及其形成机理

跨国并购的融资风险包括并购交易前的资金筹集风险与并购交易后的资源整合与营运风险。相比国内并购融资,跨国并购融资风险更大,主要原因是并购方和并购目标公司之间存在文化、政治、经济背景和法律、会计准则等差异,信息不对称程度更高。相比国有企业,民营企业跨国并购的政治阻力较小,市场化运作程度较高,但民营企业面临更多的融资约束,主要表现为:融资成本偏高,渠道不通畅;股权融资占主导,债务类融资所占比重稍低;并购融资工具种类单一,等等。目前上市融资与商业银行贷款(包括银团贷款)成为国内民营企业海外并购的最主要融资方式,上市公司是民营企业跨国并购的中坚力量(江乾坤,2014;谷留锋,2012;任芳慧,李丽滢,2012)。民营企业跨国并购融资约束的形成机理,主要包括以下几个方面:

(1)政策制度约束。我国民营企业开展跨国并购受到信贷政策、外汇政策等多方面融资管制,比如国内银行对跨国并购贷款的额度限制、特定用汇额度的限制和发放跨国并购贷款的国企民企双重标准等。民营企业在跨国并购融资过程中,受额度或审批限制导致其错失收购有利时机或优秀并购项目的案例不少。其次,由于国内资本市场发展相对滞后,并购融资的支付方式比较单一,金融工具创新不足,民营企业上市融资门槛较高,发行债券融资条件苛刻,杠杆并购、换股并购、私募股权基金等新型并购融资创新方式主要受到资本市场约束而难以开展(江乾坤,2014)。

(2)民营企业自身资产规模和财务管理的局限性。民营企业的特点是资产规模偏小,大多处于成长阶段,内源融资比较有限;而企业跨国并购的融资需求一般比较大,依赖自有资金积累往往杯水车薪,需要外部多层次资本市场的融资支持。同时,民营企业的组织架构复杂,内控制度和财务管理往往不太规范,财务透明度较低,开展跨国并购存在较高的估价风险、交易风险和整合风险,往往出现与外部融资机构严重信息不对称的情况,从而导致外源融资成本过高或融资困难。而且,民营企业家一般都比较注重对被并购企业的后续经营权的控制。当公司管理层受自身财富限制不能增加公司股份或投票权时,更倾向于采用银行贷款等债务融资渠道来保持自身决策权。所有权结构比较集中的并购者一般会尽量减少采用股票作为并购的融资方式,以避免丧失控制权和私人利益,特别是他们的控制权受到威胁的时候(Chang,Hong,2000;Faccio,Masulis,2005;Martynova,Renneboog,2006)。民营企业特有的制度环境和公司治理机制,使得投融资双方之间出现严重的信息不对称,从而导致融资渠道狭窄,支付手段单一。

(3)资本成本代理问题和并购支付方式约束。传统企业融资优序理论认为,企业融资一般遵循内源融资、债务融资和股权融资的先后顺序(Myers,Maljuf,1984)。内源融资来源于企业的留存收益,融资成本最低。外源融资需要支付多种成本,权益融资往往向市场传递出企业在经营方面的负面信息,所以企业一般先发行低风险的债券(债务融资),然后向现有或潜在投资者筹集资金进行权益融资。但新兴经济体的企业跨国并购实证研究表明,印度等国的企业跨国并购融资呈现异常融资优序现象,即外源融资优于内源融资,股权融资优于债务融资,跨国并购企业为了维持良好的资本结构,降低经营风险,顺利渡过并购整合期,首先会偏向于股权融资(Beena,2011)。

三、混合并购融资与跨国并购绩效

混合并购融资是内源融资和外源融资的有机结合,即在传统权益性融资工具和债务性融资工具运用的基础上,结合内部资本市场运作、并购基金、可转换债券、认股权证、融资租赁、信托、银团贷款、换股并购、杠杆收购等新型并购融资工具和融资方式组合创新,主要缓解民营企业跨国并购中面临的投融资双方信息不对称、资金需求量大、融资成本高、融资渠道选择单一、并购操作专业性不足、整体并购风险识别缺乏经验、后续经营财务风险大等融资约束,提高并购绩效。

(一)集团化资本市场运作

民营企业借助集团化平台,开展内部资本市场运作具有类金融机构组织特征,主要通过集团资金在成员企业之间的转移,有效降低企业和外部市场的信息不对称,减少逆向选择成本,扩大内源融资来源,放大企业整体融资能力,缓解企业融资约束,提高并购融资效率(李焰,2011;吴战篪、李晓龙,2013)。

企业集团化运作的内部资本市场可分为资金融通型和资产配置型。资金融通型方式主要包括集团内各成员企业之间的各类股权担保(质押)融资、应收账款(预付款)融资、票据融资、短期资金拆借、融资租赁、与联营企业合法关联交易、集团成员企业之间的财务资助等。资产配置型方式主要包括集团内发生的各种资产置换、股权转让、资产租赁、管理层股权激励等行为。特别是集团内部通过资产置换或兼并重组,对内部子公司开展优质资产注入,推动子公司境内外公开上市,既能够有效突破民营企业进入资本市场融资的各种障碍,又能够借助上市子公司的外部融资平台,降低民营企业整体融资成本,缓解集团内其他子公司的资金压力(江乾坤,2014;谷留锋,2011;江乾坤,王泽霞,2012;周亚婷,2015)。外源融资约束程度越严重,企业集团内部资本市场的运作就越能够增加企业价值。

(二)外源融资组合创新

借助外部融资平台,开展多种形式的跨国并购融资工具创新,能够有效克服民营企业跨国并购融资中面临的各种融资约束,提高融资绩效。

(1)并购基金。与战略投资者联合,特别是与具有产业并购经验的私募股权投资基金联合,不但能够拓宽跨国并购的资金来源,分散投资风险,而且私募股权投资基金在并购方面的专业化优势可以为企业并购提供全套融资方案和充当融资顾问,还可以解决海外并购过程中的信息不对称问题,减少海外政治文化制度障碍,提高并购成功率。

(2)可转换债券和认股权证。可转换债券是一种具有购买期权的债券,持有者既可以把它兑换成股票,也可以持有到期获取本息。可转换债券的票面利率一般低于同水平的普通债券利率,而转股价格一般都要高于债券发行时的普通股市价,这就大大降低了并购方的融资成本,并且转股成功后,企业还免除了还本付息的负担。认股权证,是一种赋予其持有者在未来的一定时期内拥有以某一确定的价格购买某种证券的权利的证书。作为优先股和普通股的替代物,对于购买方而言,它避免了使目标公司在并购整合初期成为普通股东,从而拥有获得信息和参加股东大会的权利。

(3)战略联盟融资。战略联盟融资是通过相关行业内部强强或多强企业联合并购出资,实现并购资源共享、风险共担的一种并购融资方式。这种融资方式通过本土同行企业、上下游企业或境内外专业公司(政府部门)等联合资本运作,能够有效缓解民营企业跨国并购中普遍存在的资金、人才、信息等方面的短板,也可以避免同业跨国收购的恶性竞争。其中,融资联盟方分为股权型、债务型和财政补贴型(江乾坤,王泽霞,2012)。具体融资方式可以选择银企联盟、政企联盟和企企联盟。

(4)银团贷款。在资本市场不够完善的市场背景下,贷款融资仍是民营企业获取并购融资的主要渠道。银团贷款是由一家或数家银行牵头,多家商业银行与非银行金融机构组成银团,按商定的期限和条件承担企业的并购贷款。根据协议各商业银行均承担一定的份额,并在贷款管理中享有部分相机控制权。由于各家银行在风险分析及风险规避方面各有千秋,也可以有效减少并购企业的贷款风险。这样既能够避免一家商业银行承担过大的风险,又能够使企业获得并购贷款的规模效应,增加企业和商业银行之间互动,有利于提高并购融资绩效(郭跃芳,2014)。

(5)股权租赁融资。股权租赁融资是各类投融资主体作为联合收购者,与主收购方合作收购目标公司,共同持有原股东拟转让的全部或部分股权。在收购完成后,主收购方以投融资主体所持股权作为租赁标的物,通过设定租赁期限和收益的方式,逐步获得联合收购者所持股权,以此完成并购。股权租赁具有迅速获得被并购企业股权、承受的风险较低、限制性条款比较少、可以获得抵税利益、保持企业的借款能力等优点。

(6)杠杆收购融资。杠杆收购本质是混合型并购融资,一般以收购目标公司的资产或现金流作为抵押,能够有效地隔离被收购公司未来价值下跌的风险。同时,杠杆收购一般能够设计相对合理的期限和风险结构,比如融资体系一般是高级债务占 50%～60%、从属债务占 20%～30% 或 10%～20% 的股权融资。高级债务也即一级银行贷款,是具有一级求偿权的债务融资工具,一般利率较低,平均贷款期限不超过 5 年,如周转贷款、优先票据等融资工具。从属债务是以夹层债券为表现形式的债务融资工具,是杠杆收购体系中形式最为丰富的一类债务融资工具,如过桥贷款、垃圾债券、可转换债券、延期支付证券等,它的求偿权低于高级债务,期限多在 8～15 年,主要出售给大型保险公司和私募基金。

(7)信托融资。信托融资是跨国并购企业通过金融机构的媒介作用,寻找境内外信托公司,由信托公司向并购企业发放融资贷款的一种融资安排。信托融资金额较大,期限灵活,而且受政策法律限制相对较少,操作程序相对简单。信托产品筹资周期较短,时效性强。同时,信托融资不改变并购企业的资产负债率,但会优化并购企业的财务结构,能够有效降低并购企业短期财务风险。

(三)并购融资支付方式创新

从并购资金的支付(实现)方式看,跨国并购可分为现金支付、债权债务承担、股权支付和混合支付等 4 种支付类型(谷留锋,2012)。现金支付最直接,也往往是被并购企业股东最喜欢的支付方式,但这种支付方式容易导致并购企业短期财务压力。债权债务承担是指并购企业在接收目标企业资产同时,承担其全部外部债务,无须支付现金的一种并购实现方式,一般适合净资产较低、经营状况不佳、资不抵债型企业。股权支付是按照一定比例置换并购双方股权从而实现收购目的。相对于现金收购,换股并购最大的优势是不受企业并购资金规模的约束,并且有延迟纳税功能,避免了短期内资金的大规模流出造成的财务风险。混合支付方式则结合现金支付、债务承担、换股支付等方式,或采用混合型融资工具,如可转换证券、可交换证券、优先股、认股权证等兼具债务和权益两种特性的融资工具进行支付。以可转债为代表的混合型支付工具在减少信息不对称、优化融资结构、避免财务危机、降低代理成本、改善公司治理等方面,有着特殊优势。

第三节　案例剖析:华翔集团跨国并购融资发展路径

华翔集团经过 20 多年的发展,围绕汽车零部件产业链,运用全资、控股、参股等方式不断开展海内外资本扩张,实现了跨国经营战略目标。

一、华翔集团跨国并购的战略动因

华翔集团跨国并购的战略动因主要从其面临的外部行业市场环境及其企业自身发展的内在要求两个角度进行分析。

(一)华翔集团跨国并购的行业背景

从行业背景来看,华翔集团开展跨国并购基于以下三点:

1.行业竞争与技术升级的需要

21 世纪,中国成为世界第一汽车产销大国,汽车零部件行业快速扩张,国际汽车零部件巨头也纷纷加大对中国市场的投入,同时一直掌控着汽车核心零部件技术。因此,本土汽车零部件制造企业既面临着前所未有的市场机遇,同时也要应对更激烈的行业竞争压力。特别是民营汽车零部件制造企业,大多资产规模小,实力不强,创新基础薄弱,研究开发基本处于跟踪、模仿阶段,在汽车核心部件、新材料新技术的应用领域,缺少核心知识产权产品,通过自主开发实现技术升级非常困难。而 2008 年的金融危机和紧随其后的欧债危机,使得欧美大量企业面临产品销量下降、拖欠供应商货款与员工薪资甚至破产的局面。海外有不少知名品牌的汽车零部件制造企业拥有技术和客户资源,但面临资金和市场短板,这为本土企业提供了海外并购的良好契机。因此,跨国并购成为本土汽车零部件制造企业的重要战略选择。与此同时,国内政府鼓励有实力的企业在全球范围内加大投资并购,整合优质资源,加大了对民营企业海外并购的政策支持。华翔集团所处的浙江省,目前有 10000 多家汽车零部件制造企业,但规模以上企业只有 700 多家,平均年产值仅 0.56 亿元,行业布局比较分散,低端产品的市场竞争非常激烈。在此背景下,华翔集团加快海内外并购是必然趋势。

对竞争门槛不高的橡塑类汽车零部件制造企业来说,研发创新能力是衡量公司产品竞争力的关键标志。近年来,中国汽车产业增长速度放缓,节能环保、电子化、轻量化、智能化成为汽车零部件行业的主流发展趋势。华翔集团结合自身竞争优势,通过国际并购获取国外先进技术,提高企业研发水平和管理能力,利用海外销售渠道和核心客户资源完善全球化布局,提高在汽车零部件行业的整体竞争力,跨国并购成为其重要的战略选择。

2. 全球化经营战略的需要

全球汽车产业链整合不断扩展,跨国企业最大限度地以最低的成本整合散落在全球的资源,为其发展提供全球动力。发达国家跨国汽车企业占据汽车产业链高端,主要从事核心技术研发及全球营销网络拓展等环节;发展中国家汽车企业位于汽车产业链低端的生产制造环节,对发达国家跨国企业的高端资源依赖加大。汽车产业的全球布局不再受地理范围的局限,日趋立足于全球平台整合。主要汽车企业利用全球资源,达到投资、生产和销售的优化配置。发达国家跨国汽车企业和新兴汽车市场间的关系日益紧密,形成一种“你中有我、我中有你”的紧密利益共同体(张默含,胡阳,2013)。

全球化经营战略是本土汽车零部件厂商与国际整车巨头企业形成战略合作关系的必经之路。国际汽车整车行业龙头的新车型定点研发、全球配送趋势,要求汽车零部件供应商在全球建立生产配套基地,降低研发成本。比如德国大众在德国研发出的新车型,可能在美国和中国等国以及欧洲等各个地区同步生产、销售,需要零部件供应商拥有全球化供应体系,以最快速度融入整车供应商的协作生产。

3. 受消费结构升级与政策导向推动的影响

近年来,国家陆续出台了不少环境保护、节能减排方面的鼓励政策。与此同时,国内汽车消费结构正在发生较大的转型升级,对汽车零部件制造新技术、新工艺及新材料的应用提出了越来越高的要求,迫使本土汽车零部件龙头企业加快跨国并购步伐,通过吸收国外先进技术和人才,加大自主研发创新投入,构筑行业竞争力。华翔集团的下一个五年战略目标是打造内外饰件、金属件、汽车电子和新材料应用等四大具有核心竞争力的主营业务,完善全球化布局,构建与之相适应的全球管理体系。目前公司大幅度提升新材料和新技术领域的研发投入力度,提升自主研发能力,在碳纤维应用技术上取得了初步的研发成果,新材料研发成果的产业化和批量化生产正在推进。

（二）华翔集团跨国并购主要事件及其战略动机

自 2006 年以来,华翔集团依托旗下子公司,开展了 8 次跨国并购。从历次海外并购的战略动机看,华翔集团主要是通过跨国并购获取海外核心客户资源,扩大其市场占有率,同时拓展新业务板块,布局海外技术研发中心和生产基地,打造全球化协同制造研发创新平台,把握全球汽车零部件技术产品升级前沿信息,推动自身产品转型升级。表 2-2 显示的是华翔集团 8 次跨国并购的融资规模与渠道。

表 2-2　华翔集团跨国并购的融资规模与融资渠道

时间	收购方	被收购方	融资需求	融资来源
2006 年 12 月	宁波劳伦斯	英国劳伦斯汽车内饰件有限公司	340 万英镑收购资金+后续宁波移植设厂资金+海外员工解除、退休和养老等投入资金	自有资金+银行贷款
2010 年 12 月	宁波劳伦斯	英国捷豹路虎下属真木饰件制造中心	1500 万英镑收购资金+后续整合资金	自有资金+银行贷款
2011 年 11 月	华翔电子	德国塞尔纳(Sellner)公司(下属公司三家)	2730 万欧元收购资金+后续研发中心设立资金+境外生产基地建设资金	上市增发融资+银行贷款
2011 年 12 月	宁波劳伦斯	美国北方刻印公司(下属公司三家)	9000 万美元收购资金+1.5 亿元国内生产基地建设资金	自筹资金+银行贷款
2012 年 4 月	华众控股	德国 HZ-FBZ 公司	400 万欧元收购资金+后续整合资金	境外上市融资
2012 年 6 月	华翔电子	德国 HELBAKO 公司(30％股权)	400 万欧元收购资金+后续整合资金	自筹资金+银行贷款
2013 年 4 月	华翔电子	德国 HIB Trim Part Group	3420 万欧元收购资金+境外新设子公司资金	自筹资金+银行贷款

时间	收购方	被收购方	融资需求	融资来源
2014 年 8 月	华翔电子	德国 Alterprodia 公司(75%股权)	90 万欧元收购资金＋宁波新设 新材料公司资金	自筹资金＋ 银行贷款＋ 股权激励

数据来源:根据对华翔集团调研的资料整理。

1.英国劳伦斯并购事件

2006 年年底,华翔集团通过子公司宁波劳伦斯出资 340 万英镑(折合人民币 5000 多万元),收购了连续多年亏损的英国劳伦斯汽车内饰件有限公司。

英国劳伦斯是全球第三大汽车零部件供应商加拿大麦格纳集团旗下英帝尔公司的全资子公司,主要生产汽车桃木内饰件制品,是世界著名品牌,产品供应商包括美国通用凯迪拉克系列、萨博运动车系列和标致雪铁龙系列等大客户,全球市场占有率约为 10%。由于受英国零部件行业降价的冲击,该公司已经连续多年亏损。

华翔集团并购英国劳伦斯的战略目标:一是获得品牌、市场和核心客户资源;二是将国内并购经验应用推广到国际市场。此前华翔集团在国内并购辽宁陆平机器等厂家获得很大的成功,而且也积累了并购行业经验,希望进一步通过海外并购打开全球市场。

2.英国捷豹路虎下属真木饰件制造中心并购事件

2010 年 12 月,华翔集团通过子公司宁波劳伦斯出资约 1500 万英镑,收购英国捷豹路虎旗下真木饰件制造中心。宁波劳伦斯先于 2010 年 7 月在英国设立 VMC 公司,2010 年 12 月通过 VMC 公司收购英国捷豹路虎汽车有限公司真木内饰件生产基地厂房、土地、主要生产装置、流动资产,并承继原有业务订单。2015 年,宁波劳伦斯通过英国 VMC 公司最终销售给捷豹路虎公司的销售收入为 2.34 亿元,占宁波劳伦斯总收入的 61%。其中,2015 年捷豹路虎公司相关订单贡献给宁波劳伦斯的年销售收入为 9900 万元。

通过此次海外并购,华翔集团获得了捷豹、路虎等欧洲豪华车客户资源以及生产高端真木内饰件的核心技术,确立了在行业内的竞争优势,而且其市场占有率达到汽车真木饰件行业的全球前三位。

3.德国塞尔纳(Sellner)并购事件

2011 年 11 月,华翔集团子公司华翔电子出资 1870 万欧元收购德国

Sellner GmbH 和 IPG Industrieplast GmbH 的资产和业务,出资 260 万欧元收购美国 Sellner Corporation 全部股权,出资不超过 600 万欧元(不包含企业现金)收购捷克 Wech CHEB 公司全部股权。

塞尔纳集团是汽车内饰件和功能件方面的行业领先者,全球第二大天然桃木高档轿车内饰件供应商,占有 20% 的全球市场份额,与欧洲和北美知名整车厂宝马、戴姆勒、奥迪等都建立了长期供货关系。由于该公司在金融危机前后激进的收购行为、产品报废率和生产成本高企以及获取新订单时定价策略过于激进等原因,Sellner Holding 及其子公司 Sellner GmbH、IPG公司在 2010 年和 2011 年出现连续巨额亏损,进入破产程序,但该集团日常业务和生产仍在进行,工厂产能利用率均超过 100%。

华翔电子此次收购的战略目的是获得汽车天然桃木和塑料内饰件核心技术并提高其木制内饰产品的市场占有率。收购后,华翔电子成为全球第二大汽车木制内饰企业。同时,华翔电子在英国、德国设立了技术研发中心和全球桃木事业部,销售布局包括美国、欧洲。

4. 美国北方刻印公司(NEC)并购事件

2011 年 12 月,华翔电子通过子公司宁波劳伦斯出资 9000 万美元(折合人民币 2.9 亿元)收购美国北方刻印公司全部股权。

美国北方刻印公司是全球第二大豪华车专用铝合金装饰件供应商,主要生产汽车配件、电子电器用品和铝制铭牌标牌等 3 类产品,客户包含通用、福特、克莱斯勒、奔驰等欧美知名汽车制造商。2011 年北方刻印销售额约 9600 万美元,共有 5 家工厂。该公司老板由于年纪大,没有找到合适的继承人,所以决定出售。

华翔集团此次海外并购的战略目标是拓展核心客户资源和获取汽车金属内饰件核心技术,同时在中国建立新的工厂生产豪华车用铝合金装饰件,将生产基地移植到国内。

5. 德国 HZ-FBZ 公司并购事件

2012 年 4 月,华翔集团子公司华众控股出资 400 万欧元收购德国 HZ-FBZ 公司。此次收购的战略目标是提升华众控股在高档汽车精密模具领域的竞争实力,并拓展核心客户资源,成为宝马、奔驰、沃尔沃、奥迪等欧洲知名整车厂的模具供应商。

6. 德国 HELBAKO 公司并购事件

2012 年 6 月,华翔电子出资 400 万欧元参股德国品牌汽车电子HELBAKO 公司,获得其 30% 的股权,并在中国成立汽车电子合资公司。

HELBAKO 公司主要从事轿车电子类产品的研发和生产，产品包括报警器、燃油泵控制模块、无匙进入系统、敞篷类轿车的顶篷控制系统等，主要客户为宝马、奔驰、大众、奥迪和保时捷等。截至 2011 年年底，HELBAKO 总资产 2504.09 万欧元，净资产 780.59 万欧元，实现销售收入 5240.39 万欧元，净利润 46.63 万欧元。

华翔电子此次并购的战略目标是进军汽车电子行业，促进公司产品的转型升级，进一步增强公司的核心竞争力。

7. 德国 HIB Trim Part Group 并购事件

2013 年 4 月，华翔电子通过子公司德国华翔汽车零部件系统有限公司及其孙公司 NBHX Trim GmbH 出资 3420 万欧元（折合人民币 2.9 亿元）收购德国 HIB Trim Part Group（简称德国 HIB）全部股权。德国 HIB 是高档轿车内饰件（材料包括真木、金属、石料和碳纤维等）行业排名前三的供应商，拥有 20% 的全球市场份额，与宝马、戴姆勒、保时捷、奥迪和大众等公司建立了供货合作关系，并在德国拥有研发中心，在罗马尼亚拥有较低成本的生产制造基地，拥有员工 1350 多人。截至 2012 年 12 月，德国 HIB 总资产 6800 万欧元，当年营业收入 8060 万欧元，负债 3590 万欧元。

华翔电子此次跨国并购的战略目的是借助德国 HIB 的平台和资源，获得奔驰等重要客户资源，与全球大汽车公司建立直接的供货合作关系，提高华翔电子在全球高档轿车内饰件的市场占有率，完善亚洲、美洲、欧洲等地的全球化战略布局，成为国际化专业汽车零部件公司。

8. 德国 Alterprodia 公司并购事件

2014 年 8 月，华翔电子通过全资子公司"NBHX Automotive System GmbH"（简称"NBHX Automotive"），出资 90 万欧元（折合人民币 589.9 万元）收购 Alterprodia GmbH（简称 Alterprodia）公司 75% 的股权。Alterprodia 公司是全球领先的天然纤维类汽车零部件制造商。截至 2013 年 12 月，Alterprodia 总资产为 603.14 万欧元，净利润 10.92 万欧元。2014 年上半年销售收入为 859.65 万欧元，净利润 25.39 万欧元。

天然纤维和合成纤维在汽车零部件生产制造上的运用，是汽车零部件"轻量化"战略的重点。华翔电子此次跨国并购的战略目的是引进天然纤维类汽车零部件的生产技术，为公司研发再生性更强、成本更低的天然纤维类轻量化产品奠定技术基础，为其他材料类轻量化产品包括汽车电子类产品在研发、制造、市场推广等方面积累经验，最终实现"智能化"和"轻量化"业务板块的战略目标。

二、华翔集团跨国并购的融资结构

作为汽车零部件制造企业，华翔集团为打开市场，多年来开展了一系列海内外直接投资、股权收购或兼并重组行为，甚至控股改装车企业。但频繁参股、收购和设立合资公司，对华翔集团资金链造成很大压力，融资问题一直是其并购扩张的重要制约因素。特别是自2006年以来陆续开展的8次跨国并购，华翔集团总计投入10多亿元人民币的收购资金以及高达数十亿元的后续资源整合资金和研发(生产)基地建设资金。比如华翔电子收购美国北方刻印公司后，采取调整管理团队、优化产品结构、提升生产效率等整合措施，投入1.5亿元建立国内生产转移基地，投入数千万美元实施技术改造与注入流动资金等。华翔电子收购Alterprodia公司后，承诺在后续整合中全额出资在中国境内设立专业生产天然纤维类产品的汽车零部件公司。为调动新公司主要经营者Borowsky先生和Bierbaumer先生的积极性，以未来5年新公司经营业务KPI考核结果为依据，以不超过25%的新公司股份作为对他们的股权激励。

为缓解融资约束，华翔集团主要运用了以下渠道筹措跨国并购资金：

(一)内源融资积累

华翔集团的汽车零部件业务起步早，通过技术跟踪、模仿、创新，从"游标卡尺"、"刹车油壶"等单零件生产扩展到汽车内外饰件、精密模具、电子电器等多元化经营，借助早期汽车销售市场井喷、国内低劳动力成本等优势以及较高的行业毛利率，公司主营业务和净利润一直保持高速增长态势，经营现金流充沛。

与此同时，为了扩大不同体系整车厂的产品配套份额，公司采取集团化股权运作，采取与原配套厂商、国际细分行业领先厂商、战略合作伙伴合资等模式，先后成立多家子公司和孙公司，又利用行业整合、并购等机会，增加多家子公司，总数接近20家，2012年集团总资产突破100亿元，资本实力不断增强。集团雄厚的资本实力以及各子公司相对并行独立的运行机制，为后续公司在不同发展阶段和举债时期，能够灵活运用内部资本市场运作手段，为跨国并购融资提供帮助。例如，2008年华翔集团董事会正式确立海外并购战略后，集团内部开始积极准备，2009年公司转让旗下与汽车零部件关联不大的两家子公司部分股权，包括辽宁陆平机器股份有限公司(简称陆平机器)74%的股权和富奥汽车零部件股份有限公司(简称富奥汽车)29%的股权，总计筹集10亿元现金预备开展海外收购。同时，华翔集团积极推动富奥汽车借壳上市，实现股权投资收益增值。

（二）借助上市平台增发融资

自确立海内外并购扩张战略以来，华翔集团对旗下子公司开展多次资产置换、股权转让等行动，整合内部优质资产，分别于 2005 年和 2012 年推动旗下控股子公司华翔电子和华众控股在境内外公开上市，为后续并购融资奠定基础。2005 年 5 月，华翔电子在深交所挂牌上市，发行股票 3000 万股，募集资金 1.7 亿元。2012 年 1 月，华翔集团的另一子公司华众控股在香港上市，募集资金 2.8 亿港元。2006 年 12 月，华翔电子借助其上市公司平台，向特定投资者非公开发行股票 5200 万股，募集资金 4.3 亿元。2010 年 4 月，华翔电子再次非公开发行股票 7340 万股，募集资金 8.7 亿元。其中，2010 年 4 月增发募集的 8.7 亿元资金，有 2.32 亿元变更用途，用于海外并购，收购德国塞尔纳公司资产、业务和相关公司股权及后续整合项目。2012 年 4 月，刚刚在香港上市的华众控股出资 400 万欧元收购德 HZ-FBZ 公司。

2016 年 3 月，华翔电子计划通过增发融资募集资金 19 亿元，用于收购集团成员企业宁波劳伦斯和上海戈冉泊精模科技有限公司（简称戈冉泊）等股权。此行为实际上是通过内部资本市场运作，借助外部上市平台的增发融资，实现华翔集团内部资源的协同整合，进一步增强华翔电子上市子公司的产业核心竞争力。通过集团内部收购，华翔电子间接获取宁波劳伦斯此前多次开展的海外并购资源，包括美国北方刻印公司的铝饰件等的核心技术，实际上借助集团优势进一步完善了海外并购布局。并且，此次收购后华翔电子的大股东控股权由 16.97% 提升至 28.92%，大股东对上市公司的管理决策能力进一步增强，资本运作空间进一步扩大，为其后续更大规模的海外并购融资奠定基础。

（三）债务融资

自 2006 年海外并购开展以来，华翔集团多次为其子公司或孙公司提供债务担保，以便获得境内外商业银行的贷款融资支持。从 2011 年华翔电子年报看，当年短期借款增加 6000 多万元，比上年度增长了 103.12%，主要原因是当年跨国并购事件中，德国子公司通过商业银行进行了贷款融资。2014 年，华翔电子计划在德国以收购方式成立全资子公司，但并购融资面临很大约束。公司与境外金融机构信息不对称，语言文化等方面也存在差异，导致其海外信贷融资困难。中国农业银行上海分行利用上海自贸区的"内保自贷"产品，以华翔电子向农行宁波分行申请开立的备用信用证为担保，为其境外子公司提供 2750 万欧元的贷款融资支持,降低了企业融资成本,提高了海外并购效率。

同时,集团内各成员企业之间也多次开展担保(质押)融资、应收账款(预付款)融资、票据融资、融资租赁、与联营企业合法关联交易等集团内部债务融资行为。

三、华翔集团跨国并购的绩效分析

华翔集团的跨国并购融资方式和融资结构选择,对企业并购后续的生产经营产生了影响。以下主要从企业技术升级、市场扩张以及新业务拓展等主要并购战略目标导向出发,分析其并购后的实际绩效。

(一)以技术升级和市场扩张为导向的跨国并购绩效

华翔集团对英国劳伦斯、捷豹路虎真木饰件制造中心、德国塞尔纳集团等跨国收购的主要战略目标是提升主营业务技术、获取核心客户资源以及扩大原有产品的市场占有率。从战略绩效看,历次并购基本实现预期战略目标,比如通过多次并购,华翔集团在汽车木制饰件特别是天然胡桃木制品领域掌握了核心技术,木制饰件的全球市场占有率从原来的 8% 扩大到 22%;核心客户覆盖宝马、奔驰、大众、通用、福特、沃尔沃等大部分国际汽车制造业巨头,大大降低了行业风险。但从后续经营的财务绩效看,跨国并购投资项目的财务绩效并不突出,部分项目至今仍处于亏损状态,面临多次财务危机。以下通过分析并购企业具体经营运作情况,剖析其后续财务风险。

1.英国劳伦斯并购绩效

华翔集团收购英国劳伦斯后,遇到国际金融危机爆发,英镑大幅贬值,汇率亏损达到 3000 多万元。与此同时,由于缺乏对已有产品的市场周期分析,英国劳伦斯拿不到原来整车厂的订单,客户订单大幅减少,再加上英国劳动力成本过高(约占产品总成本的 55%),又遭遇汽车零部件行业降价压力的冲击,英国劳伦斯 120 多名工人的薪资以及维持工厂运转的资金每月多达 500 万元。收购后的一年内,公司各类财务损失约 2 亿元人民币。为扭转亏损局面,公司主要做了两大战略调整:一是将英国劳伦斯生产基地移植到宁波象山,华翔集团和英国劳伦斯互派代表进行学习与指导。由于后续建厂的投入资金量很大,而生产订单一下子缩减了两成以上,英国工厂的成本居高不下,所以公司资金链非常紧张。直到 2008 年年底,宁波劳伦斯真木生产线 200 多名员工满负荷生产,实现扭亏为盈,利润达到 1000 万元,2009 年实现产值 7000 万元。二是开拓北美市场,调整产品市场结构。凭借英国劳伦斯百年品牌、可靠品质和价格优势,开发整体式桃木内饰等新产品,成功配套美国福特、通用等大汽车制造公司,打开北美市场。目前,宁波劳伦斯可以生产换挡手柄、门把手、仪表板中间饰板、仪表板饰条、排挡盖板等高档轿车全套真木饰件,50%的原材料实现了国产化。其设计和加工都走在行业前沿,生产工艺有自己的独到之处,能将整片真木进行曲面弯折处理,满足各种车型的设计需要。除北美之外,宁波劳伦斯确定了重点开拓欧洲市场的战略,并取得了突破性进展。2012 年,宁波劳伦斯实现产值 3.2 亿元,创利税 8700 多万元。

2.德国塞尔纳集团并购绩效

华翔电子收购德国塞尔纳集团业务后,经过一年多的整合,公司海内外真木业务发挥了协同效应,木制内饰件业务收入出现大幅增长。但因为对塞尔纳集团的收购属于破产收购,后续经营风险也不断出现。首先是收购公司的技术研发能力不足,客户集中度较高(核心客户只有宝马集团),生产基地分布在劳动力成本较高的德国和捷克。为此,华翔电子出资设立境外子公司,在英国和德国设立技术研发中心,加大开发新产品和新技术的力度,并重新聘请当地有汽车专业背景的人员组建管理团队,经过一系列整改,2013 年海外公司德国华翔汽车零部件系统公司(简称德国华翔)开始达到正常状态,2014 年开始进入新产品调试和批量生产阶段。但从 2014 年第 4 季度开始,德国华翔由于新产品量产后发生质量事故,造成较大损失。此次新产品质量事故的起因是为摆脱原有真木业务人工占比较高的局限,德国华翔当时承接了生产机械化程度较高,同时配套车型日趋增多的模内装饰技术(IMD)及油漆件产品。因对新工艺的经验不足和文化差异等因素,德国华翔在获取新产品订单时定价不合理,销售价格较低,同时没有主动寻求与集团同行子公司"中国特雷姆"的技术支持和学习交流,导致在项目量产时合格率过低,产品合格率始终在 50%以下,出现生产越多亏损越大的被动局面。2015 年下半年,华翔电子采取聘请技术专家与第三方中介机构进行有偿支持,解聘海外公司原管理团队并重新聘请本地同行资深高管团队,委派国内专业技术人员支援,以及整改德国公司内部流程等措施,产品合格率有较大提升,但也产生了大量额外财务成本,2015 年德国华翔经营亏损4.36 亿元人民币,母公司华翔电子的真木内饰件营业收入 21.08 亿元人民币,占整个公司内饰件产品的 36.92%,而毛利率为－3.24%。2016 年,德国华翔的后续改进措施包括:将真木产品转移至低成本的罗马尼亚工厂;继续提升模内装饰技术和油漆件产品的合格率,2016 年产品合格率已稳定在

80％以上；重新核算成本和提升产品定价，已取得客户支持；推广精益化生产，提高生产效率，逐步降低员工成本，2016 年已经实现赢利。

此次德国华翔新产品质量事故反映出华翔电子对跨国并购后续经营风险和海外公司内部管理能力掌控的不足，特别是对海外产品的人工成本和高管团队管理风险判断不足。吸取此次并购经营风险，华翔电子近年来陆续将德国、美国的海外产能逐渐转移到捷克、罗马尼亚等生产成本相对较低的地区。2015 年华翔集团在捷克的投资达到近两亿美元。华翔的捷克生产基地稳健发展，成为其重要增长点，其中捷克 Wech CHEB 公司已拥有 800 名工人，年产值近 3 亿美元。

（二）以新业务拓展为导向的跨国并购绩效

华翔集团对美国北方刻印公司、德国 HELBAKO 公司、德国 HIB 公司和德国 Alterprodia 公司等跨国收购事件的主要战略目标是拓展新业务板块，开发新客户资源，优化产品结构，提高附加值和技术含量，整体提升公司核心竞争力。从战略绩效看，这些跨国并购帮助华翔集团成功打开汽车金属（铝合金等）饰件、汽车电子和碳纤维等新内饰材料的开发应用业务板块，整体提升了企业技术研发创新实力，为后续产品智能化、电子化、轻量化转型升级奠定了基础。德国 HIB 公司拥有 140 多名技术研发人员，其研发水平位居行业前列，约 40％的产品供应奔驰，还拥有较强的"石料"、"金属"、"碳纤维"等材质的汽车表面饰件生产能力。此次并购对华翔电子原有的真木产品形成优势互补。收购后华翔技术研发院拥有 100 多名研发人员，外籍专家占到了三分之一。近年来该研究院克服了竹木等自然纤维脱糖脱脂等技术难题，木纤维内装板材替代工程塑料顺利实现批量生产。收购德国 Alterprodia 公司为华翔研究院后续新材料开发应用奠定了更好的平台基础。收购兼并德国 HELBAKO 公司，为华翔电子介入汽车电子市场奠定基础，与全球智能化汽车发展形成协同效应。目前，汽车电子宁波生产基地已开始规模化量产，同时逐步建立汽车电子的研发中心，培养自主研发能力。从后续经营的财务绩效看，美国北方刻印公司的并购财务业绩已经显现，2012 年实现销售收入 1.15 亿美元，比 2011 年增长 20％，实现利润约 850 万美元，但新材料开发应用方面的资源整合和研发生产有待进一步深入。

第四节 案例讨论

华翔集团基于混合并购融资的跨国经营模式,在特定历史时期有效突破了自身资金、技术等方面的资源瓶颈,在加快企业全球化布局上取得了显著绩效。但华翔集团的跨国并购融资同样存在一定的局限性,对企业后续的经营管理产生了一定的负面影响。

一、集团化资本运作成为公司跨国并购融资主渠道

从华翔集团的海外并购混合融资结构看,无论是内部自源融资、外部债务融资还是借助上市平台的股权增发融资,都体现集团为平台的内部资本市场运作的本质特点。

宁波华翔的集团化资本市场运作的融资安排能够运行,主要原因是集团董事长与下属两大上市子公司董事长之间是父子关系,具有家族纽带联系,并采用"联邦制"决策治理机制。华翔集团的"家族联邦制"管理模式,优点是增进了集团子公司之间的信任,减少了信息不对称等问题,降低了融资交易成本;同时集团内部建立了一套以控股子公司管理为核心的管理体系,制定并实施了《控股子公司管理制度》等内控制度,从财务、人事、业务流程等多方面加强了对子公司的管理,并引入 KPI 绩效考核机制,加强了对子公司的管理工作,母公司逐步从生产型企业向管理型企业转变。内部制度的完善也为集团化融资奠定了良好基础。但是,这种"家族联邦制"管理模式和集团化内部资本市场运作的缺陷也不可忽视。对当前内部管理制度不够规范、财务透明度偏低的大量未上市民营企业集团来说,如果缺乏有效的外部监督约束机制,很可能会造成集团内部成员之间的非合理"资产处置或股权转让"行为,特别是在某些重大战略调整或经营风险较大时期,有可能以牺牲某些子公司利益来换取集团整体利益最大化,或有可能利用子公司上市平台过度融资,增加财务风险,损害中小股权投资者利益。比如 2015 年华翔电子第一大股东控股的宁波峰梅投资公司(简称宁波峰梅)以 1.6 亿元收购价获得戈冉泊 87% 的股权,而 2016 年 3 月华翔电子收购戈冉泊时其估值提升至 6.5 亿元,收购成功后,宁波峰梅半年内通过股权资本运作获得投资收益近 4 亿元。

因此,在当前我国外部融资市场发展不够完善的市场背景下,依托集团

化内部资本市场运作不失为缓解民营企业跨国并购融资的有效途径。然而,地方政府、证监会等相关监管部门必须加强对企业集团内部资本市场运作的监督关联,加强集团内部财务、资金借贷、关联交易、股权转让等事项的监督管理和信息披露,引导集团企业完善公司治理和内控制度,防范集团融资风险。

二、逆向技术并购战略提升公司成长绩效

我国汽车零部件制造企业的跨国并购战略动机主要包括以下四大方面:一是通过跨国并购尽快实现技术和产品升级,融入全球化生产协作网络;二是通过跨国并购转移生产基地,降低生产成本;三是通过跨国并购塑造企业品牌、营销网络,提升核心竞争力;四是通过跨国并购从传统行业走向新兴行业,实现跨行业转型升级。

华翔集团的跨国并购战略目标清晰,一直以汽车内外饰件技术升级为战略导向,以获取全球核心客户资源与提升市场占有率为战略目标,充分利用海外金融危机等有利时机,逆向并购德国、美国、英国等发达国家的知名品牌汽车零部件制造企业,通过多次跨国并购行为,以最短的时间掌握并提升相关产业领域的核心技术,增强境内外人才、技术、客户等优势资源的整合利用,与本土产品形成优势互补,进而实现境内外业务的联动扩张。与此同时,通过一系列跨国并购,引入国际先进汽车电子技术、铝合金等高端汽车金属饰品制造技术以及碳纤维、竹纤维等汽车零部件新材料开发应用技术,开拓新业务板块,优化产品结构,推动企业转型升级,提升行业核心竞争力。

自 2006 年开展系列跨国并购以来,华翔集团主营业务收入成倍增长,集团总资产突破百亿元,上市子公司华翔电子营业收入增长了 5.6 倍(见表2-3)。借助跨国并购获取国际先进技术与配套资源,与海外企业联合重组,建设全球化平台,不仅帮助华翔集团快速掌握了国外汽车内饰制造相关领域的核心技术,而且也使其在较短时间内占领了全球市场,国际影响力和公司品牌知名度获得很大提升。同时华翔集团吸取了前面跨国并购经验教训,注重对后续跨国并购事前风险评估,聘请国际著名咨询公司、律师事务所等作为并购、财务和法律顾问,对交易标的从业务、财务、法务等方面进行全面尽职调查,对工厂实地参观考察,加强与被收购公司管理层的深入沟通交流,很大程度上也提高了后续跨国并购的经营绩效。

表 2-3　2006—2015 年华翔电子营业收入增长一览

年份	营业总收入/亿元	同比增长率/%
2006	14.84	278.57
2007	26.43	78.10
2008	26.83	1.51
2009	28.14	4.88
2010	33.33	18.44
2011	36.82	10.47
2012	52.00	41.23
2013	72.92	40.23
2014	87.12	19.47
2015	98.10	12.60

数据来源:华翔电子历年年报。

三、并购融资工具创新不足影响公司财务绩效

企业跨国并购的融资来源可分为内源融资和外源融资。内源融资成本最低,但容易受到企业自身营利能力和资金规模的限制。外源融资包括各类债务性和权益性融资工具及其组合搭配。从融资期限看,企业跨国并购既需要过桥贷款、商业票据等短期资金,也需要银团贷款、杠杆贷款、股票、公司债券等中长期资金。

(一)并购融资工具对财务绩效的影响

跨国并购融资结构和支付方式选择直接影响到并购企业的后续财务绩效。近十年来,我国汽车零部件同业巨头吉利汽车控股有限公司并购瑞典沃尔沃、宁波均胜电子股份有限公司收购德国普瑞集团、北京太平洋世纪汽车系统有限公司收购美国通用汽车全球转向与传动业务、浙江万向集团收购美国汽车零部件企业转向轴业务、京西重工集团收购美国德尔福制动和悬架业务等跨国并购,很大程度上采用了现金、股票、商业贷款、可转换债券、认股权证、换股交易、杠杆收购等多种融资支付组合创新工具,获得了本土地方政府、战略投资人、境外政府、国内政策性银行、海内外商业银行、境外投资银行、私募并购基金等外部投资者的资金或担保支持,很大程度上分散了跨国并购的融资风险。例如吉利并购沃尔沃案件中,收购价为 18 亿美元,实际结算金额 15 亿美元,其中:11 亿美元现金来自吉利事先发起组建的

股权融资平台,其中著名投行高盛以认购可转债和认股权证的方式向吉利注资 3.3 亿美元,这种股权支付形式可以有效控制财务风险;4 亿美元属于海外资金,其中 2 亿美元属于中国建设银行伦敦分行债务融资,2 亿美元票据为福特卖方融资,有助于缓解吉利短期资金融通问题。综合来看,吉利的跨国并购融资渠道采用了内源融资、股权融资、债务融资等混合型融资结构安排,运用了股份支付、现金支付、票据支付等多种融资支付方式(来晨天等,2013)。

从案例企业的跨国并购过程分析,民营企业跨国并购的金融服务需求主要集中在三个阶段:一是并购项目的前期考察阶段,本土企业对海外并购方的财务或经营状况缺乏了解,对并购流程和项目估值定价机制不熟悉,需要金融机构提供配套中介服务;二是跨国并购项目的交易达成阶段,企业需要支付并购方相应的资金,需要金融机构提供多元化融资组合工具的支持;三是并购项目完成后的资源整合与运营阶段,企业需要后续扩大再生产、布局新市场或设立研究(营销)中心等,仍需大量融资支持和配套金融服务。华翔集团在德国、美国、捷克等地陆续开展了 8 次跨国并购,总计投入 10 多亿元人民币收购资金,但后续整合运营资金投入达到数十亿,主要用于组建境外研发中心、转移生产基地、调整管理团队、优化产品结构等。但是,华翔集团开展的 8 次跨国并购融资,虽然也采用了自有留存资金、债务融资和股权融资等混合型融资结构安排,但融资工具相对保守单一,融资支付都采用了现金支付方式,无法有效分散并购融资风险,而且对公司后续资源整合和生产经营带来很大的财务压力,进而出现 2007 年英国劳伦斯经营惨淡亏损导致的财务危机,以及 2015 年德国华翔新产品质量事故导致巨额亏损,拖累华翔电子整体财务业绩并引发股价大幅下跌等危机事件。

(二)并购融资工具创新不足的原因

民营企业跨国并购融资工具创新不足,原因涉及多个方面,主要包括:

1. 外部政策制度环境制约

地方性商业银行的国际化经营程度偏低,海外分支设点偏少,信托机构、保险公司和投资银行等金融中介服务机构的海外布局进展缓慢,金融机构之间缺乏业务联动。特别是在一些新兴发展中国家(地区),很难找到本土金融机构的境外分支网络支持,与境外金融机构开展业务合作则容易出现语言或文化交流等障碍。国内不少民营企业开展大型跨国并购时,资产定价和组合融资设计等服务仍依赖国际投行,综合服务成本偏高。

案例企业所在的宁波市,企业跨国并购的融资来源相对单一,主要依赖贷款融资,而且服务的金融机构主要是国家开发银行、中国进出口银行等政策性银行和四大国有银行在甬分支机构,主要贷款形式包括境外放款、跨境贷款和内保外贷,分别于 2007 年、2011 年和 2014 年才陆续实施。同时,商业银行也是本地企业跨国并购政策、法律、资本运作等咨询服务主体,跨国投行、并购产业基金等专业服务机构发展相对滞后,案例企业很难选择杠杆融资、换股交易、债转股、认股权证等混合型融资工具。而且华翔集团在历次跨国并购事件中,前期收购金额相对较小,行业影响力不够大,在与被收购方的融资支付形式谈判中相对处于劣势,很难推行新型融资工具或争取到境内外知名投行等投融资机构的大力支持。

2.跨国并购服务保障体系不完善

企业跨国并购是系统性工程,涉及东道国政治、法律、文化等多个领域的风险防范。特别是当前海外并购政策法律日趋复杂和东道国戒备心理不断增强的国际大环境下,民营企业开展跨国并购缺乏有效的风险分担机制,并购项目失败的损失都由单个企业或金融机构承担,导致市场主体的并购风险过于集中,企业家的海外投资动力相对减弱。同时,随着汽车零部件行业企业的发展壮大和创新实力的增强,单个项目的跨国并购金额不断攀升,往往涉及几十亿甚至上百亿美元。规模如此巨大的并购融资项目,单靠企业自身实力或资本运作很难实现,迫切需要地方政府的财税金融支持或产业并购基金的介入。但整体上,我国缺乏统一的跨国投资综合服务平台,企业跨国并购前期考察成本过高,并购后也极易面临东道国技术封锁或政治法律制度约束而引发的系列金融风险。

3.民营企业内部管理不规范

民营企业自身人才、市场判断等跨国并购资源和并购经验积累相对匮乏,缺乏对并购行为的事前周全策划或制定全面的融资战略规划,而且对并购后资源整合和生产经营资金再投入资金估算不足,导致其后续经营财务风险加大。

民营企业自身实力偏弱,国际知名度不高,国际化并购人才十分短缺,并购经验不足,项目尽职调查、行业技术分析、市场评估、项目定价、组合融资设计、法律和会计咨询等配套服务需求很难得到及时满足。特别是财务信息类服务瓶颈特别突出,进而引发企业并购信息不全面、估价不合理、融资方案和支付方式单一等问题,使得并购项目中途夭折或后续资金链断裂等现象时有发生,给我国民营企业带来较大的经济损失。此外,民营企业大多从家族制改造过来,内部组织架构复杂,内控制度不够规范,财务透明度较低,精通国际规则的财务管理人才匮乏,企业跨国并购存在较高的估价风险、交易风险和整合风险,与外部融资机构严重信息不对称,导致其获取境外金融机构的融资支持比较困难;而且获取外源融资成本偏高,支付方式单一,以现金支付为主,容易导致并购企业在短期内出现较大财务压力。

第五节　结论与启示

自我国提出"一带一路"倡议以来,民营企业跨国并购有了更广阔的市场空间和政策支持。跨国并购作为本土汽车零部件制造企业短时间内提升核心技术、扩大市场占有率和加快打造全球协作平台的路径,正在被越来越多的企业定为战略布局方向。但由于我国金融市场发展缓慢,配套政策制度体系不够健全,民营企业自身实力有限,民营企业跨国并购面临的融资约束仍十分严峻。跨国并购融资渠道和支付方式的选择对民营企业并购绩效形成了深远、持久的影响,同时也决定着民营企业后续国际化的发展进程。本章首先分析了民营企业跨国并购面临的融资约束和各种融资工具创新方向及其对并购绩效的影响,然后以宁波汽车零部件制造企业华翔集团为案例研究对象,对其跨国并购融资的行业背景、战略动机、融资结构安排和并购绩效展开深入分析,在此基础上探讨背后的深层次原因,最后结合我国国情提出几大完善建议:

一、设立海外投资风险分担机制,提升企业跨国并购动力

借助"一带一路"倡议的东风,探索建立国内企业海外投资风险分担机制。建议先由地方政府、本地金融机构和并购企业按照一定比例出资设立区域性"海外投资风险资金池",对本地企业(特别是民营企业)和金融机构在跨国并购中因东道国政治、法律、文化、技术封锁和审批障碍等不可抗力因素而失败的并购项目,动用风险资金池资金,给予并购企业和相应金融机构一定比例的风险代偿。风险分担机制的实施,有利于减轻民营企业家"走出去"的思想包袱,激发其海外高端技术或品牌收购的意愿和动力,同时也同步激励本地金融机构加快实施"走出去"战略,加强海外并购人才队伍的培养,为本地企业"走出去"提供更有针对性的金融服务。

二、放宽制度约束，推进跨国并购融资工具创新

一是逐步放宽民营跨国并购投融资的政策或制度门槛，促进各类混合型并购融资工具的创新发展。2015年银监会修订的《商业银行并购贷款风险管理指引》，放宽了商业银行发放并购贷款业务的条件，为民营企业通过商业贷款融资提供了便利。主要调整包括：将并购贷款期限从5年延长至7年；并购贷款占并购交易价款的比例提高到60%；取消并购贷款担保的强制性。2013年上海自贸区等金融体制改革试验区的设立，为区内企业实现人民币自由兑换、简化境外投融资行政、增强金融机构服务能力提供了很好的外部环境。因此鼓励有跨国并购意向的民营企业在各自贸区设点，充分利用自贸区的融资政策优势，开展新型融资工具创新，降低跨国并购的财务成本。

二是出台针对地方金融机构的海外投资服务考核评价体系，激励本土金融机构加大海外并购贷款规模，尽快推动建立跨国企业的全球统一授信制度，支持企业使用外汇贷款开展跨国并购。引导商业银行、投资银行等金融服务商组建并购战略联盟，拓展项目尽职调查、并购交易谈判、资产定价、组合融资方案设计和投后资本运作等高层次金融服务。

三是鼓励国内金融机构探索建立境外投资保险制度，积极落实《跨国公司外汇资金集中运营管理规定》，放松对本地跨国并购民营企业的外汇管制，引导保险监管机构和商业保险机构开展跨国融资的保险业务创新，加大政策性融资担保力度，适当降低拥有海外市场或出口订单的民营中小企业融资门槛，解决企业跨国并购前期和启动性资金的担保问题。战略联盟融资创新可以借鉴日本综合商社模式（程永明，2013）或利用国有跨国公司帮带中小民营企业"走出去"的捆绑或抱团模式。

三、打造海外投资综合服务平台，完善配套服务体系

一是打造区域性海外投资综合服务平台，搭建"企业海外信用档案数据库"、"海外投融资信息采集和风险预警平台"和"外汇风险防范培训辅导平台"，为本地民营企业提供一揽子、综合性海外投资服务。

二是尽快推动建立区域海外投资服务协会，加大企业跨国投资人才和技术培训。首先，建议地方金融办尽快联合本市外管局、四大国有银行和跨国银行的海外分支机构、并购产业基金、知名会计事务所和律师事务所等机构，就跨境并购外汇管理、法务问题、税务策划以及战略合作等问题提供相关培训与协助。其次，搭建地方政府与主要海外投资城市的高层互访制度

和产经贸论坛会议制度,定期组织互访研讨活动,深化本地企业与海外城市之间的产业技术合作及其科技文化交流。再次,加快完善社会信用体系建设,利用移动互联网和大数据挖掘技术,为民营跨国企业建立统一的商业信用档案,为其开展信用担保融资创造有利条件。

三是积极打造区域产业技术创新平台,组建同行业跨国并购战略融资联盟(张默含,胡阳,2013)。可利用各省市组建的行业核心技术公共研发平台,促进有条件的民营企业抱团开拓海外市场,通过跨国并购、海外设厂等多种形式嵌入全球销售服务网络,建构区域要素共享机制,完善公共服务平台,整体提升行业核心技术的研发创新能力。

四、发挥财政引导作用,推动设立跨国并购投资基金

充分发挥地方政府产业投资基金的引导作用,联合本地风险投资机构、保险公司、股权投资基金、上市公司等主体参与,在当地若干优势行业领域设立一批跨境并购专项投资基金,重点满足本地民营企业跨国并购所需的长期股权融资、委托贷款、过桥贷款、贷款担保等金融需求,为本地企业后续开展大型跨国并购活动提供长期化、低成本、高效率、组合多样化的融资渠道。支持民营企业利用海外资本市场直接融资,支持民营企业发行海外并购优先股、可转换债券等新型融资工具。鼓励民营上市公司利用股票增发、配股等形式筹集跨国并购资金。帮助民营中小企业在新三板、区域股权交易中心等市场挂牌交易。

五、优化并购企业内部管理,加强行业自律

加大民营企业跨国并购的人才、资金、技术等储备积累和相关培训服务,引导民营企业在开展跨国并购前,制定合理的并购融资结构安排,包括收购阶段的资金准备和收购后续经营方面的融资预测与战略部署。构筑区域行业技术公共研发平台与全球销售网络,形成要素分离再整合机制。

引导国有资本与民间资本组成联合体,鼓励有条件的国企和民企抱团开拓海外市场,通过跨国并购嵌入全球生产协作网络,提升自主创新能力。当前外部融资市场发展不完善的市场背景下,依托集团化内部资本市场运作不失为缓解我国民营企业跨国并购融资难的有效途径。但地方政府必须主动加强对民营企业的内部财务规范,帮助民营企业建立相对透明的现代财务制度,完善公司治理框架,主动加强对集团企业内部资本市场运作的监督管理,包括强化集团内部成员财务往来、资金借贷、关联交易、股权转让等的监督管理和信息披露,提升企业财务信息透明度,扩大市场知名度,积累

商业信用,防范集团融资风险。规范并购企业之间的市场竞争行为,主动打击跨国并购中成员之间的"恶性抬价"或"不正当竞争投资"行为,加强跨国并购行业的自律管理。

参考文献

程永明,2013.近年来日本企业海外发展动向及新特征[J].日本学刊(3):106-117.

谷留锋,2011.信息不对称与并购支付方式的理论分析[J].经济问题探索(4):69-73.

谷留锋,2012.债务融资偏好与我国企业海外并购融资方式研究[D].天津:南开大学:19-70.

郭跃芳,2014.企业并购融资的金融创新研究[J].对外经贸(1):54-56.

江乾坤,2014.基于"I-A-I"模式的中国民营企业海外并购融资创新研究[J].经济社会体制比较(2):74-85.

江乾坤,王泽霞,2012.中国民营企业集团跨国并购融资创新模式[J].技术经济(9):99-103.

来晨天,郑宇璇,胡杰楠,2013.中国汽车民企跨国并购的绩效评估和经验分析——以浙江吉利并购瑞典沃尔沃为例[J].特区经济(7):48-51.

李焰,2011.企业集团化运作融资约束与信用扩张效应[M].北京:北京大学出版社:7-21.

任芳慧,李丽滢,2012.中国民营企业跨国并购融资问题探讨[J].当代经济(6):50-51.

王冉,2016.中日跨国并购比较分析及对中国的启示[D].大连:东北财经大学:7-38.

吴战篪,李晓龙,2013.企业集团资金安全预警体系研究[J].会计研究(2):63-68.

谢晔,应磊,俞莉,等,2016.并购联合重组 产业优化升级——华翔海外布局迎东风[N].浙江日报,2016-4-3(001).

张默含,胡阳,2013.民营汽车的产业国际化[J].浙江经济(14):42-43.

周亚婷,2015.民营企业海外并购融资研究[D].开封:河南大学:4-33.

BEENA P L,2011. Financing Pattern of Indian Corporate Sector under Liberalization:With Focus on Acquiring Firms Abroad[EB/OL]. http://www.researchgate.net/publication/228936727:7-30.

CHANG S J, HONG J, 2000. Economic Performance of Group-Affiliated Companies in Korea: Intragroup Resource Sharing and Internal Business Transactions[J]. Academy of Management Journal, 43(3): 429-448.

FACCIO M, MASULIS R W, 2005. The Choice of Payment Method in European Mergers and Acquisitions [J]. Journal of Finance, 60 (3): 1345-1388.

MARTYNOVA M, RENNEBOOG L, 2006. Mergers and Acquisitions in Europe: The Fifth Takeover Wave[J]. Asia-Pacific Journal of Accounting、 Economics(6): 1-77.

MYERS S C, MALJUF N S, 1984. Corporate Financing and Investment Decisions When Firms Have Information That Investors Do Not Have[J]. Journal of Financial Economics, 13(2): 187-221.

第三章　圣龙集团:基于技术寻求的
跨国经营模式

第一节　引　言

一、研究背景

2016 年全国"两会"审议通过的中国"十三五"规划提出"创新是引领发展的第一动力",可以通过大力发展外向型经济,"引进来和走出去并重、引资和引技引智并举",提升我国的科技创新水平;强调企业是创新的主体和主导,支持企业扩大对外投资,深度融入全球产业链、价值链、物流链。

汽车行业辐射面广,产业链条长,对工业、服务业等多个行业的发展有重要的影响,是国家重要支柱产业。2011 年至 2014 年,中国汽车产业迈上了新台阶,2014 年汽车产销量超过 2300 万辆,创全球历史新高,连续六年全球第一。在我国由汽车大国发展成为汽车强国的道路上,迫切需要解决的问题是如何应对日渐激烈的竞争和能源、环境、交通等因素带来的影响,不断提高自主创新能力。汽车零部件行业作为汽车整车行业的上游行业,是支撑汽车工业发展的基础。但目前我国汽车零部件支撑能力弱,其发展严重落后于整车,核心技术缺失,关键零部件市场被外资品牌占据,基本形成了发动机管理系统、中央控制器等产品被外企垄断的格局。中资零部件企业在新技术研发、品牌竞争力、企业总体实力等各方面与外资跨国零部件集团之间存在非常大的差距。

在我国汽车行业存在研发投入低、研发资金使用效率低、研发基础薄弱、缺乏关键性技术储备和重大技术突破等不足的情况下,技术寻求型或技术获取型跨国经营能够缩短研发时间,节约相应的成本,迅速获得技术来源,提高技术能力,同时可以实现企业快速扩张、进入国际市场,被认为是后发工业化国家的企业提高技术能力的有效途径甚至是捷径。2007年次贷危机爆发以来,我国企业抓住这一时机大举开展跨国并购,以获取先进的技术,其中浙江省企业尤为活跃,2015年跨国并购额达到全国的1/3。

宁波圣龙(集团)有限公司,成立于1996年,现有员工2600人,外籍员工400余人,是一家集工业、贸易、投资于一体的国家火炬计划重点高新技术企业、资信AAA级企业,集团旗下有多家子公司,涵盖汽车零部件、地源热泵空调及船舶配件等产业。汽车零部件是集团支柱产业,主要产品为汽车发动机油泵、变速箱油泵、发动机凸轮轴及铝压铸件四大系列50余个品种。其发动机油泵产量居全球第二位。在核心零部件这块,通过"引进来、走出去",集团现在已建成以宁波为总部,中(宁波)、美(底特律)、德(慕尼黑)、英(利明顿)四地联动的全球技术中心,以及中(宁波、湖州)、美(俄亥俄州)、印(普纳)三国四地的全球生产基地,目前正在积极通过并购等建立欧洲(德国)生产和研发基地,已成为全球知名厂商福特、通用、雪铁龙、捷豹路虎、宝马、保时捷的一级战略供应商。圣龙集团走出了以"技术寻求"为先导、利用"引进来、走出去"、"实验室+生产工厂"同步跟进的跨国经营模式,是民营企业跨国经营的典范,其在跨国经营模式的灵活选择、技术寻求过程的系统管理等方面为民营企业跨国经营提供了宝贵的经验,值得研究、总结和推广。

二、圣龙集团的案例典型性

相比于大规模的统计调查问卷方法,单一案例研究可以提供很多纵向性、指导性和实用性的启示。本文采用了探索型案例研究方法,案例研究的对象选取了宁波市汽车零部件行业中技术创新较为成功的圣龙集团,从圣龙集团近20年以企业技术寻求和技术能力成长为主线的跨国经营中,总结各种创新要素带动企业转型升级实现跨越发展经验,对采用技术寻求型的跨国经营模式的民营企业,尤其是汽车零部件企业"走出去"具有较强的借鉴意义。

我们选择圣龙集团作为典型案例,主要基于以下原因:

第一,圣龙集团通过技术寻求型对外投资,掌握了具有自主知识产权的核心技术,提升了公司整体技术水平(见表 3-1)。公司在发动机油泵、变速箱油泵、真空泵、凸轮轴等领域已完全达到全球主流汽车制造商的技术指标要求,具备了为国内外主机厂进行整车同步开发的能力,填补了国内自主品牌零部件企业在乘用车发动机可变排量油泵领域、变速箱油泵领域的空白,为自主品牌车企的技术升级、产品升级提供支持。

表 3-1　圣龙集团在业内技术水平的要素一览(截至 2016 年年底)

要素	技术水平
科技成果	50 项(含国家火炬计划项目 3 项)
专利情况	累计获得授权专利 149 项(包含 22 项国外发明专利和 22 项国内发明专利)
国内地位	国家级企业技术中心、国家火炬计划重点高新技术企业

　　第二,圣龙集团技术寻求型跨国经营的模式,为民营企业,尤其是汽车零部件企业"走出去"提供了丰富的经验。近 30 年来,国际汽车产业形成新的零整格局,即零部件生产从整车制造企业剥离出来,并迅速发展壮大,造就了进入《财富》世界 500 强的著名汽车零部件企业。各整车制造商在全球采购汽车零部件,并实施严格的供应商资格认证,包括行业性的质量及其管理体系标准认证(即第三方认证,如汽车零部件行业内普遍要求能够通过 ISO/TS16949 质量管理体系认证)、合格供应商认证(即第二方认证,如福特 Q1 认证),经过双重认证后,才与零部件制造商形成稳定的合作关系。汽车零部件供应商要通过上述认证,一般需要具备系统配套(即模块化)供货能力、同步研发能力和系统集成能力。根据零部件供应商所具备的能力高低,形成了一级供应商、二级供应商、三级供应商分级的产业组织模式。圣龙集团通过多次技术寻求型跨国经营,实现了技术升级,提高了上述三方面的能力,全面融入国际主流整车厂的供应体系,目前已经成为福特、通用、捷豹路虎、标致雪铁龙、宝马、长安福特、上海通用、上汽通用五菱、江铃、神龙、长城、奇瑞、吉利、北汽福田等众多国内外知名整车厂商的一级供应商。公司客户分布美国、德国、英国、日本、韩国、澳大利亚等国家和地区,2012—2014 年公司在境外市场的销售占比分别为 69.62%、59.84% 和 46.03%。因此,有必要剖析圣龙集团技术寻求型跨国经营的成功模式,为相关企业提供经验借鉴。

　　第三,课题组所在单位与圣龙集团相邻,在组织实地调研和深度访谈方面具有较好的区位优势。另外,集团下属的汽车零部件子公司圣龙汽车动力股份有限公司为上市公司,为案例研究提供了丰富的数据资料。

三、章节安排与主要内容

案例研究主要分成四个部分:第一部分为引言部分,主要介绍案例研究背景、案例的典型性与研究意义以及研究方法与资料收集途径等。第二部分为理论框架,在综合国内外跨国经营文献基础上,以企业技术寻求和技术能力成长为主线,提出一个新的跨国经营模式分析框架,并对该跨国经营模式涉及的市场扩张、市场进入、市场竞争等问题展开分析。第三部分为案例研究部分,分析圣龙集团基于技术寻求的跨国经营不同阶段及技术升级的路径。第四部分分析圣龙集团的跨国经营模式的特点及其成功经验。第五部分给出了圣龙集团跨国经营模式带给其他关联企业和地方政府的重要启示。

四、研究方法及资料收集

本课题的研究方式主要包括理论分析、案例研究、逻辑归纳演绎等方法,在充分阅读相关文献和实地调研访谈基础上,提炼主要观点,形成假设,并经过反复论证和咨询专家等方式,形成理论研究框架;在理论研究框架指导下,开展对圣龙集团的单一纵向案例分析,最后得出结论和启示。本案例研究的数据资料主要来自:①收集二手资料。包括从中国期刊网、百度、Google 搜索,以及圣龙集团和子公司宁波圣龙汽车动力系统股份有限公司(以下简称圣龙股份)官方网站获得的资料,还包括圣龙集团董事长罗玉龙的媒体访谈报道、圣龙股份首次公开发行股票招股说明书(申报稿)文档材料。②实地访谈和调研资料。课题组成员主要通过设计访谈提纲、提炼主要问题等方式,对集团的中高层管理人员、技术研发团队和市场营销管理人员等进行实地访谈、电话访谈和面对面的交流与咨询活动,获取第一手资料;并通过对公司的实地考察、征询对研究报告的反馈意见和观点咨询等方式,形成完整的资料库。

第二节　理论框架

本部分在综合国内外跨国经营文献基础上,以企业技术寻求和技术能力成长为主线,提出一个新的跨国经营模式分析框架,并对该跨国经营模式涉及的市场扩张、市场进入、市场竞争等问题展开分析。

一、技术寻求型跨国经营的内涵

从狭义上讲，跨国经营仅仅指跨国公司的生产运营；从广义上来说，凡是跨越国界的经营活动都被称为跨国经营，包括进出口贸易、对外技术转让、直接投资以及间接投资。技术寻求型跨国经营是指企业以跨国经营为渠道，借助于技术扩散实现获得技术优势或强化技术优势的目的。暗含前提是企业因为缺乏技术优势或者为了保持技术优势而进行跨国经营，目的是接近技术集中地或者技术领先的企业，获得先进的技术。通常采取的措施为通过对外直接投资，即并购或合资、独资新建海外的研发机构，走"外部购买—合作研发—内部研发"（Cho，Yu，2000）的技术获取道路，实现"仿制技术能力—系统整合能力—自主创新能力"（魏江，2002；彭新敏，吴晓波，卫冬苇，2008）的技术能力演化升级。

二、发展中（或后起）国家技术寻求型跨国经营的基本理论

20世纪80年代后期开始，为获取先进的技术或技术信息，大量后起国家的企业掀起了技术寻求型跨国经营的热潮（以FDI形式为主），如日本企业在美国建立研发机构和合资企业，以获取美国研发密集型的汽车、电子等行业的先进技术（Kogut，Chang，1991）；而美国在英国的研发机构正在向英国具有显性技术优势的行业（即化学和制药行业）转变，其目的在于利用英国特有的技术诀窍和技能以增强母公司的技术（Cantwell，1999）；韩国技术寻求型OFDI具有始发于工业化中后期阶段、着眼于高新技术产业、主要面向发达国家和地区、以国内大企业为主导和得力于政府全方位积极推动的特征（申俊喜，鞠颖，2015）；我国企业也开展了对发达国家的技术寻求型FDI，主要集中在机械、汽车、电器、电子、信息技术等行业，但是2012年之前20年间，中国的海外收购则有67%不成功，经济损失数额巨大（陈强，刘海峰，李建昌等，2013）。

发展中国家的企业在原始性技术创新能力不足的情况下，可以在全球范围内寻求"为己所用"的技术和资源，形成"自主品牌"并开发具有"自主知识产权"的创新产品，行销和服务于全球市场（白洁，2009）。Cantwell和Tolentino（1990）的技术创新产业升级理论指出，在学习发达国家高端技术的基础上，发展中国家引进、创新、升级高端技术，并促进管理水平和营销水平的提高。Kumar（1998）提出创造性资产寻求理论，认为发展中国家通过对发达国家的直接投资建立品牌，获得新的生产技术和更大的销售网络，从而增强它们的非价格竞争力。Mathews（2006）提出了发展中国家跨国公司

成长路径的 3L 模式——互联、杠杆化和学习（linkage、leverage and learning），认为发展中国家要想实现全球化，需要利用国际市场和合作伙伴的资源、利用杠杆化，扩大自身效益，并不断学习以提高实力。在此基础上，范黎波和王肃（2011）构建了发展中国家跨国公司成长的 3L—3E[①] 路径，即发展中国家的企业嵌入国际市场后，积极寻找战略资产和伙伴，实现互联和杠杆化，将技术知识化为己有，最终形成企业的内生性优势，提升企业价值。

三、技术寻求型跨国经营模式研究框架

技术寻求型跨国经营模式可以总结为以技术寻求为先导，在提升技术能力的同时，建立新技术产品的生产基地，从而切入产业链前端，提高企业的核心竞争力，实现向国际市场扩张（如图 3-1 所示）。具体包括两个方面的问题：一是技术寻求过程的管理，即如何成功实现获取技术、转移技术、重构技术，提升企业的技术能力；二是选择恰当的跨国经营模式，根据企业的知识吸收能力、规模和资金实力、控制和管理能力等情况进行灵活选择。

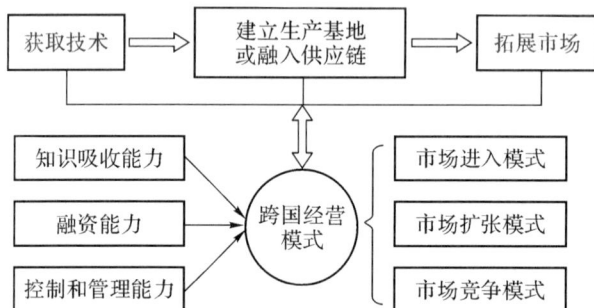

图 3-1　技术寻求型跨国经营模式的内涵及影响因素

（一）技术寻求型对外投资的过程管理

按照实施流程，技术寻求型对外投资包括前期准备阶段、中期实施阶段和后期整合阶段。前期准备阶段包括技术的甄选、尽职调查、风险与价值评估；中期实施阶段包括审批、谈判、资金安排与合同签订等程序；后期整合阶段实现技术的转移和技术重构，发挥技术的反向溢出效应，包括企业文化整合、人力资源整合、技术资源整合、公司治理整合、品牌资源整合、财务管理整合、生产制造整合、生产营销整合等诸多方面。

---

① 3E 是指：嵌入性（embeddedness）、平衡性（equipoise）和内生性（endogenous）。

因此，技术寻求型对外投资是一个系统工程，需要对全过程进行系统化的管理（柳卸林，徐晨，2011）。首先，需要明确跨国并购中的技术目标，整个过程紧盯技术，包括并购前的技术识别和确认、并购过程中对技术的获取、并购后的对技术的转移，如图 3-2 所示。其次，做好并购后的有效整合，包括人力资源和文化整合、经营整合等。最后，建立并购企业与被并购企业互动型的技术学习和知识分享机制。

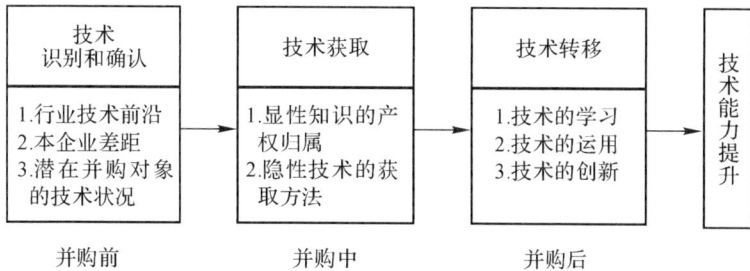

技术识别和确认	技术获取	技术转移	技术能力提升
1. 行业技术前沿 2. 本企业差距 3. 潜在并购对象的技术状况	1. 显性知识的产权归属 2. 隐性技术的获取方法	1. 技术的学习 2. 技术的运用 3. 技术的创新	
并购前	并购中	并购后	

图 3-2　技术寻求型对外投资的过程

资料来源：柳卸林，徐晨. 通过跨国并购提高企业技术能力——基于大连机床集团三次跨国并购的案例研究［J］. 科学学与科学技术管理，2011（7）：110-118.

（二）跨国经营模式

总的来说，跨国经营模式指开展跨国经营行为方法的集合，包括目标市场、进入方式、竞争策略选择等，彼此之间存在横向与纵向的联系。可以简单划分为市场进入模式、市场扩张模式和市场竞争模式。

1. 市场进入模式

为突破东道国设置的贸易壁垒、技术壁垒、关税壁垒等贸易限制，顺利进入国际市场，企业可以采用创建独资企业、合资经营、组建跨国联盟等形式，三种方式在企业控制权、沉没成本、扩散风险和回报率方面存在差异（邱筵婷，2015），如表 3-2 所示。其中独资企业可以由母公司新建，也可以参股或收购东道国的公司，控股权一般在 90% 以上，拥有绝对的控制权与管理权；合资经营是由双方共同出资、共同管理，投资企业出资比例一般在 30% 以上；跨国联盟是基于某些特定的目的而签订合作协议，如产品研发、技术相互授权、共同采购或产品代销等，以实现资源或优势互补。

表 3-2 三种主要市场进入方式的内在特性比较

市场进入方式	内在特性			
	控制权	沉没成本	扩散风险	回报率
独资经营	高	高	低	高
合资经营	适中	适中	适中	适中
跨国联盟	低	低	高	高

由表 3-2 可以看出,三种市场进入方式各有特色,企业跨国经营时主要根据市场进入的目的和自身在资金、技术、资源等方面的能力,并与市场扩张模式合理搭配,选择适合企业发展的模式,如渐进式扩张路径与合资进入模式进行组合,跨越式扩张模式搭配并购模式。

2. 市场扩张模式

通常认为,企业跨国经营的发展路径主要有两种——渐进式和跨越式(或激进式)。渐进式跨国经营是指企业从国内经营到国外经营是一个从被动到主动,从量变到质变的长期演变过程(周正平,2007),其渐进性主要体现在:一是市场扩张的地理顺序,通常是"本地市场—地区市场—全国市场—海外相邻市场—全球市场"。二是企业跨国经营方式的演变,一般采取"纯国内经营—通过中间商间接出口—直接出口—设立海外销售分部—海外生产"的道路(文轩,2007)。跨越式跨国经营是企业在开展跨国经营的过程中,不是完全按照跨国经营的几个阶段一步一步地向前发展,而是依据自身条件的许可,直接采用企业跨国经营高级阶段的步骤,即通过对外直接投资进入国际市场,实现跨国经营的成长,采取独资(通过自行创建、参股或收购实现)、合资经营或跨国联盟的方式。

3. 市场竞争模式

市场竞争模式主要有以下几种:

(1)价格竞争。通过获得较低的成本或压缩利润的方式维持较低的价格,以占领市场的行为。如果企业能够获得较低的资源(如劳动力、原材料、资金等要素)使用成本,或者企业具有较先进的技术、设备,劳动者素质较高,能够实现较高的劳动生产率,均可以使用价格竞争模式。

(2)技术竞争。技术是企业的核心竞争力,包括两类:一类是先进技术,可以帮助企业逐步扩大市场份额,同时企业需要持续不断的研发和技术投入,以维持竞争优势;另一类是适用性技术,包括小规模技术和地方化技术,企业利用发达国家成熟的技术或处于衰退期的技术,对其进行针对性的改造,以符合当地市场需求(小批量、低成本),具有实用性。

(3)品牌竞争。企业经过技术竞争,逐步扩大市场占有率和影响力,树立了品牌形象,从而处在产业链的顶端,只负责研发、设计,而由其他企业代工或贴牌生产加工。

可以看出,技术竞争是价格竞争和品牌竞争的基础。因此,技术是企业跨国经营参与竞争的核心。

(三)技术寻求型跨国经营模式的确定

跨国经营模式的选择是为技术获取服务的,其中市场进入模式和市场扩张模式的选择受企业的知识吸收能力、规模和资金实力、控制和管理能力的影响(如表 3-3 所示),表现为:三方面的能力较强时,企业可通过独资(新建或并购)研发机构获取核心技术,掌握控制权,实现跨越式增长;而三方面能力较弱时,企业可以通过合资或跨国联盟的形式用其他资源如市场来交换技术,走渐进式发展道路。

表 3-3　技术寻求型跨国经营模式选择的影响因素

跨国经营模式	知识吸收能力			规模和资金实力			控制和管理能力		
	较强	适中	较弱	较强	适中	较弱	较强	适中	较弱
市场进入模式	并购	合资	跨国联盟	并购	合资	跨国联盟	并购	合资	跨国联盟
市场扩张模式	跨越式——→渐进式			跨越式——→渐进式			跨越式——→渐进式		

而市场竞争模式的确定主要依据产品所具有的市场竞争优势(包括成本优势、技术优势和品牌优势三种)来定,可选择单一竞争模式,也叫以进行两两组合,包括价格技术竞争模式、价格品牌竞争模式和技术品牌竞争模式。

第三节　案例剖析:圣龙集团基于技术寻求的
跨国经营模式的演进轨迹

宁波圣龙(集团)有限公司正式组建于 1996 年,是一家专业生产销售汽车发动机零部件和新型中央空调的民营企业。由于全球汽车零部件产业发展对企业的技术能力①及全球化布点②提出了较高的要求,圣龙集团董事长罗玉龙具有广阔的国际化视野和丰富的本土企业管理经验,带领公司自1998年开始探索国际化经营,走出了一条以"技术寻求"为先导,利用"引进来、走出去"、"实验室＋生产工厂"同步跟进的跨国经营模式。

圣龙集团的汽车零部件产业主要从事发动机冷却系统和汽车动力总成③领域零部件的研发、生产和销售,主要产品为发动机冷却用汽车风扇、硅油风扇离合器、汽车水泵等,以及发动机油泵、凸轮轴、变速箱油泵、分动箱油泵等动力总成零部件,主要为汽车主机厂提供配套产品。根据产品和技术升级的路径,以及跨国经营模式的演变,将跨国经营分为四个发展阶段,详见表3-4。

表3-4　圣龙集团基于技术寻求的跨国经营的发展阶段

特征	起步阶段（1998—2008年）	快速发展阶段（2009—2011年）	稳步提高阶段（2012—2014年）	日臻成熟阶段（2015年至今）
技术、产品升级路径	定排量机油泵;传统钢制凸轮轴;冷却用硅油风扇离合器、塑料风扇及水泵	机械式分动箱油泵;单级变排量油泵;自动变速箱油泵	电控两级主动可变排量油泵;电控式分动箱油泵;冷激铸铁凸轮轴;装配式凸轮轴;中空式凸轮轴	电控全程可变排量齿轮;叶片泵、双联泵、真空泵、平衡轴、平衡轴集成式油泵;凸轮轴集成式真空泵;9AT变速器零部件、启停泵
标志性事件	1998年,与博格华纳合资成立华纳圣龙,引进发动机冷却系统技术	2009年,并购SLW公司,取得汽车油泵技术	2012年,与印度PCL公司合资,引进高性能凸轮轴技术	集团全资子公司于A股上市,打造以汽车零部件为支柱产业的跨国(集团)公司

① 本章第一节已提到的系统配套(即模块化)供货能力、同步研发能力和系统集成能力。
② 为满足汽车厂家控制成本(零库存)的要求,并达到技术响应(汽车零部件从测试到研发、生产等环节与汽车制造商的互动)的要求,汽车零部件的研发生产中心需要进行全球化布点。
③ 动力总成:车辆上产生动力,并将动力传递到路面的一系列零部件组件,由发动机、变速箱、离合器等组成,动力总成系统结构复杂,零件众多,机械精度要求高。

续表

特征	起步阶段 (1998—2008 年)	快速发展阶段 (2009—2011 年)	稳步提高阶段 (2012—2014 年)	日臻成熟阶段 (2015 年至今)
设立生产技术中心	2003 年成立"宁波汽车发动机零件省级研发中心";2005 年成为省级高新技术研发中心,国家汽车零部件生产基地;2007 在美国设立研发中心,成立圣龙(美国)公司	2009 年承接 SLW 公司的萨利松实验室;2011 年,在美国底特律、英国利明顿设立研发中心	2012 年,集团企业技术中心被评为国家级企业技术中心;2013 年在德国慕尼黑设立技术中心	形成中(宁波)、美(底特律)、德(慕尼黑)、英(利明顿)四地联动的全球技术中心
生产基地布局	1998 年建立华纳圣龙(宁波)有限公司(BWSL),2008 年建立新厂区	成功收购美国博格华纳旗下萨利松油泵工厂	在宁波和湖州设立生产基地,在印度普纳设立生产基地	2015 年在美国设立五个加工中心;正积极通过并购等建立欧洲(德国)生产和研发基地,2015 年在印度普纳设立生产基地,形成中(宁波、湖州)、美(俄亥俄州)、印(普纳)三国四地的全球生产基地
市场拓展情况	中国客户为主,并争做"亚洲发动机冷却系统的首选方案";2004 年成为美国盖茨、天合汽车集团的指定供应商	成为福特(北美)自动变速箱油泵全球同步开发供应商,为北美及欧洲客户提供同步开发、技术支持及销售服务	进入福特、通用、捷豹路虎、标致雪铁龙、宝马等知名主机厂的全球供应体系,并与长安福特、上海通用、上汽集团等国内主机厂建立了长期、稳定的合作关系	公司客户分布美国、德国、英国、日本、韩国、澳大利亚等国家和地区

资料来源:根据圣龙集团官网资料及宁波圣龙 IPO 招股说明书(申报稿),并结合访谈记录整理而得。

注:本报告主要研究宁波圣龙集团汽车零部件产业的跨国经营模式,2007 年之前采用的是关于圣龙集团该块业务的数据资料,2007 年之后采用的是宁波圣龙汽车动力系统股份有限公司的数据资料。

一、跨国经营起步阶段(1998—2008 年)——"市场换技术",积累基础实力的渐进式跨国经营模式

圣龙集团成立初期的产品以定排量机油泵和传统凸轮轴①为主,传统定排量机油泵结构简单,技术含量低。各机油泵生产企业为了争夺市场,以降价为手段展开竞争,使利润空间日益减少。传统一体式凸轮轴采用单一的材料,铸造或锻造制坯后经多道工序切削加工而成,难以同时满足配气机构中对各个部位性能的要求,如凸轮要求耐磨损、耐胶着、耐点蚀,轴颈要求滑动性能好,芯轴则要求刚性、弯曲、扭转性能好,且材料利用不尽合理,因此迫切需要进行产品和技术升级。

(一)市场进入模式

在自身技术水平较为落后,资金实力和规模较弱,跨国经营管理与控制能力较弱的情况下,圣龙集团采用了"市场换技术"的方式,通过合资引进了美国的汽车零部件产业巨头——博格华纳的技术和资金,于 1998 年 6 月成立了华纳圣龙合资公司,博格华纳控股 70%,圣龙集团占 30%,总投资达 2250 万美元。公司凭借在德国和美国的技术开发中心的强大技术支持,以及从德国引进的先进机器和装配线,提供符合及超过客户期望的产品和服务,主要产品为发动机冷却用硅油风扇离合器、塑料风扇及水泵。

(二)市场扩张模式

从市场扩张的地理顺序看,圣龙集团采用了渐进式的市场扩张模式(见图 3-3)。合资企业华纳圣龙(宁波)厂址设在宁波市鄞州区,主要生产轿车、货车和客车等的硅油风扇离合器、塑料风扇和水泵等三种产品。得益于合资对方公司的设计和生产工艺含有多项专利技术,在全球处于领先地位,圣龙的产品迅速赢得了国内客户的青睐,2001 年已拥有了一汽大众、上海大众、金杯通用、上海通用、长安福特等国内客户,并积极拓展韩国大宇、起亚、现代等亚洲客户。2006 年已经在为中国 100 多家用户服务,包括东风汽车、中国重汽、江铃、北汽福田、江淮汽车、上海大众、长安福特、奇瑞、重庆康明斯、潍柴动力、上海日野和一汽锡柴等,以及现代、大宇、戴姆勒-克莱斯勒、特科(印度)、福特(南非)等国外客户。之后公司经过技术创新开发出适用于各种车辆的产品,如乘用车、各种吨位商用车、巴士及非道路用车的适用

---

① 凸轮轴是属于发动机的配气机构,配气机构是保证发动机在工作中定时将新鲜的可燃混合气充入气缸,并及时将燃烧后的废气排出气缸的机构。

产品。主要客户有大众、尼桑、现代、大宇等国外客户和国内主要主机厂等。

```
┌──────────┐   ┌──────────┐   ┌──────────┐   ┌──────────┐
│ 宁波本地 │ → │ 国内市场 │ → │ 亚洲市场 │ → │ 全球市场 │
└──────────┘   └──────────┘   └──────────┘   └──────────┘
```

图 3-3 跨国经营起步阶段的市场扩张模式

(三)市场竞争模式

华纳圣龙早期以技术竞争为主,随着客户和市场的扩大,与汽车制造商建立了稳定合作关系,逐步形成品牌,形成技术竞争为主、品牌竞争为辅的市场竞争模式。随着生产技术中心的设立(见表 3-4),华纳圣龙的技术实力进一步提升,以硅油风扇离合器为例,技术提升后能有效减少发动机排放量并降低噪声,其目前已成为亚洲商用车冷却系统第一大制造商。曾先后被大众、大宇授予"最佳供应商",被戴姆勒-克莱斯勒、尼桑、福特、现代、起亚授予"合格的全球供应商",被上海大众、一汽大众、江铃、重庆康明斯授予"A级供应商",等等,享有近 200 项客户授予的荣誉。

(四)跨国经营模式总结

圣龙集团在自身技术水平较为落后,资金实力和规模较弱,跨国经营管理与控制能力较弱的情况下,选择了较为适合的跨国经营模式,即成立合资公司,采用"市场换技术"获取技术,采用渐进式市场扩张模式,逐步提升技术水平,形成技术竞争为主、品牌竞争为辅的市场竞争模式,开创了"技术寻求"为先导,"实验室＋生产工厂"同步跟进的跨国经营模式。

二、跨国经营快速发展阶段(2009—2011 年)——"小鱼吃大鱼",技术显著升级的跨越式跨国经营模式

圣龙集团在跨国经营起步阶段,一方面,积累了技术实力,提升了公司的资金实力和规模,积累了跨国经营的经验;还有很重要的一点,即通过合作,圣龙集团与博格华纳高层建立了相互信任的关系。这些为跨国经营的第二次成功奠定了基础。另一方面,在汽车行业节能减排的要求下,部分整车厂及发动机厂开始倾向于采用可变排量机油泵来替代定排量机油泵,以改善发动机燃油经济性,减少附件功率损失,因此,公司迫切需要将技术升级以生产可变排量机油泵。但是,由于研发能力有限,宁波技术中心花了两年多时间都没研制成功。"他山之石,可以攻玉",通过第一次合资引进技术尝到甜头的圣龙集团把目光投向了国外,并准确地抓住了契机。

(一)市场进入模式

2009 年 10 月 26 日,圣龙集团以 1599.4 万美元的价格成功收购 SLW

汽车股份有限公司90％以上股份。该公司原系博格华纳集团下属子公司，位于美国俄克拉何马州的沙立松市，是全球最大的汽车油泵制造商。并购的过程有两点经验可供借鉴：

一是并购时机的选择方面。2008年以前获悉博格华纳为专注于研发核心技术、实现专利转型，意欲出售下属SLW汽车股份有限公司、剥离汽车油泵技术。"近水楼台先得月"，圣龙集团及时与对方洽谈收购事宜，并进行谨慎的调查评估，由于对1亿美元的最初报价不能接受，圣龙没有急于收购。2008年金融危机爆发，由于SLW公司效益不佳，博格华纳希望能够尽快将其出售，使SLW汽车股份有限公司的报价大幅缩水。圣龙集团果断出手，大大降低了并购成本。

二是并购策略的选择方面。这次并购实际对象是博格华纳下属的位于俄克拉何马州的沙立松工厂和位于密歇根州的实验室，出于业务过渡和承继的需要，2009年圣龙集团与博格华纳在沙立松市合资设立了SLW公司，并以此为主体收购、承接了原属于博格华纳的泵工厂相关资产和人员。合资公司章程规定，博格华纳持有的A系列普通股不享有投票权和分红权，亦不承担出资义务。同时，由圣龙集团、博格华纳和SLW公司三方签订的《股东协议》约定，在SLW公司向博格华纳完全付清资产购买协议约定的购买款项后，SLW公司将回购博格华纳所持300股A系列普通股。2012年9月，在款项支付完毕后SLW公司回购了由博格华纳持有的SLW公司股票，自此SLW公司成为圣龙集团的全资子公司。2012年12月，为消除同业竞争，公司资产重组的过程中圣龙集团将其持有的SLW公司100％的股权转让给圣龙股份。

（二）市场扩张模式

这次跨国经营采用了圣龙集团跨越式的市场扩张模式（如图3-4所示）。通过这次收购，接手SLW公司的技术、生产工厂和全球市场，成为宝马、通用、福特等高端品牌的一级供应商，圣龙集团的汽车油泵市场份额排名也从世界第四位升至第二位。

发动机油泵主要销售区域为中国、美国、欧洲，变速箱油泵主要销售区域为中国、美国，分动箱油泵主要销售区域为美国，公司产品主要应用于

国内市场 → 美国市场 → 欧洲市场 → 全球市场

图3-4 跨国经营快速发展阶段的市场扩张模式

OEM 市场[①],2012—2014 年主要产品在中国、美国及全球 OEM 市场的占有率逐年攀升,如表 3-5 所示:

表 3-5　2012—2014 年主要产品在中国、美国及全球 OEM 市场的占有率

市场	产品	市场占有率/%		
		2012 年度	2013 年度	2014 年度
中国	发动机油泵	5.45	6.38	7.13
	凸轮轴	0.89	1.50	2.68
	变速箱油泵	0.00	0.01	1.48
美国	发动机油泵	17.84	16.99	17.50
	变速箱油泵	2.45	2.51	2.76
	分动箱油泵	28.91	33.44	40.42
全球	发动机油泵	3.44	3.77	4.16
	凸轮轴	0.23	0.40	0.72
	变速箱油泵	0.63	0.67	1.07

资料来源:宁波圣龙汽车动力系统股份有限公司 IPO 招股说明书(申报稿)。

注:公司在 OEM 市场的占有率根据公司各产品实际销量占各产品 OEM 市场需求量的比例计算。

(三)市场竞争模式

圣龙集团本阶段采取了技术品牌竞争组合的市场竞争模式。

(1)首先是技术竞争。此次收购可谓"小鱼吃大鱼"的成功范例,被收购的 SLW 公司在油泵领域内的技术领先圣龙集团 10~20 年。圣龙集团借助这次收购,获得一次跳跃式的发展,掌握油泵领域的前沿技术信息,从被动追市场超越到主动领跑市场。在收购博格华纳泵工厂后,公司技术中心融合了国际一流的变排量机油泵、分动箱油泵、真空泵设计和生产技术,并通过消化、吸收、再创新将公司整体技术水平提升到新的高度,集团技术研发和创新力量也显著增强(见表 3-3)。

(2)通过技术竞争逐步树立品牌。通过技术提升,完善了质量管理体系,已通过"ISO/TS16949:2009"、"ISO 14001:2004"、"ISO 9001:2008"等

---

① Original Equipment Manufacture 市场,零部件生产企业为主机制造商提供汽车零部件的市场,即主机配套市场。

多项质量管理体系认证,以及福特 Q1 认证、通用 QSB 质量管理体系认证,并积累了丰富的同步开发经验,提高了主机匹配能力。经过多年发展,公司已经进入福特、通用、捷豹路虎、标致雪铁龙、宝马等知名主机厂的全球供应体系,并与长安福特、上海通用、上汽集团、神龙、长城、江铃、吉利、奇瑞等国内主机厂建立了长期、稳定的合作关系。

(四)跨国经营模式总结

圣龙集团依托前期跨国经营的基础,巧妙抓住有利时机,运用迂回策略进行并购,采用跨越式市场扩张模式、技术品牌竞争组合的市场竞争模式,进一步巩固了"技术寻求"为先导,"实验室＋生产工厂"同步跟进的跨国经营模式。

三、跨国经营稳步提高阶段(2012—2014 年)——强强联合,优势互补的复合式发展道路

通过前期"引进来、走出去"的跨国经营模式,圣龙集团已经在技术能力、资金实力、管理经验等各方面取得巨大的进步。本阶段的跨国经营中,一方面,前期通过合资、并购形成的跨国经营格局继续完善(见表 3-4);另一方面,汽车发动机轻量化发展趋势,对低噪声和低排放提出了更高的要求,集团通过跨国经营寻求凸轮轴技术的提升(下文详细介绍),走出了复合式发展的道路。

2012 年 4 月,集团旗下汽车零部件子公司——宁波圣龙汽车动力系统股份有限公司,同印度精密凸轮轴有限公司(Precision Camshafts Limited,简称 PCL 公司)合资成立了宁波圣龙浦洛西凸轮轴有限公司,专业生产汽车发动机凸轮轴;中外双方分别持股 90％、10％[①]。为了进一步完善凸轮轴产业链,圣龙股份于 2013 年 10 月投资设立控股子公司湖州浦洛西,注册资本为 880 万美元,将其定位于凸轮轴毛坯生产工厂,计划从国外引进凸轮轴毛坯相关的先进制造技术和生产线,为圣龙浦洛西凸轮轴产成品生产配套产品或对外销售,从而降低公司的经营风险和生产成本。

(一)市场进入模式

圣龙集团在本阶段跨国经营时,市场的进入方式主要是通过合资建立战略联盟。圣龙集团在国内轻型柴油机凸轮轴市场享有 90％的市场占有

---

① 经过减资和股份转让后,2014 年 8 月圣龙股份持有其 75.00％的股权,PCL 公司持有其 22.50％的股权,ZMM 公司持有其 2.50％的股权。

率，在四缸发动机凸轮轴市场几乎处于垄断地位。印度 PCL 公司则是国际顶尖的汽车凸轮轴生产企业，其中空凸轮轴技术产品在业界处于领先地位，两者的强强联合实现了优势互补。根据 3L—3E 理论分析，通过学习、互联、杠杆化过程，将嵌入在人员、设备中的知识资本在母公司内部转移，最终形成圣龙集团的内生性优势。

（二）市场扩张模式

与前一阶段相反，圣龙集团本阶段采取"先易后难"的渐进式跨国经营道路，即先建立对国内客户的凸轮轴配套关系，产量爬坡实现批量供应后，扩充资金，加大新产品的研发和生产线的配套，进一步开发国外的客户，扩大市场份额。依据英国经济学家拉奥提出的技术地方化理论，发展中国家的企业将引进的技术进行改造，再生技术更加适合于当地市场发展，能够给企业带来新的竞争优势。圣龙凸轮轴主要销售区域为中国，主要客户为长安福特的蒙迪欧、福瑞斯、福克斯等 6 款车型，以及江铃汽车的江铃全顺。从财务分析来看，2012—2014 年凸轮轴产品销售收入占比①逐年攀升，分别为 7.9%、13.59%、19.72%。选择这种扩张路径，好处在于：①中国与印度发展水平相似，且圣龙集团具有丰富的本土化管理经验，可以降低经营风险。②在中国设立生产基地可以充分发挥生产要素优势，降低生产成本。

（三）市场竞争模式

该阶段采取的是价格技术组合竞争模式。圣龙浦洛西依托原材料价格优势（主要原材料凸轮轴毛坯采购价格存在下降趋势，尤其是湖州浦洛西投入运营后）和产品的规模化生产有效地提高了生产效率，使得单位工费成本下降，单位生产成本缩减 14.67%。再加上公司拥有印度 PCL 公司的先进技术，为长安福特等客户原有配套车型供货的数量不断提升并最终实现批量供货，且不断新增车型，销售量持续攀升，2013 年和 2014 年分别比上年增加 79.61% 和 85.71%。

（四）跨国经营模式总结

一方面，集团汽车油泵、发动机冷却系统零部件方面的跨国经营活动继续开展；另一方面，集团通过合资引进凸轮轴技术，在中国宁波和湖州设立生产基地，采取先国内客户、后国外客户的渐进式发展道路，通过技术优势和价格优势赢得市场竞争。

---

① 出自宁波圣龙汽车动力系统股份有限公司的财务数据。

四、跨国经营日臻成熟阶段(2015年至今)——集成创新,合理布局的全面拓展道路

得益于前期成功的重大跨国经营举措,圣龙集团在汽车零部件产业中的市场地位显著提升,技术水平也处于领先地位,表现为集成创新机制逐步完善、产业布局日趋合理、跨国公司发展战略日渐清晰。

(一)集成创新机制逐步完善

企业集成创新主要解决两个问题:获取创新所需的知识源、信息源、人才源和资金源,以及搭建平台、整合资源形成协同创新。圣龙集团经过前三个时期的跨国经营,已积累形成丰富的知识源、信息源、人才源和资金源,并搭建了集成创新的平台。

(1)先进多元的知识源。圣龙集团掌握了具有自主知识产权的核心技术和现代化的产品设计方法。公司一直专注于发动机油泵、变速箱油泵、凸轮轴等动力总成零部件的研发、生产和销售,经过多年的持续研发投入和经验积累,掌握了具有自主知识产权的核心技术,符合零部件行业节能减排、智能化、模块化的发展方向,覆盖材料应用、产品开发、精密制造、产品验证和检测等各个方面(具体数据详见本章第一节)。公司在产品设计方法上推行 AutoCAD、Catia、ProE、UG 等数字化设计软件,以实现与国内外主机厂的完全数据传递,并使用 Pumplinx、AMESim 等专业的设计分析与验证的软件,保证设计质量,缩短开发周期。

(2)互动反馈的信息源。圣龙集团掌握了丰富的同步开发经验和主机匹配能力。下属子公司圣龙股份是较早进入全球整车配套零部件采购体系的自主品牌汽车动力总成零部件企业,凭借多年的技术积累和产品开发实践,圣龙集团在发动机油泵、变速箱油泵、真空泵、凸轮轴等领域已达到全球主流汽车制造商的技术指标要求,具备了为国内外主机厂进行整车同步开发的能力。公司通过与国内外著名主机厂高层互访,捕捉国际信息,抓住行业关键、共性难题进行先期研发,把握技术发展趋势,以便在客户新项目、新平台推出时可以迅速匹配客户需求。

(3)中外融合的人才源。圣龙集团组建了经验丰富的国际化技术团队。2007年圣龙股份成立后全面继承了圣龙集团汽车零部件研发团队,在此基础上不断加强技术团队的建设。2009年收购博格华纳泵工厂后,圣龙股份技术中心吸收了具有丰富经验的北美技术团队,并通过互派技术人员交流学习、技术资源共享等方式实现团队融合,建立了国际化的技术开发平台。

目前圣龙股份拥有技术人员 280 名，其中中级职称及硕士以上专家团队 32
人，外籍技术团队 86 人，涵盖汽车工程、机械设计与制造、机电一体化、流体
机械、材料科学和测试技术等专业领域。

　　（4）不断拓宽的资金源。圣龙股份已于 2017 年 3 月首次公开募股
（IPO）。首先，成功地实施跨国经营为圣龙集团赢得了丰厚的利润，2012—
2014 年下属子公司圣龙股份扣除后，利润分别为 2439.67 万元、4028.60 万
元和 6977.71 万元；净资产收益率高达 16.79%、29.13% 和 21.67%。其
次，圣龙集团信用状况优秀，与多家银行等信贷机构合作关系良好，并参股
了秦皇岛商业银行和鄞州银行；而且，国家外汇局在宁波唯一开展对外债权
登记试点，这更便利了跨国并购中获取银行贷款融资的手续办理。再次，作
为国家高新技术企业，公司获得的各项科技奖励、专项补助也是重要的资金
来源，2012—2014 年公司确认的政府补助金额分别为 581.12 万元、732.24
万元和 292.92 万元。最后，圣龙股份通过 IPO 发行 5000 万股，募集资金
3.765 亿元，从而打开公募股权融资渠道。

　　（5）日益完善的集成创新平台和机制。首先，圣龙股份技术中心被国家
发改委、科技部、财政部、海关总署和税务总局评为“国家认定企业技术中
心”，下属泵类产品研发中心、配气系统产品研发中心、变速器产品研发中
心、电子电控研究中心等产品开发部门及计算机辅助设计、实验室等设计和
测试部门，并聘请行业技术专家组建专家委员会。公司泵类产品研发中心
下设宁波和密歇根两大研发中心。其次，公司依托国家级技术中心，建立了
完善的技术创新管理制度和技术创新激励机制，有效保障研发人员的积极
性和创造性。公司积极引进外部专家组建专家委员会，提升公司的基础研
究水平，储备前沿技术，保持公司的持续创新能力。再次，公司积极开展产
学研合作和企业间技术合作，与中国汽车工程研究院股份有限公司、宁波浙
大联科科技有限公司、湖北精川智能装备股份有限公司、东睦新材料集团股
份有限公司等研究机构和企业建立了技术合作关系。

　　（二）产业布局日趋合理

　　从全球布局看，公司作为国内较早进入世界整车配套零部件采购体系
的自主品牌汽车零部件生产企业之一，将乘用车市场作为主要目标市场，拥
有优质的客户资源、技术创新和配套开发优势，使得公司产品得到了客户的
认可。

　　（1）以汽车动力总成零部件为核心的产业布局。集团旗下包括汽车发

动机冷却系统零部件和汽车动力总成零部件两个产业。其中,圣龙股份专注于汽车动力总成零部件的研发、生产和销售,产品以发动机油泵、凸轮轴、变速箱油泵、分动箱油泵为主,从 2012—2014 年主营业务毛利构成看,四大类产品毛利合计占主营业务毛利的比重分别为 97.41%、97.02% 和 97.27%,毛利集中度高,且毛利结构稳定。

(2)融合汽车零部件研发技术中心、生产基地和外贸公司的"研产销一体化"的国际化经营布局(详见表 3-3)。圣龙集团已经形成中(宁波)、美(底特律)、德(慕尼黑)、英(利明顿)四地联动的全球技术中心,并建立了中(宁波、湖州)、美(俄亥俄州)、印(普纳)三国四地的全球生产基地,公司客户分布美国、德国、英国、日本、韩国、澳大利亚等国家和地区。

(三)跨国公司发展战略日渐清晰

公司于 2015 年制定了进一步发展的战略,包括零部件产业发展战略规划、技术和产品开发计划、国内和国际市场开拓计划,为公司成为全球公认的汽车零部件行业领袖打下坚实基础。

(1)制定了零部件产业发展战略规划。把握汽车产业节能减排、低噪声、轻量化、智能化、模块化的发展方向,以市场为导向,以产品研发和技术创新为驱动力,发挥生产技术和制造工艺优势,进一步打破国外企业在汽车动力总成核心零部件领域的技术垄断,努力将公司打造成全球公认的汽车发动机进排气系统、动力总成润滑系统、自动变速器关键零部件及技术解决方案的行业领袖。

(2)制定了技术和产品开发计划。依托现有的国家级企业技术中心,完善研发体系和研发机构的设置,进一步整合国际化的研发团队和研发资源,努力建成一个具有产品验证功能,拥有从零部件到发动机台架、变速箱台架测试和验证设备的全球一流实验室。在技术和产品开发方向上,坚持节能减排、低噪声、轻量化、智能化、模块化的发展方向,降低零部件的原材料消耗,提高传动和控制效率,提升燃油经济性和改善驾驶舒适性。

(3)制定了国内和国际市场开拓计划。①国内方面,集中优势资源,在巩固并深化与上海通用、长安福特、上汽集团、江铃、神龙等国内主流整车制造商长期合作关系的基础上,不断开发国内其他整车制造商客户,如一汽大众、广州本田、一汽丰田、北京奔驰、东南汽车等。②国际方面,在加强与现有国外客户合作的同时,继续开发其他国外整车厂客户,如大众汽车、克莱斯勒、日产汽车等。

第四节 案例讨论

宁波圣龙集团在跨国经营的道路上走出了以"技术寻求"为先导,利用"引进来、走出去"、"实验室＋生产工厂"同步跟进的跨国经营模式,是民营企业跨国经营的典范,其在技术寻求过程的系统管理、跨国经营模式的灵活选择等方面为民营企业跨国经营提供了宝贵的经验。

一、做好技术寻求型跨国经营过程的系统管理

跨国经营是一个系统工程,尤其是以技术获取为目标的技术并购(或合资),需要做好事前、事中、事后的管理。圣龙集团在整个过程中把握得较好,总结起来有以下三个方面值得借鉴:

(一)技术并购(或合资)前,充分做好各项准备,避免盲目性

(1)通过认真评估技术的先进性,筛选出所需技术。始终以技术获取为最终目标,避免陷入低成本陷阱,避免只关注并购价格而忽略了并购的价值,忽略了并购后市场前景的分析。

(2)充分了解和考虑东道国关于技术转让的国家安全方面的限制。如果没有事先了解,可能导致所有前期工作都付之东流,无功而返。

(3)聘请东道国当地的投资银行等专业机构和律师事务所、会计师事务所等中介机构,参与信用调查、价格评估、合资(或并购)谈判等环节,以合理确定并购价格,妥善办理并购各环节中的法律事务。

(二)技术并购(或合资)过程中积极谈判,确保技术的完整获取

(1)技术人员全部保留。并购后的技术学习主要有两方面:一是被并购企业专利、图纸、专有技术的学习和转化,这离不开被并购企业的培训和指导;二是在双方共同参与的联合研发和联合生产项目中显性知识的运用和隐性知识的学习与掌握,即所谓的"用中学"和"干中学",或者说双向交流,这都离不开被并购企业的技术人员的指导,否则无法真正获取技术。

(2)专利全部转让。需要加强知识产权保护意识,避免并购的技术风险。

(3)签署排他性协议,一般期限是 20 年,在此期间内被收购对象母公司不得进行该产品的生产。

(4)被收购对象原有客户一般都予以延续。主要原因是零部件产品的

供货合同周期为6~8年,生产平台的建设需要进行研发、测试、专业设备购置等方面的投资,如果汽车厂家中途更换,需要进行量补赔偿、支付违约金。

(5)恰当选择并购时机。圣龙集团并购SLW公司的例子充分说明了并购时机的重要性。

(三)技术并购(或合资)后进行有效的整合,实现技术的转移和重构

(1)人员整合策略。采用本地化管理的方式,聘请当地的职业经理人管理并购后的公司,确保公司的组织架构、企业文化不发生变化,实现平稳交接,谨防诱发工会组织对抗,引发劳资对抗。坚持做到对并购后公司的财务管控。

(2)机构整合策略。将并购后的公司与母公司现有机构进行整合,比如根据产品类型进行整合,或者根据业务类型进行整合,以有利于加强母子公司之间的合作,形成"1+1>2"的合力效果。圣龙集团在完成了三次跨国并购(合资)后,对并购(合资)公司进行了整合:首先,2007年成立圣龙汽车动力股份有限公司,全面承接了圣龙集团汽车零部件相关业务,为避免同业竞争,分别收购了圣龙集团持有的SLW公司和华纳圣龙的股权,从而将圣龙股份打造成了汽车动力总成零部件供应商;其次,整合全球的技术和研发中心,在宁波成立汽车零部件研发总部,依托国家级企业技术中心,下设泵事业部、轴事业部和变速器事业部。

(3)技术整合策略。首先,加强与被并购企业的技术交流与合作;其次,加强与国内高校、科研院所的合作,圣龙集团与浙大、同济等国内高校合作建立了博士后工作站。

二、灵活运用"引进来、走出去"等不同手段获取技术

"引进来"即引进外资,"走出去"即对外投资。不管是"引进来"还是"走出去",看重的不是传统的资金、设备、其他资源或管理经验,而是技术。这一目标必须明确,并全程紧盯技术。企业可以依据知识吸收能力、资金和规模实力、控制和管理能力选择合资、并购、建立跨国联盟等不同形式实现"引进来、走出去"。

(1)圣龙集团在第一阶段跨国经营时选择了合资方式"引进来",获取了博格华纳汽车发动机冷却系统的硅油风扇离合器、塑料风扇和汽车水泵技术,在宁波设立了生产基地华纳圣龙。选择依据是公司成立初期自身技术水平较为落后,资金实力和规模较弱,跨国经营管理与控制能力较弱。

(2)圣龙集团在第二阶段跨国经营时选择了并购方式"走出去",获取了

SLW 公司汽车油泵的技术,承接了其在沙立松市的生产基地及实验室。选择依据是起步阶段积累了技术实力和跨国经营的经验,同时提升了公司的资金实力和规模;另外,通过前期合作,圣龙集团与博格华纳高层之间建立了相互信任的关系。

(3)圣龙集团在第三阶段跨国经营时选择了合资方式"引进来",获取了印度 PCL 公司的凸轮轴技术,在宁波和湖州分别设立了生产基地。选择依据是圣龙集团已经在技术能力、资金实力、管理经验等各方面取得巨大的进步;同时,圣龙股份与印度 PCL 公司的合作构成了强强联合、优势互补的态势。

三、采用"实验室十生产工厂"同步跟进的策略巩固技术

圣龙集团基于汽车零部件行业特征和贸易保护潜在风险,采取了在国外设立实验室、生产工厂的策略。一方面,由于全球汽车零部件产业发展对企业的技术能力及全球化布点提出了较高的要求,另一方面,为防范来自美国、欧盟的"反倾销、反补贴"等贸易保护以及避免发生其他贸易摩擦,公司已在美国设立从事发动机油泵、分动箱油泵业务的子公司 SLW 公司,采取本土化经营的战略以应对可能出现的贸易保护风险。

在实际操作中,圣龙集团采取收购或新设的方式建立实验室(或研发中心)、生产工厂。圣龙集团在每个阶段的跨国经营中均采用了这一策略,事实证明是成功的。

第五节　结论与启示

圣龙集团基于技术寻求的跨国经营模式,使其成功地从一个国内普通汽车零部件生产厂商跃升为国内外知名整车厂商的一级供应商,其成功经验值得民营企业,尤其是汽车零部件企业学习借鉴。但是,该案例也告诉我们,对于后发企业来说,其技术获取与技术能力提升有一个渐进的过程,从跨国经营模式的选择到技术升级的路径,都需要根据企业的知识吸收能力、规模和资金实力、控制和管理能力的不同而做出恰当的选择。政府等外部利益主体也要因势利导,从政策推进、信息服务、平台搭建等多方面提供帮助与指导。

一、根据企业技术成长的不同阶段选择跨国经营模式

圣龙集团的案例说明,缺乏技术优势的企业,需要依据自身的知识吸收能力、规模和资金实力、控制和管理能力等方面的情况,在技术成长的起步阶段、发展阶段和成熟阶段,采取恰当的跨国经营模式,即市场进入模式、市场扩张模式和市场竞争模式的组合。

（一）技术成长的起步阶段,采取渐进式跨国经营模式

企业在自身技术水平较为落后、资金实力和规模较弱、跨国经营管理与控制能力较弱的情况下,可以成立中外合资公司,采用"市场换技术"的策略获取技术,采用渐进式市场扩张模式,逐步提升技术水平,形成技术竞争为主、品牌竞争为辅的市场竞争模式。

（二）技术成长的发展阶段,采取跨越式跨国经营模式

企业在具备一定的技术优势的基础上,积累了较强的资金实力和规模,并且通过前期的跨国经营提升了跨国经营管理和控制能力的情况下,可以独资新建或并购研发机构获取核心技术并掌握控制权,采取跨越式市场扩张模式和技术品牌竞争组合的市场竞争模式。

（三）技术成长的成熟阶段,采取复合式跨国经营模式

企业在具备较为明显的技术优势乃至形成品牌优势的基础上,为了保持技术优势或扩大技术优势,可以在技术中心地新建或并购研发机构获取核心技术,采用跨越式的市场扩张模式;也可以通过合资,以"资金换技术"或"市场换技术",采用渐进式发展道路。而相应的市场竞争模式可选择单一竞争模式也可以进行两两组合,包括价格技术竞争模式、价格品牌竞争模式和技术品牌竞争模式。

二、探索多种技术寻求型跨国经营的实现方式

在跨国经营的过程中,企业可以采取多种方式提升技术能力,包括:"转移＋升级"方式,通过对外转移和对内转移,腾笼换鸟;"重构＋升级"方式,采取重构产业链的方式,实现功能升级;"整合＋升级"方式,跨国并购后资源整合,实现并购方与被并购方相互依赖、资源互补。

（一）"转移＋升级"方式

采用"双转移"战略,实现技术升级。包括对外转移和对内转移两个方面:对外转移,即将生产基地外移至国外;对内转移,即引入先进生产力,向上游或新技术产品转移,从而在全球生产网络中,处于中介节点位置。其中

的关键是以外引内，通过对外直接投资将技术引进来。圣龙集团在每一次的跨国并购（或合资）举措中，均采用"实验室＋生产工厂"同步跟进的策略，并非是为了借助当地较低的劳动力成本等生产要素，而是通过海外工厂获取先进的知识和技术，既有来自于上游汽车整车制造商、零部件供应商的质量及其管理体系标准，也有来自于同行业的前沿技术及信息，还有来自于海外工厂管理、技术研发、生产一线的先进技术经验。通过海外工厂的运营，不断学习、吸收先进技术，逐渐掌握，在此基础上逐渐将技术研发中心移至国内，开展自主创新。整合全球的技术和研发中心，在宁波成立汽车零部件研发总部，依托国家级企业技术中心，下设泵事业部、轴事业部和变速器事业部。

（二）"重构＋升级"方式

采取重构产业链的方式，实现功能升级。具体来说，企业通过绿地投资、跨国并购和国际战略联盟等途径和方式开展跨国经营，实现供需链、产品链、技术链、空间链、价值链等产业链的重构，谋求在全球市场的价值创造网络中获得新的规模经济。

圣龙集团在不同阶段的跨国经营中，供需链的重构表现在由国内汽车生产厂家的零部件供应商，逐渐升级为进入福特、通用、捷豹路虎、标致雪铁龙、宝马等知名主机厂的全球供应体系，成为一级供应商；产品链的重构表现为产品不断升级，在成本约束、节能减排管制和新能源汽车兴起的挑战下，材料轻化、中空、变速功能等技术不断创新；技术链的重构表现在通过在美（底特律）、德（慕尼黑）、英（利明顿）建立生产技术中心，掌握了发动机冷却系统、汽车油泵和高性能凸轮轴产品的主导技术，从而成为相关产品和产业发展的有力影响者；空间链的重构表现在圣龙集团形成了中（宁波、湖州）、美（俄亥俄州）、印（普纳）三国四地的全球生产基地，提升了系统配套（即模块化）供货能力、同步研发能力和系统集成能力，也满足了汽车厂家为控制成本（零库存）的要求，提出的汽车零部件研发生产达到技术响应（汽车零部件从测试到研发、生产等环节与汽车制造商的互动）的要求；价值链的重构表现为通过产品的不断升级和技术水平的提高，延伸了产业链，提升了产品附加值，开拓了全球市场，圣龙集团的市场地位不断提升，其下属子公司圣龙股份已于 2017 年 3 月在上海证券交易所成功上市。

（三）"整合＋升级"方式

跨国并购后通过公司治理整合、企业文化整合、人力资源整合、技术资源整合、品牌资源整合、财务管理整合、生产制造整合、生产营销整合等诸多方面,实现并购方与被并购方相互依赖、资源互补。其中以获取技术为目的的并购中,并购后的技术整合尤为关键:首先,并购双方互派人员进行交流、学习,促进技术的消化、学习和应用;其次,联合开发新产品、联合承接项目、联合设计新产品,逐渐掌握、固化国际先进技术,提高企业的整体技术能力;最后,接触高端客户和高水平竞争对手,企业不仅可以发现在制造、管理上的问题和差距,而且在不断满足客户要求、不断改进产品的过程中提升技术能力,了解未来产品的发展趋势。

三、完善政府和行业组织的技术寻求型跨国经营服务

政府要从多方面帮助与指导企业开展技术寻求型 OFDI,鼓励协作配套与并购重组,推进技术寻求型的跨国经营体系建设,建立技术寻求型的跨国经营企业创业推进体系,完善公共服务体系建设。

（一）鼓励协作配套与并购重组

政府可以通过两个举措搭建对接平台,包括建立网络服务平台和举办协助配套对接会,促进信息、资源、技术、产品的对接。同时出台配套政策,扶持中小企业积极转型升级,加大技术研发投入,帮助企业引进人才。加强对进入重点产业链的中小配套企业、核心零部件生产企业的政策扶持,鼓励其提高与龙头企业紧密稳定协作配套的能力。鼓励行业龙头企业延长产业链,提高国际化经营水平。推动优势企业强强联合、跨地区兼并重组和对外投资合作。

（二）推进技术寻求型的跨国经营体系建设

第一,深化外贸体制改革,协调财税、金融、产业、贸易等政策。完善外贸促进政策和体系,优化通关、质检、退税、外汇管理方式等,加快海关特殊监管区域整合优化,支持跨境电子商务、外贸综合服务平台、市场采购贸易等新型贸易方式发展。促进战略性新兴产业国际化发展,密切跟踪世界科技和产业发展方向,突破一批关键核心技术难题,加快形成先导性、支柱性产业。

第二,完善财税与金融政策。进一步优化进出口关税结构。逐步实施国际通行的退税政策,进一步完善出口退税分担机制。鼓励金融机构为企业在境外提供融资支持。支持金融机构灵活运用流动资金贷款等方式,加强对有效益的企业的信贷支持。积极创新外汇储备运用,通过外汇储备委托贷款等多种方式支持企业"走出去"。研究建立融资保险长期制度性安

排,强化对外贸发展的保障和促进作用。大力发展政府支持的融资担保和再担保机构,完善银担合作机制,不断创新产品和服务。鼓励金融机构"走出去",加快金融机构海外布局,提高为实体企业服务的能力。

（三）建立技术寻求型的跨国经营企业创业推进体系

依托企业技术中心,建立公共技术平台。着力构建以企业为主体、市场为导向、产学研贸相结合的技术创新体系。加大科技创新投入,支持企业原始创新。鼓励企业以进口、境外并购、国际招标、招才引智等方式引进先进技术,促进消化吸收再创新。支持国内企业通过自建、合资、合作等方式设立海外研发中心。鼓励跨国公司和境外科研机构在我国设立研发机构。支持企业、行业组织参与国际标准制订,大力推动我国标准国际化。

（四）提高公共服务能力

加强对重点市场相关法律、准入政策、技术法规等的收集发布。加快技术性贸易措施公共信息服务平台建设。发挥驻外使领馆在提供市场信息、应对贸易摩擦等方面的作用。深化商协会管理体制改革,推动其在行业信息交流、行业标准体系建设、组织企业参加国内外展会、推进行业自律等方面发挥更大作用。加强外贸人才培养,营造良好的外贸人才发展环境。大力发展职业教育和培训,提升劳动者职业技能。

参考文献

白洁,2009. 中国企业的技术寻求型海外投资战略分析[J]. 中国科技论坛(4):26-29.

陈强,刘海峰,李建昌,等,2013. 中国技术寻求型对外直接投资现状、问题和政策建议[J]. 中国软科学(11):18-25.

范黎波,王肃,2011. 中国跨国公司海外并购的成长路径演进——基于北一并购科堡的案例分析[J]. 财贸经济(8):101-105.

李文博,郑文哲,2004. 企业集成创新的动因、内涵及层面研究[J]. 科学学与科学技术管理,25(9):41-46.

柳卸林,徐晨,2011. 通过跨国并购提高企业技术能力——基于大连机床集团三次跨国并购的案例研究[J]. 科学学与科学技术管理(7):110-118.

彭新敏,吴晓波,卫冬苇,2008. 基于技术能力增长的企业技术获取模式研究[J]. 科研管理(3):28-35.

邱筵婷,2015. 我国民营企业跨国经营的模式研究[D]. 长春:吉林大学.

申俊喜，鞠颖，2015. 后起国家技术寻求型 OFDI 机理研究——基于韩国的案例分析[J]. 当代经济管理(1)：73-77.

孙小虎，2015. 中国汽车零部件产业发展现状及对策研究[J]. 研究与开发(9)：39-43.

魏江，2002. 企业技术能力[M]. 北京：科学出版社.

文轩，2007. 中国企业跨国经营的模式转型与风险[J]. 国际经济合作(6)：18-21.

徐晨，2008. 北京第一机床厂：后发国家技术追赶型跨国并购的范例[J]. 北京市经济管理干部学院学报(4)：63-65.

中国汽车工业协会，2015. 十三五汽车工业发展规划意见(征求意见稿)：8.

周正平，2007. 中国民营企业跨国经营成长模式及选择[J]. 特区经济(10)：97-99.

CANTWELL J, TOLENTINO P E E, 1990. Technological Accumulation and Third World Multinationals[M]. Reading, Berkshire, UK：University of Reading, Department of Economics.

CANTWELL J, 1999. From the Early Internationalization of Corporate Technology to Global Technology Sourcing[J]. Transnational Corporations, 8(2)：71-92.

CHO D H, YU P I, 2000. Influential Factors in the Choice of Technology Acquisition Mode：An Empirical Analysis of Small and Medium Size Firms in the Korean Telecommunication Industry[J]. Technovation, 20(12)：691-704.

KOGUT B, CHANG S J, 1991. Technological Capabilities and Japanese Foreign Direct Investment in the United States[J]. Review of Economics and Statistics, 73(3)：401-413.

KUMAR N, 1998. Globalization, Foreign Direct Investment and Technology Transfer：Impacts on and Prospects for Developing Countries[M]. London：Routledge.

MATHEWS J A, 2006. Dragon Multinationals：New Players in 21st Century Globalization[J]. Asia Pacific Journal of Management, 23(1)：5-27.

第四章　均胜电子：基于动态能力的海外并购与整合模式

第一节　引　言

一、研究背景

经过 60 多年的发展，我国汽车工业成绩斐然，我国不仅跃升为汽车生产第一大国，也成为最大新兴消费市场。在汽车产业的带动下，伴随着电子信息技术的快速发展，汽车电子市场迎头赶上，汽车电子价值占整车价值的比重逐年提升，成为汽车工业中成长最快的细分领域。汽车电子化程度是衡量汽车现代化水平的重要标志，汽车领域的技术创新 70％由汽车电子技术贡献。现代汽车电子集电子技术、汽车技术、信息技术、计算机技术和网络技术等于一体，对汽车全生命周期进行服务。汽车电子产业的发展与汽车工业的发展密切相关，美国、欧洲、日本是全球传统的主要汽车市场，也是汽车电子产业的技术领跑者，掌握着核心技术，控制着市场网络。但随着汽车制造产业逐步向新兴国家和地区转移，中国、印度、南美等发展中国家和地区汽车电子新兴市场正快速发展。对传统功能车而言，汽车电子价值占比约为 10％，高端车可提升到 20％以上，而在新能源和智能汽车中可达50％～80％。《"十三五"汽车工业发展规划意见》提出要积极发展智能网联汽车，《中国制造 2025》也明确指出要继续支持电动汽车、燃料电池汽车发展，掌握汽车低碳化、信息化、智能化核心技术，为汽车电子信息技术的发展提供了新的契机。

宁波是我国重要的汽车零部件制造和出口基地,汽车零部件产业规模、技术创新能力和出口创汇水平均居浙江省前列。宁波市汽车零部件行业共有大小生产企业 3000 余家,产品几乎涉及汽车的各大总成,尤其以机械加工件、橡塑件、冲压件最具特色。但大多数为中小企业,投资分散,真正达到规模要求的很少。而且面临技术研发的瓶颈,尤其是在集成化、电子化方面,大多数零部件企业只能生产初级的劳动密集型产品,产品附加值低,与整车企业只能实行二、三级配套,难以进入一级配套供应商行列。兼并重组是资源国际化配置的利器,也是我国企业进行价值链再造、实现转型升级的捷径。尤其是世界金融危机爆发以来,浙江省高水平引进来与大规模走出去同步发生,许多企业通过跨境并购获取品牌、技术、研发团队、营销渠道等优质资源,抢占市场发展制高点。但是并购并不等于品牌提升、技术获取和市场占领,在复杂动荡、瞬息万变的市场环境下,要想实现成功并购,企业必须具备动态能力,包括并购前的选择能力、并购中的识别能力和并购后的重构能力,这样才能把握稍纵即逝的市场机会,选择合适的并购对象并进行有效的整合。

成立之初,均胜电子主业是贴牌加工汽车零部件,产品为后视镜、车内饰品等低端产品,处于价值链的最低端。企业所拥有的独特资源是企业持久竞争优势的来源(Wernerfelt,1984),与大多数汽车零部件企业一样,均胜电子遭遇了技术瓶颈和市场囹圄,缺乏独特资源和核心竞争力。在通过内部结构调整和惯例变革来开发新技术和新产品难以实现的情况下,均胜电子通过并购来获取和整合重要资源,并形成新的资源和能力。均胜电子有敏锐的洞察力和准确的判断力,根据市场环境、政策背景审慎地选择并购对象,并对技术、市场等资源进行有效整合,实现了质的飞跃。2009 年均胜电子开启了并购之路,首单为上海华德塑料制品有限公司,实现了汽车零部件产品系的拓展和整合,但客户资源主要为大众等普通车系。金融危机使国外许多老牌汽车电子公司陷入资金危机,也拉开了均胜电子海外并购的帷幕。自 2011 年开始,均胜电子在老牌汽车强国德国的市场大展拳脚,先后收购了汽车电子公司普瑞(PREH)、软件开发公司 Innoventis、机器人公司 IMA、汽车功能件公司 QUIN、智能车联公司 TS 道思,近几年又把目光投向科技最发达的美国市场,先后并购了汽车安全系统公司 KSS 以及工业机器人公司 EVANA。经过 5 年的海外并购与整合,均胜已经实现了由普通汽车功能件制造商到高端汽车电子供应商的华丽转身,技术有了质的飞跃,产业链有了质的提升,市场实现极大拓展,在智能驾驶、汽车安全、工业自动化及机器人、新能源汽车动力管理系统等领域都有一定建树。自 2013 年以来,均胜电子连续入围宁波市制造企业百强榜,并荣膺全国"优秀汽车电子供应商"、"卓越价值管理上市公司"等称号,其产品获评"最具顾客价值产品"。

二、均胜电子的案例典型性

案例研究是管理学中常用的一种研究方法,相较于大样本统计分析,案例分析更聚焦,更深入,更有启发性。而以单一案例为基础进行深度理论探索不仅是适当的(Eisenhardt,1989),对于研究目标的达成也具有助推作用。本文选取通过跨国并购实现跨越式发展的宁波均胜电子作为案例研究的对象。成立于 2004 年的均胜电子,经过短短 10 多年的发展,便从一个低端的贴牌加工企业发展成为汽车电子领域的龙头企业,可谓制造业转型升级的一个奇迹。均胜电子的动态能力对其跨越式发展起到了至关重要的作用。本文通过总结均胜电子海外并购的历程,分析它是如何把握市场动向、捕捉市场机会、正确选择并购对象并有效实施并购及整合的,揭示后发企业如何培育和应用动态能力获取核心资源、引导技术创新、实现转型升级,为宁波传统优势制造业的发展提供借鉴和指引。本文选择均胜电子作为典型案例,是综合考虑了公司的行业领先性、案例的典型代表性以及数据的采集便利性。

第一,均胜电子的成长速度、技术水平和市场规模具有行业领先性。公司是国内前十大汽车零部件企业,是汽车电子的龙头企业,也是新能源动力电池控制系统、主被动安全领域的翘楚。同时均胜电子也是同行业中发展最快的,均胜电子真正的发展始于收购德国普瑞,短短 5 年时间里,它相继在欧洲和北美市场完成了一系列重大收购,成功实施"引进来、走出去"战略,掌握了先进技术和产品渠道,增强了多个业务领域的实力,市场规模不断扩大,财务业绩不断攀升。与国内其他 4 家汽车零部件龙头企业相比,均胜电子 2015 年的营业收入仅次于宁波华翔(如图 4-1 所示),但增速高于宁波华翔。2016 年收购 KSS 和 TS 道恩后,公司的营收大幅增长,远远超越宁波华翔。公司目前已经形成了汽车电子、内外饰功能件、新能源动力控制系统、工业自动化及机器人四驾马车并驾齐驱的蓬勃发展态势。公司业务已经从欧洲延伸到亚洲和北美市场,并且新市场的份额正在不断扩大。均胜电子是宝马、奔驰、奥迪、大众、通用和福特等汽车制造商的 A 级供应商,并屡获保时捷、大众、通用等汽车制造商优秀供应商奖。

第二,均胜电子的发展模式是我国汽车零部件企业外延式发展的成功

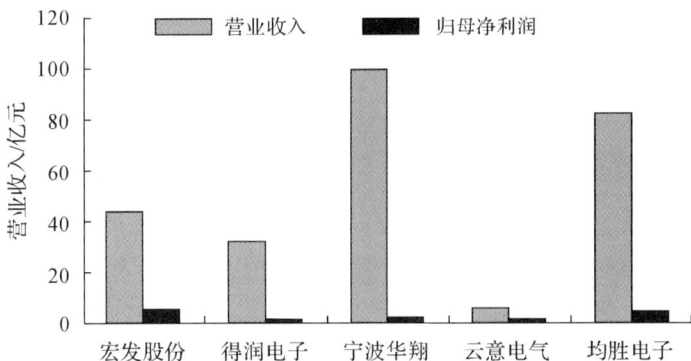

图 4-1   2015 年均胜电子与同类型公司营收规模比较

资料来源:万德数据库公司研究报告。

典范,不仅是众多企业学习模仿的榜样,也是众多学者分析探究的对象,对汽车零部件企业甚至整个制造业的转型升级都具有重要的示范作用和借鉴意义。外延式发展能力是公司的核心竞争力,公司对海外标的的并购和整合已经形成一套较为成熟的系统,标的寻找、尽职调查、商业谈判、财务审计、资产评估、法律事务等各项业务都能熟练开展。公司近年并购世界顶级汽车电子公司普瑞、工业机器人公司 IMA、高端功能件公司 QUIN 等使公司战略全球化、业务多元化、技术精英化,并购美国汽车安全系统公司 KSS以及德国智能车联 TS 道恩的汽车信息业务,使公司在智能驾驶领域布局更加完善。并购后整合不佳导致矛盾激化,最后致使并购失败的案例不在少数,如上汽并购韩国双龙、TCL 收购法国汤姆逊等。均胜电子非常重视并购后的整合及内生增长力的培育。公司能够使用股权激励方案使管理层和股东利益趋同,并通过与公司原有业务资源的有效结合,大力拓展新的市场,进一步发挥协同效应。均胜电子"外延并购—整合创新—内外双驱"的发展模式为制造业的跨越式发展提供了借鉴和参考。均胜电子海外并购事件也受到了社会的普遍关注,占据了许多新闻媒体的头版头条,受到了许多分析师的追捧,为大量研究人员提供了研究素材。

　　第三,选择均胜电子作为研究对象也是出于数据收集便利性的考虑。均胜电子地处宁波市高新区,方便课题组成员进行实地调研和资料搜集。自均胜电子 2011 年收购德国普瑞以来,课题组就密切关注其收购动向、技术创新和管理变革,多次赴公司开展深度访谈和参观考察,并与公司管理层建立了良好关系,收集了大量一手资料。作为上市公司,均胜电子的信息充分公开,网络资源丰富,课题组也可以通过网络搜集大量的二手资料。

三、研究方法及资料收集

本研究采用的是纵向单案例研究方法,采用这种研究方法,主要是基于以下几点考虑:第一,本研究需要对均胜电子的频繁并购行为、并购后的快速增长现象进行分析,归纳总结其演化路径并探究其背后的驱动因素和理论支撑。案例研究通常遵循归纳逻辑,能生动、细致地描述和剖析复杂的现象,揭示其背后的隐含机制(黄江明等,2011),凝练并升华理论基础。第二,均胜电子的并购活动是持续性的,并购后的整合与增长也是一个动态过程,案例研究在展示动态过程方面具有优势,能够准确描述变化过程、深入揭示变化特征,并归纳和总结纵向演变路径。第三,相较于大样本统计分析和多案例研究,单案例研究能获取更为丰富翔实的资料,进行更为聚焦、深入的研究,也更适合对纵向演进过程进行探索。

课题组从多种不同途径获得了丰富的研究资料,加以归类整理和对比,以充分满足案例研究对"三角证据"的要求(Eisenhardt,1989)。本研究的数据资料及其来源主要可分为两类:①课题组采用半结构化访谈、非正式访谈、现场观察等方式获取一手资料。当被研究对象具有明显的、随时间变化的特征时,半结构化访谈是一种有效的资料收集方式。访谈的对象包括中高层管理人员、技术研发团队和营销管理人员等。根据研究需要设计访谈提纲,并在访谈过程中根据实际情况进行调整。对于需要补充完善或存在疑问分歧的问题通过电话或电子邮件进行沟通和交流。通过参观公司的研发中心、生产基地了解公司的技术研发和生产经营状况。②课题组通过公开渠道获取大量二手资料。包括:通过中国期刊网检索发表过的关于动态能力理论、跨国并购与资源整合、均胜电子并购案例方面的文章;通过公司官网获取关于公司并购历程、经营状况方面的信息;通过百度搜索获取关于媒体评论方面的信息;通过 Wind 数据库、同花顺收集财务信息、公司公告、研究报告等方面的信息。

第二节 理论框架

跨国并购是企业的一项高风险战略行为,以均胜电子为代表的企业之所以能够并购成功并且获取巨大的并购效益,主要是因为企业拥有识别机会、灵活管理、资源整合的动态能力,这样企业才能形成一种持久的、能够迅速回应外部环境变化并为企业带来持续竞争优势的能力。

一、动态能力理论

企业为何具备竞争优势，能够获得超过行业平均利润的经济租金是战略管理研究的基本问题（Porter，1990）。经过长期探索，企业自身的资源和能力、企业所处的外部环境被认为是影响企业发展的三大重要因素。以波特（Porter，1990）为代表的战略定位学派认为，环境决定企业的能力和战略，他们主要从宏观环境、行业背景和竞争态势进行分析，而忽视对企业自身能力的关注。于是关注企业内部要素的资源学派应运而生。资源基础理论认为，企业要想获得持续的竞争优势和经济租金，就必须拥有有价值的、稀缺的、不可模仿和不可替代的资源（Barney，1991）。资源基础理论为企业的长远发展指明了方向，即培育、获取能给企业带来竞争优势的特殊资源。但随着研究的深入，对资源基础观的批判也越来越多，其中最主要的就是认为它的研究视角是静态的（Barney，1991），不足以解释动态环境下企业的竞争优势。

鉴于此，Teece等（1997）提出了动态能力的概念，他们认为动态能力是"企业整合、构建和重新配置内部和外部能力以迅速应对不断变化环境的能力"。他们认为企业的核心资源不是刚性的，也不能自动转化为生产力，要想获得持续的竞争力，必须具备能够根据市场变化迅速调整战略、获取资源、整合资源的动态能力（Augier，Teece，2009）。Winter（2003）借用数学术语"阶数"将企业能力区分为两个层级：零阶能力和高阶能力。零阶能力是企业生存必备的普通技能，或短期的谋生能力，即企业用于向固定消费群体销售产品的能力。高阶能力是一种动态能力，是企业用于扩展、改变或者创造零阶能力的能力，企业可以利用高阶能力实现技术提升、流程再造和市场拓展。

Teece（2007）进一步阐释了动态能力的框架，把动态能力分解为感知和识别机会及威胁的能力、把握机会的能力、应对危机进行重组的能力三个维度。Wang和Ahmed（2007）提出了动态能力的三维度，即适应能力、吸收能力和创新能力。贺小刚等（2006）认为，动态能力包含市场潜力、组织柔性、战略隔绝、组织学习以及组织变革等五个维度。焦豪等（2008）认为企业动态能力可以由环境洞察能力、变革更新能力、技术柔性能力、组织柔性能力四个维度组成。虽然不同学者对动态能力维度的划分存在一定差异，但综合起来动态能力包括以下几种能力：环境感知能力、机会把握能力、组织变革能力、资源整合能力和创新成长能力。

二、动态能力理论嵌入跨国并购

企业运用动态能力来创建、扩展或重构其资源基础的途径有两个:一是在企业内部开发新的产品或服务,对现有的组织惯例进行变革;二是跨越企业边界寻求新的资源(Helfat et al.,2007)。而并购就是企业跨越现有边界实现快速成长的一种重要方式,不但能帮助企业摆脱现有惯例的约束,而且还能为企业提供更多的机会和资源(Karim,Mitchell,2000)。正因为动态能力与企业并购之间的这种契合,许多学者运用动态能力理论来研究企业并购问题。一方面,动态能力理论能够解释企业如何在复杂动荡的环境下取得并购成功。动态能力理论强调组织学习、知识创造和创新的重要作用(Liu,2010),更能反映瞬息万变的知识经济时代的特点,为复杂环境下的企业并购提供了更加合理的理论框架。另一方面,从动态能力的定义来看,并购实施的过程就是企业运用动态能力的过程。并购往往伴随着组织结构的调整,涉及对现有惯例的变革和更新。

跨国并购是企业并购的一种,相较于国内并购,跨国并购面临更为广阔的市场范围、更加动荡的市场环境和更加剧烈的市场风险,对企业动态能力的要求也更高:要求企业具备敏锐的判断力以识别复杂的国际形势,及时把握并购机会,合理选择并购对象;具备高超的资源整合能力以克服国内外政治、经济、文化差异带来的不利影响,实现并购增值效应。跨国并购的过程可以概括为并购前、并购中和并购后三个阶段,动态能力在每个阶段都发挥着至关重要的作用,在不同的阶段分别表现为驱动、保障和促进三种作用。不同并购阶段企业动态能力的表现和作用如图 4-2 所示。

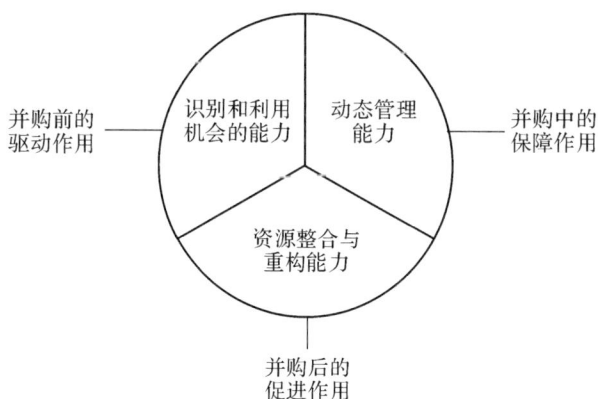

图 4-2 企业并购的动态能力解析

（一）并购前的驱动作用：识别和利用机会的能力

企业识别和利用机会的能力是企业动态能力的重要构成部分，是企业并购前运用动态能力的主要体现，也是驱动企业实施跨国并购的动力源泉。并购前企业识别和利用机会的能力包括两层含义：一是并购选择能力，即企业在选择获取资源的途径时判断并购战略是否合适的能力；二是并购识别能力，即企业进行尽职调查以识别合适的目标企业并与其谈判的能力（Helfat et al.，2007）。

并购、联盟等战略能够帮助企业跨越由劳动力、资本等决定的规模边界和由知识、技术等决定的能力边界，其中以技术获取为目的的并购战略应用尤为频繁。许多制造企业虽然加大了研发投入力度，但往往面临研发周期长、投资风险大等问题，而欧美等发达国家掌握着尖端技术，于是海外技术并购就成了它们的最佳选择。通过并购可以获取海外企业的技术要素、R&D机构（研究与开发机构）等智力资源，能够提升企业技术水平和市场收益。如谷歌收购摩托罗拉公司移动部门，其动因就是取得移动终端设备的研发专利，从而致力于提升其在移动互联网时代与苹果竞争的话语权。因此，把技术并购作为提高技术能力的手段，实际上是企业利用动态能力适应环境变化的一种具体体现（王宛秋，王淼，2009）。

确定了海外并购的成长策略之后，企业要密切关注国际市场动态，不断进行搜寻和探索，准确判断市场形势，以适时把握稍纵即逝的机会，在恰当的时候选择恰当的对象实施并购。因此，企业在实施并购前并购时机的把握和并购对象的选择也是企业动态能力的重要体现。

（二）并购中的保障作用：动态管理能力

企业海外并购是一个系统工程，从目标企业的筛选、并购谈判的实施到并购后资源的整合，均需要企业投入大量的人力和财力，而且每一个环节都伴随着极大的风险。在许多失败的并购案例中，往往只是因为某一个环节出现了问题，就导致全盘失败。而企业的动态管理能力则能够帮助企业识别和应对风险，有效利用资源，保障并购的顺利实施。企业的动态管理能力由高管团队的认知管理能力、社会资本管理能力和人力资源管理能力三个方面构成，这三种能力既能单独对企业战略和运营决策产生影响，也可以共同发挥作用（Adner，Helfat，2003）。企业在海外并购的实施过程中，会涉及各种决策和方案的制定和实施，动态管理能力在这个过程中发挥着至关重要的作用。动态管理能力越强，企业管理层根据不断变化的环境做出的决策就越科学,企业并购的绩效就越大。

高层管理者的认知是企业战略行为发起和实施的重要影响因素。积极的认知模式使得管理者更加大胆和进取,实施海外并购等冒险性策略,促进企业的探索性创新行为。Helfat 等(2007)指出,并购战略确定能力以及目标企业选择和评估能力都是并购动态能力的重要组成部分。在并购过程中,并购企业高管可以利用自身的认知能力对潜在的并购目标进行切实有效的尽职调查,确定目标企业的真实价值,在发现目标企业不具备自己想要的资源或要价不合理时主动放弃并购,以降低并购风险,也可以与目标企业进行谈判,订立适当的条款来保证自身利益的实现。社会资本和人力资源的管理能力也是企业动态管理能力的基础因素。对社会资本的有效管理有助于企业取得并购成功(Blyler,Coff,2003)。在准备并购时,社会资本不仅能够帮助企业获得必要的信息,而且能够帮助企业减弱资源重组的阻力;在进行资源整合时,社会资本为组织内部交流提供了便利,有助于培养企业的创新能力和发掘机会的能力。并购中人力资源的管理能力是整合组织内外部人力资源的能力,是人力资源管理的常规业务流程和组织管理程序(汤伟伟,2011),直接影响企业高管团队的认知能力和普通员工的价值创造能力。

(三)并购后的促进作用:资源整合与重构能力

资源的整合与重构是企业并购的最后一个环节,也是企业动态能力的重要体现。这种动态能力在并购企业对并购后双方的资源进行重组以及对多余或过时资源进行剥离等活动中发挥着关键作用(Helfat et al.,2007)。对于跨国并购而言,通过整合各种资源为并购后的国外子公司构建竞争优势,是母公司必须掌握的一种非常重要的动态能力(Uhlenbruck,2004)。并购后的资源整合与重构是一个十分复杂的过程,关系到并购最终能否取得成功。并购失败的负面影响可能只是暂时的,企业可以迅速调整策略,搜寻其他并购目标,而并购整合失败的负面影响可能是永久的,长期的摩擦和沉重的负担可能会拖垮一个健康的企业。

Helfat 和 Peteraf(2003)认为,在并购后整合的过程中,动态能力可以通过两条途径来实现企业能力的向外延伸和扩展:一是将并购企业的能力复制到目标企业,实现对目标企业原有能力的替换;二是对目标企业的能力重新进行部署和组合,使之转化为新的能力。对于中国企业的跨国并购而言,则恰恰相反,更多的是将目标企业的技术和经营模式复制到并购企业,或者同时对并购企业和目标企业流程和惯例进行调整与合并,以有效融合,形成新的生产力。Bannert 和 Tschirky(2004)通过分析 8 个技术并购案例,指出并购失败的主要原因在于缺乏完善的整合计划、系统流程和并购双方的整体变革。据此,他们提出了并购整合的 4 个关键维度:技术整合,组织结构整合,文化整合,以及财务、规章制度和信息技术整合。Helfat 等(2007)跟踪考察了思科公司和惠普公司的并购案例以后指出,正是由于思科公司具备正确识别目标企业的能力、超强的谈判能力和整合能力,才能完成一系列并购,实现业务的不断拓展。而惠普并购康柏以失败告终,是因为惠普完成并购交易以后没能对康柏公司进行有效的整合。

三、并购整合与持续竞争优势

　　竞争优势可以划分为三个维度:效率、功能和持续性。效率主要研究企业行为的成本问题;功能主要研究资源对竞争优势的影响;持续性主要从客户、供应商和企业专有知识的角度研究企业竞争优势的持续性问题。具体而言,可以从三个方面来解读企业的竞争优势:①企业竞争优势来源于其拥有的独特的资源和能力,"资源"既包括企业自身拥有的有形和无形资源,也包括企业通过并购、联盟等手段从外部获取的资源,"能力"则是需要通过组织学习、经验积累等方式来培育;②企业的竞争优势表现为技术领先、市场占有率高、业绩高于同行业平均水平等;③资源和能力只有与外部环境相匹配才能成为企业竞争优势的源泉,企业必须具备动态能力,能对资源进行有效整合,才能获取持续竞争优势。

　　海外并购是企业获取稀缺资源的重要途径,但由于市场、文化环境等方面的差异,只有对资源进行整合、改造甚至是创新,才能将其变成优质可用资源,形成企业的竞争优势。经过整合的资源具有一定的时效性,只能在一定时期内为企业带来竞争优势,随着外部环境的变迁和企业的发展,这些资源将会被逐渐耗尽或者失效,企业必须在整合资源的过程中形成一种持久的、能够迅速回应外部环境变化并为企业带来持续竞争优势的能力。并购整合的本质,是目标企业与并购企业相互协调以达到一体化的过程,整合的内容主要包括技术整合、文化整合、人力资源整合等。

　　(一)技术整合与持续竞争优势

　　鉴于我国企业发展的技术瓶颈,以获取核心技术为目的的海外并购,更广泛地成为中国企业"走出去"的重要途径。但并购获取的技术要与企业的环境适配,转化为现实生产力,并且驱动技术创新,就有赖于并购后的整合。技术整合的过程是对目标企业技术进行甄选、转移和重构的过程,而且是一个动态循环的过程，以确保并购企业的技术资源随着外部环境的变化不断地变化，保持创新性和先进性。技术甄选是对目标企业技术的判断过程，包括判断技术的种类、用途、价值等；技术转移是实现甄选技术的自由流动与交流扩散；技术重构是在技术转移的基础上对技术体系和构架进行创新和发展（李婷，2009）。

企业并购获取的技术资源是企业培育竞争优势的核心动力，技术整合是保障这一目标实现的关键因素。首先，技术整合的成功将直接提升企业的技术实力。通过并购获取目标企业的各种技术要素，包括技术知识、技术人员、先进设备和技术管理能力，可以跨过技术引进、消化吸收阶段，直接应用技术和技术创新，或者与自身技术能力要素整合以提高企业的技术能力。其次，技术整合有助于推动产品创新。产品创新的最大特点就是先进技术和设计方法的集成，通过对目标企业的技术整合，实现技术交叉与融合，然后运用于生产推动产品创新。最后，技术整合有助于推进大规模定制。大规模定制是指对定制的产品与服务进行个性化的大规模生产。通过技术整合，可以将不同地域企业的技术资源融合，提高人员、设备柔性和企业应变能力，减少企业投资，同时将技术知识进行模块化整合，可以迅速构建大规模定制所需的软硬件条件。

（二）文化整合与持续竞争优势

跨国并购中的文化冲突是导致并购失败、影响并购绩效的重要因素。首先，文化整合是关系并购成败的核心因素，上汽集团并购韩国双龙的失败就源于文化差异与冲突。企业文化是一种软约束，影响广泛且深远，潜移默化影响着每一个员工的行为，而员工的行为又与企业的发展和效益息息相关。并购双方的文化碰撞在所难免，有效整合则能增加企业的凝聚力，处理不好则会产生内部冲突。其次，文化整合也是企业可持续发展的重要保障。将两个不同企业文化的代表性精神进行糅合，缓解文化对撞，在相互接触、渗透、学习的基础上建立新的企业文化，并引领全体成员走进新的文化环境，形成共同的理念、认知和目标，推动企业可持续发展。

企业文化整合的内容包括四个方面：一是精神文化整合，主要是重塑企业的核心价值观、发展愿景、企业目标和企业使命，这是最复杂的；二是物质文化整合，在企业环境、薪酬福利、考核标准等方面进行统筹，使新员工适应物质条件的变化；三是行为文化整合，约束员工的行为，使员工自觉遵守企业各项规章制度，行为符合企业的利益；四是制度文化整合，建立良好的企业制度,激发员工积极性,提高工作效率,从而提升市场竞争力。进行文化整合首先要认清差异的类型和产生的原因,然后据此选择整合的模式,是隔离、渗透、同化还是消亡,最后制定一个弹性有效的整合计划并安排专门的部门负责实施。

(三)人力资源整合与持续竞争优势

当今社会的竞争归根结底是人才的竞争,并购后企业员工能否密切配合,积极发挥主观能动性,全心全意为企业贡献智慧与力量,是关系企业生存与发展的核心因素(刘芮嘉,2015)。企业完成跨国并购以后,必然会产生较大的组织和人事变动。不确定的工作环境、薪酬福利、晋升空间会给目标企业员工带来不安全感,影响员工的工作积极性甚至引发员工离职。普里切特的一项调查显示,并购后一年内约有47%的高管人员申请辞职,接下来三年里余下人中的72%会最终离开,这将严重影响企业的稳定性。并购之后,企业人力资源数量往往呈叠加状态,伴随着文化差异,人力资源管理的难度大幅提升,企业在员工文化融合、技能培训方面的支出也大幅增加。总而言之,跨国并购后的人力资源整合是一项必要且艰巨的任务。

从组织机制层面来看,并购后的人力资源整合涉及管理制度的调整——是集权化管理还是分权化管理,组织结构和职能部门如何设置;涉及人力资源的配置——对企业人力资源供求进行全面分析,采取有效措施保证人力资源供给与企业组织结构相匹配。涉及信息沟通和传递问题——如何进行有效的信息沟通和传递以解决信息不对称,以改进人力资源管理策略;还涉及工会等组织保障问题——如何发挥工会组织的作用,以协调薪酬福利、裁员等问题。从企业核心人力资源层面来看,并购后的人力资源整合涉及核心人力资源如高管人员、技术专家和营销骨干的保留以维持人力资源的稳定性,涉及高管人员的配置以建立更具竞争力的高层管理团队。从企业普通员工层面来看,并购后的人力资源整合涉及员工心理状态的分析并采取措施稳定员工情绪,涉及员工精神和物质激励问题,涉及裁员和安抚问题等(侯志春,2008)。

第三节　案例剖析:均胜电子基于动态能力的海外并购与整合过程

成立于2004年的均胜电子前身是一家以汽车功能件为主业的零部件

企业,初创期产品涉及发动机进气管、洗涤器、空调出风口、车载影音娱乐系统等。2009 年,均胜收购了中德合资的上海华德塑料制品有限公司,在汽车功能件领域取得快速发展,成为大众、福特等品牌的国内核心供应商。2011年起,公司先后收购了汽车电子公司德国普瑞、德国机器人公司 IMA、德国高端功能件公司 QUIN、美国机器人公司 EVANA、汽车安全系统全球供应商美国 KSS 以及德国智能车联公司 TS 道恩。通过多次并购整合,公司成功实现了由低端制造到高端研发的转型升级,完成了由贴牌加工到汽车电子风向标的华丽蜕变,形成了汽车电子、内外饰功能件、新能源动力控制系统、工业自动化及机器人的多元化产业链,立足于中德两大研发和生产基地,实现了全球化布局。

一、均胜电子基于动态能力的海外并购战略推进

均胜电子的发展史,就是一部海外并购史。均胜电子的海外并购不是盲目、仓促的,均胜电子能够清晰认识自身的短板,明确辨识外部的环境,准确把握市场的动向,在此基础上制定缜密的发展战略,并一步一个脚印稳步推进海外并购。海外并购为均胜电子带来了宝贵的技术、人才和市场资源,是均胜电子进行价值链重构、产业链布局和市场开拓的重要基础,是均胜电子业绩攀升的主要源泉。如表 4-1 所示,均胜电子以海外并购为依托的发展历程可以分为三个阶段,即关键转折期、稳步推进期和深度布局期。

表 4-1　均胜电子海外并购及成长的主要历程

发展阶段	外部环境	关键并购	实现目标
关键转折期	中国汽车市场迅速发展带动汽车电子市场的崛起,但国际知名企业掌握着核心技术,引领着市场发展方向	收购德国汽车电子公司普瑞	从普通汽车功能件切入人机交互的高端汽车电子领域
稳步推进期	在工业制造智能化、淘汰落后产能等因素的推动下,我国制造业"机器换人"趋势明显,机器人市场发展迅速	收购德国机器人公司 IMA 和美国机器人公司 EVANA	发展工业机器人助力工业自动化和智能制造
深度布局期	根据"十三五"规划和《中国制造2025》的导向,汽车零部件制造要为发展智能、安全和节能环保汽车提供支持	收购智能车联公司道恩和美国汽车安全系统供应商 KSS	深耕智能驾驶与车联网,布局新能源

资料来源:根据均胜电子的公开资料和访谈记录归纳整理而得。

开启海外并购前,均胜电子的主业是汽车内外饰功能件制造。经过七年的发展,公司在汽车零部件行业已经崭露头角。核心产品风窗洗涤系统、出风口系列、发动机进气管在国内技术领先,格栅模块、发动机零件模块等产品已形成一定的业务规模和较强的市场竞争力,成为大众、通用、福特的供应商,2011 年营业收入已达 20 亿元。但汽车功能件技术含量和产品附加值低,加上我国知识产权保护体系不健全,新产品一经问世,大批厂商会相继模仿,均胜电子难以取得突破性发展。鉴于汽车功能件难有突破而且市场前景黯淡,均胜电子将发展战略定位于发展汽车电子。可面对畸高的行业门槛、国际品牌的打压以及自身技术能力的匮乏,均胜电子显得心有余而力不足。在内生性发展受阻的情况下,加之国际金融危机的影响,均胜电子将目光投向海外,探索性地走上了一条与众不同的成长之路。

(一)关键转折期:并购德国普瑞,布局高端汽车电子促进转型升级

汽车电子是汽车技术创新的主要领域,也是汽车现代化水平的重要标志,于是成为众多汽车零部件厂商发展的方向。为了实现转型升级,均胜电子将发展汽车电子作为重点发展战略,并陆续投入数千万元用于研发。但我国汽车电子市场长期被国外知名品牌垄断,民族企业难有立足之地。受制于汽车电子行业采购体系稳定、质量体系认证、工艺过程审核和产品认证过程复杂且耗时等行业竞争壁垒,均胜电子在汽车电子市场一直没有突破性进展(郭志明等,2014)。在内生性发展受阻的情况下,并购往往成为企业获取重要资源并实现跨越式发展的重要途径。鉴于汽车电子先进技术都集中在欧美地区,均胜电子将目标锁定在欧美市场国际知名企业上。

德国普瑞是全球汽车高端电子控制系统及模块的全球化领先供应商,客户涵盖了全球最知名的主流汽车厂商。普瑞在其 90% 以上的产品领域处于 A 级供应商的位置,其中驾驶中控系统、电源控制系统等在行业内处于世界领先的地位,拥有全球顶级的专利。在 2010 年汽车电子行业发明专利排行榜上,普瑞公司更是以 98 项发明专利高居行业第七。公司的业绩也相当可观,收购前营业收入年均增幅达 11%。2008 年的金融危机给普瑞带来了一定的影响,加之其控股股东基金公司 DBAG 退出期将至,急需给普瑞找一个新东家,这为均胜电子带来了绝佳的机会。2011 年 6 月 28 日,均胜集团与德国普瑞在德国柏林签订了正式收购协议。均胜电子的收购方案分两步进行:第一阶段,母公司均胜集团收购德国普瑞 74.90% 的股权间接控股普瑞;第二阶段,上市公司均胜电子向均胜集团发行股票,购买其持有的德国

普瑞控股 74.90%的股权,同时支付现金购买剩余 25.10%的股权。为了给并购提供资金支持,2011 年 12 月,均胜集团借壳辽源得亨上市,并向大股东定向增发募集配套资金用于补充公司的流动资金。

并购德国普瑞是均胜实现从低端制造到高端研发转型升级的关键转折点。普瑞作为一家具有国际影响力的汽车电子厂商,拥有核心技术资源、专业的实验设备及强大的技术研发团队,还有遍布全球的市场网络。并购德国普瑞之后,均胜扩充升级了公司产品线,提高了研发能力,提升了管理水平,开启了全球化运营模式。在战略布局上,均胜集团根据优劣势和市场分析,重新进行市场定位,维持德国普瑞在欧美的成熟市场,并加大对新兴市场尤其是中国市场的投入,从而实现了跨越式发展。

(二)稳步推进期:并购 IMA 和 EVANA,发展工业机器人助力智能制造

由于劳动力成本上升、工业制造智能化、淘汰落后产能和支持先进制造技术发展等多方面因素的推动,国内机器人市场蓬勃发展,中国已成为全球第一大机器人市场。浙江省政府早在 2012 年就做出了全面推进"机器换人"、推进工业转型升级的战略部署。《中国制造 2025》将智能机器人列为十大优先发展的行业之一,并倡议投资 8 万亿元来推进中国向全球性的高端制造业大国迈进。工业机器人的发展也成为许多自动化企业新的战略增长点。汽车行业是工业机器人应用最早、应用数量最多、应用能力最强的行业。相比其他行业,汽车业对产品尺寸、质量、精度和组装的要求比较高,需要高质量、大规模生产并替代人工重复劳动,全世界有超过 50%的工业机器人应用在汽车行业。

在国家战略和现实需求的推动下,均胜电子也积极发展工业机器人,不仅可以提高自身自动化的水平,还可以拓展产业链,寻找新的业绩增长点。并购德国普瑞为均胜电子发展工业机器人奠定了良好的基础。普瑞的创新自动化生产线产品系始于 1982 年,可根据客户需要,提供可定制的制造、装配和测试生产线。除内部使用外,主要外部客户为各大世界级汽车零部件供应商,如博世、西门子等,为汽车动力总成、发动机管理系统、驾驶员辅助系统、混合驱动的电子模块以及泵和电动机等各种零部件的生产提供自动化解决方案。经过 20 多年的发展,公司在机器人智能识别、工业控制技术和质量追溯技术等领域赢得了世界一流零部件供应商的认可。公司在 2013年年报中明确提出以德国普瑞的创新自动化生产线为基础,发展工业机器人项目,使其在细分领域做到技术和市场全球双领先。并购德国 IMA 和美

国 EVANA 正是上述持续发展战略实施的关键步骤。

IMA 成立于 1975 年,专注于工业机器人的研发、制造和集成,为客户提供定制化的工业机器人系统、自动化产品和咨询服务。经过近 40 年的发展,IMA 在细分市场已处于全球领先地位,客户包括汽车、电子、医疗和快速消费品领域的一线跨国集团,如大陆集团、博格华纳、宝洁、博朗等。稳定优质的客户资源有效推动了 IMA 公司业务的发展。2014 年 6 月,均胜电子购买 IMA 公司 100% 的股权和相关知识产权。IMA 和普瑞同为全球工业机器人及自动化细分领域领先企业,在产品线、市场和客户方面又各有侧重。通过对 IMA 的收购与整合,公司进一步完善了产业链和产品布局,实现资源共享、优势互补。同年 8 月,均胜电子投资 1.5 亿元设立宁波均胜普瑞工业自动化及机器人有限公司,也加大了国内研发和市场拓展力度,开启工业机器人"双城模式"。

为了进一步拓展国际市场,2016 年 5 月均胜再下一城,购买 EVANA 公司 100% 股权和相关知识产权。EVANA 是一家专注于工业机器人和自动化系统的研发、制造和集成,为客户提供定制化工业机器人系统、自动化解决方案和咨询服务的公司。其在汽车、工业和医疗等领域已拥有 50 年的经验和技术积累,在细分市场已处于全球领先地位,主要客户包括天合、麦格纳、美艾利尔等。对 EVANA 的收购和整合,有助于均胜的工业机器人及自动化业务拓展至北美市场,同时依靠在欧洲市场的客户和资源,将 EVANA 的产品和服务打入欧洲市场,进一步完善公司的全球化布局,巩固并扩大公司的技术优势与行业地位,在工业机器人领域保持全球领先的地位。

(三)深度布局期:并购 TS 道恩和 KSS,深耕人机交互引领智能驾驶

近年来,汽车行业"智能、安全、互联和新能源"成为主流。智能驾驶是在普通汽车上增加传感器、控制器、执行器等装置,通过车载传感系统和信息终端实现与人、车、路等的智能信息交换,使汽车具备智能的环境感知能力,能够自动分析汽车行驶的安全及危险状态,并使汽车按照人的意愿到达目的地,最终实现替代人来操作的目的。随着谷歌、通用、特斯拉等海外巨头纷纷进军汽车智能化领域,汽车智能化的热潮来袭,带领汽车工业进入了一个新时代,汽车驾驶更为便捷,安全系数更高,娱乐等服务更为齐全。汽车智能化从最初的被动安全满足安全性能的要求,到主动安全干预和满足更加多样化的娱乐需求,直到最终的无人驾驶技术与车联网的实现,必然伴随汽车电子的广泛运用,这为汽车电子行业的发展提供了明确的航向和新

的契机。

收购德国普瑞使均胜电子切入了人机交互(HMI)领域,形成了丰富的产品系列,包括汽车座舱内人机交互系统、中控台系统、空调控制器、中控面板和集成显示的中控系统、多功能方向盘控制器。其中,中控台系统已经运用于保时捷、宝马、奥迪等品牌,2014 年新款中控台概念人机界面实现了信息的内部形式与人类可以接受形式之间的转换,并获得了当年全球汽车人机界面大赛一等奖。HMI 系统实现了人与车之间的信息交互功能,车主可通过 HMI 系统轻松掌握实时车状、车速、里程、当前位置、车辆保养信息、路况信息、定速巡航设置、蓝牙免提设置、空调及音响设置等。为了进一步完善智能驾驶产品链,同时深耕人机交互技术,均胜电子一方面加强自主研发,另一方面又迈开了并购的步伐。2015 年 3 月,公司设立均胜智能车联有限公司(以下简称均胜车联),主要针对全球智能驾驶和车联网产业处于成长期、扩张期、成熟期的企业进行股权投资,完善在车网互联、智能驾驶、自动驾驶等服务领域和软件领域的布局,与现有的驾驶控制系统形成合力,成为推动驾驶行为变革的引领者。

2015 年 3 月,均胜车联收购车音网 10％的股权,并与车音网在车联网服务平台开发、运营及投资等方面展开合作,全力进军车联网领域,迈出了深度布局智能驾驶的第一步。但真正起到助推作用的是对德国 TS 道恩和美国 KSS 公司的并购。2016 年 2 月,均胜电子向德国 TS 道恩收购其从事汽车行业模块化信息系统开发和供应、导航辅助驾驶和智能车联的业务。TS 道恩一直致力于车载信息系统、导航与辅助驾驶和智能车联系统的开发和服务,拥有多项车用信息和数据安全等领域的专利储备。通过本次收购,公司增加了智能导航、辅助驾驶和车载信息系统模块类产品,与公司现有产品系整合,为整车厂提供更加完整的 HMI 解决方案。同时,均胜电子还收购了美国汽车安全系统供应商 KSS 公司,把业务触觉伸入汽车安全产品市场。KSS 公司为全球顶级汽车安全系统供应商,是全球少数几家具备主被动安全系统整合能力的公司,拥有强大的技术实力和完整的用户、车辆及环境数据库。汽车主被动安全功能效果需要通过 HMI 反馈和显示,二者共同构成智能驾驶。未来,均胜电子将把 HMI 理念、TS 远程信息处理技术、KSS 主被动安全系统进一步集成,抓住车辆全面网络化潮流趋势中带来的新机遇,给客户带来智能驾驶和自动驾驶的完美体验。

二、均胜电子基于动态能力的并购整合战略实施

并购的完成只是获取了所需要的资源,资源如何应用、能否产生效益才是最为关键的。并购整合是一个系统、全面、长期的过程,需要企业管理者根据清晰的目标定位,优化资源配置,加强管理协调,以减少文化摩擦,调动人力资源积极性,有效吸收、融合并创新技术,有力开拓、整合市场。均胜电子每一次完成海外并购之后,都根据其战略规划,在技术、产品、人力资源、市场等方面进行有效整合。

（一）技术的吸收、融合与创新

技术创新是企业的生命,技术创新的手段包括自主创新和学习创新。由于成本、时间、资源等各方面的限制,大多数企业都选择了学习创新,即通过学习、吸收别人的先进技术,结合自身的情况进行融合、应用与创新,以形成自身的独特优势。

1. 国外先进技术的学习与吸收

海外并购为均胜电子带来了世界领先的技术资源。并购完成之后均胜电子面临两大任务:一是如何保持技术资源的先进性,二是如何学习和吸收先进技术,为我所用。当今社会,技术更新迭代非常快,技术没有永恒的先进性,如果不能持续创新,很快就会被淘汰。为了保持普瑞汽车电子技术的先进性,均胜电子保留了普瑞德国的研发中心,并加大投入,每年投入 5000万欧元用于技术研发,使其拥有强大的前瞻性及垂直一体研发能力。为了更好地学习和吸收德国的先进技术,均胜电子采用技术人员"派出去、请进来"的策略,通过对项目开发工作的科学分类和合理分配,使德国资深工程师和中国工程师在项目中高低搭配,通过这种相互渗透的学习和交流方式,提高学习效率,快速吸收消化。

2. 国外先进技术的融合与应用

均胜电子属于外延式发展的典范,但它不仅仅只是拓展国际市场,而是以外延带动内生,形成内外双重驱动的发展模式。国外先进技术的本土化是内生性发展的基石。德国普瑞高端客户和高端应用的特征决定了其技术国产化能实现对国内合资企业顶级车型的配套。为了将德国普瑞的先进技术融入中国市场,德国普瑞与均胜电子在宁波成立了合资企业普瑞均胜汽车电子有限公司(简称普瑞均胜),为合资汽车厂商大众、通用、宝马等供货。长期发展中国市场的基础和保障在于拥有一支本土化的研发团队。均胜集团在并购后迅速组建中国工程中心和研发团队,引进普瑞先进的项目管理和项目成本控制的方法,制定出分阶段的中德双向培训计划,使集团整体技术研发水平提升到普瑞的高度。为加大工业机器人项目在中国的研发和市场推广力度,持续将德国普瑞和 IMA 在工业机器人领域的先进技术引入国内,2014 年 8 月均胜电子设立了工业机器人公司,公司的经营范围包括工业机器人与自动化装备的咨询、研发、制造以及相关的售后服务等,先后获得了博格华纳、苏斯帕、天合等国际知名企业中国公司的订单。

3. 基于国外先进技术的创新与发展

未来汽车节能环保的一个重要手段是使用替代能源,即发展电动车,而电动车离不开电池管理系统(BMS),均胜电子依托普瑞在汽车电子领域的领先优势重点发展新能源汽车的电子技术。2013 年普瑞均胜组建新能源汽车研究院,与德国研发中心共享研究成果、研究方案、研究流程和数据库。经过 3 年的努力,均胜电子研发出混合动力和纯电动车型的电池管理系统,成为宝马电池管理系统的独家供应商,并与国内外汽车厂商如奔驰、保时捷、吉利和奇瑞等进行深度合作。2015 年还获得了特斯拉的订单,目前已经开始向特斯拉交付产品,新能源汽车业务在国际市场取得重大突破。2014年均胜电子与同济大学汽车学院共同创立了联合实验室,结合学校的科研、人才优势,以及均胜电子的技术和产业化能力,推动新能源及电池管理系统在中国市场的推广与应用。2015 年,公司和浙江南车成立合资公司,联合开发及应用储能式现代电车能源管理系统集成、超级电容应用管理系统,拓展商用车、机车、储能等细分市场,配套中国中车超级电容大巴,已经在宁波公交路线陆续推广。

(二)人力资源的接管、激励与培育

为了保持被并购企业的技术先进性和管理稳定性,均胜电子顺利接管、安抚并激励普瑞的管理层和员工。内部保证业务发展的稳定,保持各项已有措施计划的延续性,打消原有员工的疑虑,使其继续为企业做出贡献。在员工管理上,许多企业在完成并购后会采取大幅裁员的策略,但均胜电子反其道而行之,收购普瑞后,没有把生产线转移到中国,而是继续增加德国的生产能力,员工人数还在不断上升,薪酬待遇也有了一定程度的提升。公司通过与德国普瑞的最高管理层、二级管理层的核心人员、各分公司的总经理和工厂经理达成协议,采取各类激励措施锁定其对公司继续服务的长期承诺。2013 年,德国普瑞管理层从母公司均胜电子取得普瑞集团约 2%的股权,这不仅是中国股东对管理层充分信任的明证,普瑞的执行团队也强有力地向公司表明了他们的承诺。

人才是均胜电子技术创新、产业升级的重要支撑。公司以并购后的新平台为基础,加大人力资源创新与投入,吸引全球各类顶尖人才齐聚均胜,建立具有国际沟通能力和管理经验的职业经理团队,通过人员交流任职、培训等方式打造高水平的研发队伍,从而全面提升集团的管理水平和研发能力。除了充分利用被并购企业的管理经验和技术资源,公司积极开展与国内外知名高等院校的合作,共同进行研发。目前,公司已与美国密歇根大学、德国汉堡大学、上海同济大学、浙江大学等高校建立合作项目,不仅推进了科研项目的开展和关键技术的攻关,还为均胜电子输送了大量有用的人才,同时均胜电子也成为国内合作高校的人才培训及学生培养基地,促进产学研结合。

（三）产品及市场的开拓、整合及完善

海外并购后技术吸收、融合及创新的物化成果表现为产品系列的开拓与极大丰富。并购德国普瑞以及并购后的一系列整合措施,基本形成了均胜电子四驾马车并驾齐驱的产品系列。并购德国普瑞之后,均胜的产品系列从普通汽车功能件扩展到高端汽车电子产品,包括空调控制系统、驾驶控制系统、电子控制单元、创新自动化生产线等。依托普瑞的先进技术和设备,均胜电子积极发展新能源汽车动力控制系统,主要产品包括电动汽车电池管理系统和涡轮增压进排气系统,新能源产品系列虽然所占比重不大,但发展迅速。立足于普瑞自动化生产线,均胜电子积极发展工业机器人,并通过并购 IMA 和 EVANA 进一步夯实机器人业务。目前公司可以根据客户需求,定制开发应用于不同行业的高度集成的全套数字化智能制造解决方案。为了进一步提升汽车电子的层次,引领智能驾驶,均胜电子又并购了美国 KSS 和德国 TS 道恩。并购完成后,均胜电子大力推进不同产品线之间的融合,通过整合智能驾驶控制 HMI、主被动安全保护系统、新能源动力控制系统和操作面板总成形成一套完整解决方案,在满足"人"在汽车使用过程中对安全、舒适、智能和环保的基本需求上形成统一平台,为使用者提供更完美的驾驶体验。在开拓新业务的同时,均胜电子也不忘提升旧业务,通过并购 QUIN 实现内外饰功能件高端化。

均胜电子的发展战略是以外延并购为基础,带动内生性发展,从而实现内外双重驱动,完成全球化布局。遵循其发展战略,均胜电子借助海外并购一步步开拓市场,从欧洲市场入手,反哺国内和亚洲市场,并进一步向美洲市场进军,逐步实现其生产和销售的全球化。并购德国普瑞为均胜电子打开了欧洲市场的大门,随着对 IMA、QUIN 等公司的收购,均胜电子在欧洲形成了汽车电子、工业机器人、高端内外饰功能件三足鼎立的局势，影响力日渐扩大。完成对普瑞的收购之后，均胜电子积极开拓发展中国市场，加大在中国的研发、生产和销售基地建设，一方面推动引进德国普瑞已有产品和技术在中国的生产、销售，抢占国内市场份额，另一方面通过整合提升国内的研发能力，立足中国并向亚洲其他市场辐射，中长期内将业务延伸至日韩车系市场。随着国内业务日渐强大并逐步辐射全亚洲，均胜电子的目光又投向了美洲市场，收购 EVANA 和 KSS 不仅有助于均胜电子自动化和智能驾驶业务上一个新的台阶，也为其打入北美市场奠定了重要基础。

（四）文化差异的识别、协调与融合

文化整合是企业在并购过程中将存在差异或冲突的企业文化在相互适应、逐步认同后形成的一种协调、有效的文化体系，它影响着企业运作的方方面面（寿建忠，2015）。中西方文化差异是客观存在的，要承认并识别文化的差异性，重视沟通，加强协调，实现文化融合。均胜电子的文化整合方式包括三种：①通过员工互派和交流活动增进了解。促进双方了解对方的文化背景和特色，识别并接受文化差异，形成相互尊重、相互理解的理念，促进团队成员在交流、组织、决策时具备全球化思维和视角，进而形成相互包容、相互信任的企业文化基础。②通过工会等组织加强沟通和协调。完成对德国普瑞的收购后，公司通过与工会面对面地沟通，加深普瑞对中国市场、普瑞未来发展计划的了解，并就员工安置、薪酬待遇等问题与工会进行反复沟通和协调，争取到普瑞工会的大力支持，未曾发生罢工等事件。③通过本地化管理减少文化冲突。均胜电子的一系列海外并购均是 100% 控股，并购完成后保证组织结构的稳定性，保持管理模式的延续性，并采取有效的股权激励措施和员工安抚政策，以减少文化冲突，增强团队的凝聚力。

三、均胜电子海外并购整合效应分析

经过一系列海外并购及并购后的整合措施，均胜电子获得了极大的并购效应。从总体上来看，均胜电子获得了核心技术和品牌优势，实现了从低端制造到高端研发、从本土经营到全球化布局的战略效应。从财务数据来看，并购使得均胜电子的营业收入不断扩大，营业利润不断增长，各项财务能力也不断增强。从经营效应来看，并购使得均胜电子的产品系列不断丰富，产业链不断延伸，市场范围不断拓展。

（一）战略效应分析

从均胜电子的发展轨迹来看，其发展战略经历了"低端汽车零部件—高

端汽车电子—智能化与新能源"这样一个逐步提升价值链、实现转型升级的过程,而实现这一过程的路径为"外延并购—内生发展—双重驱动"。因此,在均胜电子的发展战略推进过程中,海外并购发挥了决定性作用。

海外并购带来价值链提升战略效应的途径主要有三个:①通过获取核心技术和知识产权实现价值链提升。核心技术短缺是均胜发展的最大障碍,在开放式创新背景下,技术资源的全球化流动和配置为均胜电子提供绝佳的发展契机。通过海外并购,均胜电子不仅直接获取了世界领先技术,也提高了自身的研发能力,带动了自主创新,从价值链底部跃升到价值链顶端,成功实现转型升级。②通过提升品牌价值实现价值链提升。汽车电子、工业机器人行业的知名品牌都集中在欧美发达国家,特别是德国和美国。品牌的建立需要一个漫长的沉淀过程,海外并购使得均胜电子在短时间内迅速提升企业的品牌价值,向全球汽车电子价值链的高端攀升。③通过融入全球市场实现价值链提升。欧美等发达国家的领先技术优势和贸易保护主义使我国企业融入全球市场异常困难,海外并购为其提供了有效途径。通过海外并购,均胜电子不仅获取了先进技术和品牌优势,还实现了短时间内进入全球主流市场以及全球汽车价值链高端(李杰义,邵慰,2014)。

(二)财务效应分析

均胜电子海外并购的财务效应主要体现在市场范围不断扩大,营业收入不断增长,同时营业利润不断增长,给投资者带来了更为丰厚的收益。

1. 收入规模不断扩大

通过一系列海外并购,均胜电子延伸了产业链,丰富了产品线,提升了产品附加值,拓展了销售市场,营业收入规模逐年攀升。如图 4-3 所示,2011

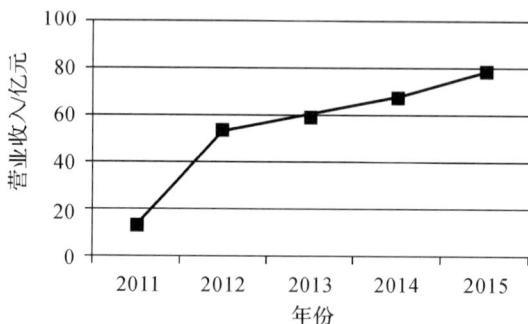

图 4-3　均胜电子 2011—2015 年营业收入增长趋势
资料来源:根据均胜电子 2011—2015 年度年报整理而得。

年并购德国普瑞使公司2012年的营业收入与上一年相比有大幅度的增长。随后3年,随着工业机器人、新能源等新鲜血液的注入,以及汽车电子、内外饰功能件的纵深化发展,营业收入也呈稳步上升的趋势。

图4-4列示了2011—2015年均胜电子的营业收入构成。2011年收购普瑞之后,汽车电子业务从无到有,并且一跃成为均胜电子最核心的业务,2016年并购KSS和TS道恩更是将汽车电子的比重提升到了70%左右。汽车内外饰功能件是均胜电子的传统业务,海外并购前是均胜电子全部收入来源,并购之后占营业收入的比重也在20%左右,特别是2014年并购QUIN进入高端内外饰功能件领域,收入有了大幅提升。新能源动力控制系统和工业自动化设备制造虽然目前对收入的贡献度不高,但符合国家战略导向,是未来汽车零部件发展的必然趋势,也是均胜致力发展的产业,收入逐年攀升。此外,从收入的地域来源看,自从开启海外并购之后,国外的收入就成了主导,而且国外收入额逐年上升,同时以外延并购带动内生发展的效应也比较明显,国内的收入额也在逐年增加(如图4-5所示)。

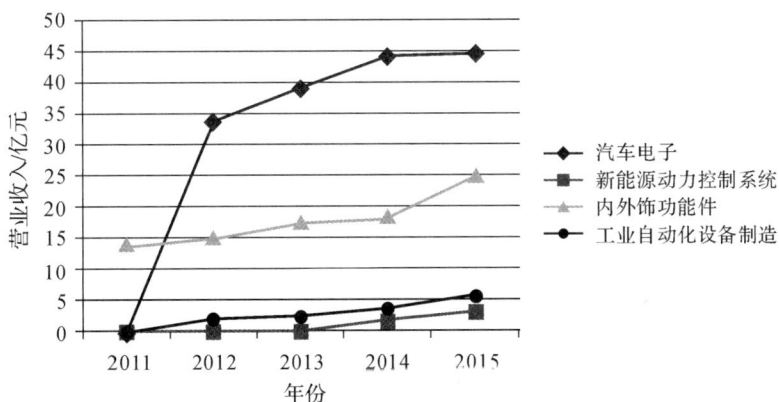

图4-4　均胜电子2011—2015年营业收入项目构成
资料来源:根据均胜电子2011—2015年度年报整理而得。

2. 收益质量不断提高

如图4-6所示,自2011年实施并购以来,均胜电子的营业利润伴随着收入的增长而增长。除了2014年,其他年度的营业利润增长率均在20%以上,在同行业中处于领先水平。从均胜电子各项主营业务的毛利率来看,除了内外饰功能件,其他业务均呈逐年上升的趋势。特别是汽车电子和工业自动化设备制造业务,毛利率最高而且增长速度最快,2014年并购QUIN之后,内外饰功能件的毛利率也逐步回升(见图4-7)。

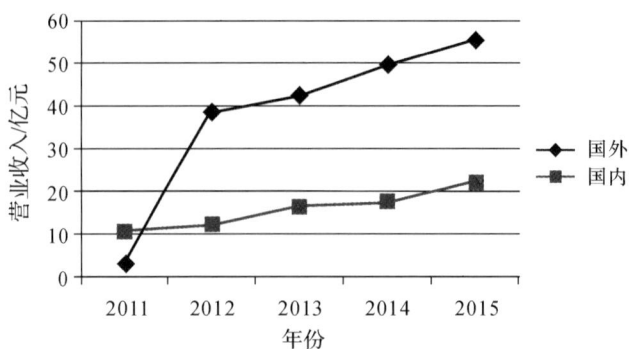

图 4-5　均胜电子 2011—2015 年营业收入地域来源
资料来源:根据均胜电子 2011—2015 年度年报整理而得。

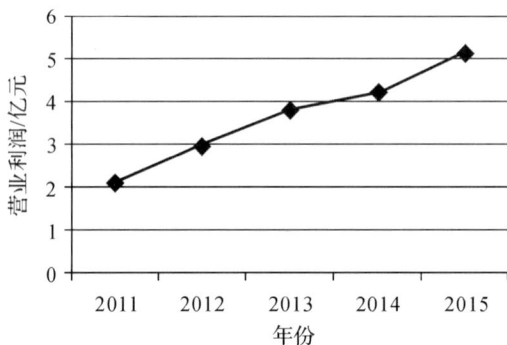

图 4-6　均胜电子 2011—2015 年营业利润增长趋势
资料来源:根据均胜电子 2011—2015 年度年报整理而得。

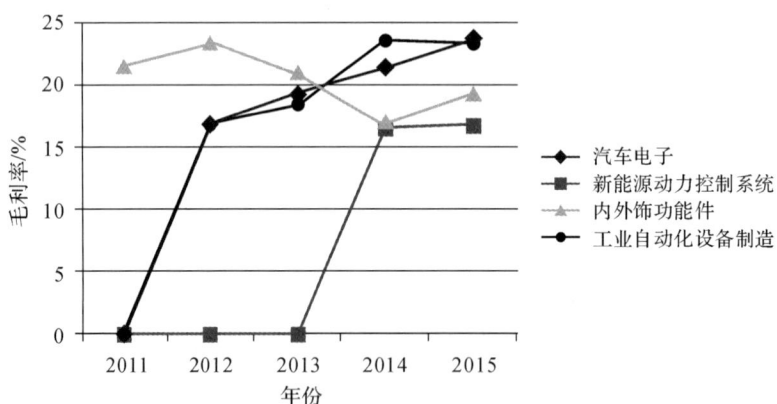

图 4-7　均胜电子 2011—2015 年主营业务毛利率情况
资料来源:根据均胜电子 2011—2015 年度年报整理而得。

（三）经营效应分析

均胜电子海外并购的经营效应主要体现在产品线的丰富、产业链的延伸、市场布局的拓展三个方面:产品线上,从低端产品向高端产品拓展;产业链上,同时向上游和下游领域进军;市场布局上,形成欧洲、亚洲、美洲市场三足鼎立之势。

1. 产品线的极大丰富

通过海外并购,均胜电子的产品系列已从汽车内外饰功能件拓展到高端汽车电子、工业自动化及机器人和新能源动力控制系统,形成四驾马车并驾齐驱的局面,如表4-2所示。均胜电子2016年中报显示(见表4-3),汽车电子产品收入占比超过70％,新能源动力控制系统和工业自动化及机器人奋起直追,两者相加占比超过了10％,而内外饰功能件占比不到20％,改变了国内汽车零部件厂商以内外饰功能件为主的产品结构。智能化和新能源等技术含量和产品附加值高的产品将进一步丰富,低端内外饰功能件业务比重将进一步削减。

表 4-2　均胜电子产品系列

产品系列	产品明细
汽车电子	空调控制系统 驾驶员控制系统 传感器系统 电子控制单元
工业自动化及机器人	普瑞自动化(下游为汽车动力总成、汽车发动机管理系统、汽车安全、汽车通信) IMA(下游为电子、医疗、消费品、化妆品)
新能源动力控制系统	动力电池管理系统 涡轮增压进排气系统
汽车内外饰功能件	发动机进气管理系统 车身清理系统 空气管理系统 汽车内外后视镜 前散热格栅 车门内外拉手 加油小门 方向盘总成等

资料来源:根据均胜电子官方网站资料整理而得。

表 4-3 均胜电子 2016 年中报主营业务构成

产品系列	收入额/亿元	所占比重/%
汽车电子	40.83	70.31
工业自动化及机器人	3.42	5.89
新能源动力控制系统	2.44	4.2
汽车内外饰功能件	11.38	19.6

资料来源：根据均胜电子 2016 年度中报整理而得。

2. 产业链的上下游延伸

除了通过战略性并购推进汽车电子业务纵深化发展，均胜电子也进一步延伸其产业链，上游进军汽车芯片领域，下游布局汽车后服务市场。汽车电子企业对芯片的应用和控制能力是其核心竞争力之一。借助其在汽车电子市场的领先优势，均胜电子积极发展产业链上游核心领域"汽车芯片"。2015 年均胜电子成立"胜芯科技"，布局汽车芯片发展，与国际汽车电子领域集成电路、元器件制造、新一代信息技术企业合作，这有助于缩短汽车电子产品开发周期，提升产品性能，增强公司核心竞争力。在下游服务市场，均胜电子子公司投资"安惠汽服"，加快其在车联网领域特别是汽车后市场领域的布局和业务开展，与前装业务形成协同效应，完善车联网服务链。

3. 市场布局的全球化

通过海外并购获取重要资源，均胜电子成功打入国际汽车电子主流市场并占据一席之地，同时带动自身发展，形成欧洲、亚洲、美洲市场三足鼎立之势，如表 4-4 所示。欧洲是汽车电子的发源地，拥有尖端的技术和最大的市场，均胜电子通过并购普瑞成功进入老牌汽车强国德国市场，并以此为中心向欧洲其他国家辐射。以中国为代表的亚洲市场消费潜力巨大，日本、韩国的汽车工业也走在世界前列，基于普瑞的技术支持、管理经验和市场网络，均胜电子致力于发展国内市场并向整个亚洲市场延伸。美国是头号科技强国，也是践行智能化和新能源最好的国家，通过对美国 KSS、EVANA 等公司的并购，不仅获取了相关领域先进的技术资源，而且成功敲开了美洲市场的大门，如今均胜电子在墨西哥也设立了分公司。

表 4-4　均胜电子全球化市场布局状况

区域	公司机构及下属子公司（分公司）
欧洲	普瑞德国总部、德国伊玛总部、群英德国总部、群英波兰、普瑞葡萄牙、普瑞罗马尼亚、群英罗马尼亚
亚洲	均胜电子总部、上海华德、宁波均胜、长春均胜、宁波普瑞均胜、智能车联公司、成都均胜、武汉均胜、博声电子、群英天津、工业机器人公司、新能源科技公司
美洲	普瑞美国、普瑞墨西哥

资料来源：均胜电子的官方网站。

第四节　案例讨论

海外并购是一个复杂的过程，时间跨度长，磋商事宜多，并购流程复杂。从并购战略的制定、并购对象的确定一直到并购后对资源的整合和重构，动态能力都能在其中发挥至关重要的作用。均胜电子的海外并购过程就是一个动态能力培育和运用的过程，并购前有明确的战略定位，并据此进行合适的并购对象搜寻；并购中做好充分的准备工作，运用恰当的谈判技巧；并购后实施有效的整合措施，以发挥并购协同效应。均胜电子海外并购中动态能力的运用如图 4-8 所示。

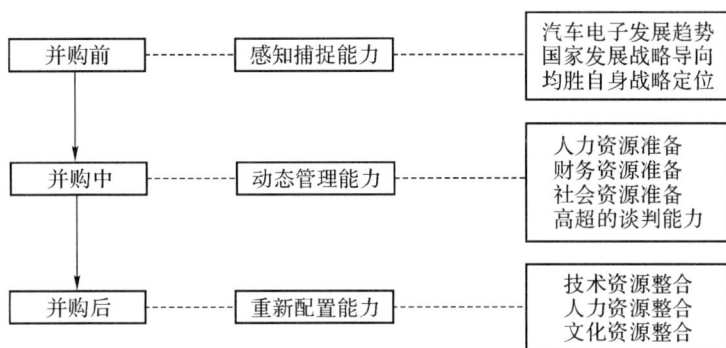

图 4-8　均胜电子海外并购中动态能力的运用

一、并购前的感知捕捉能力：环境感知与目标锁定

并购前企业的感知和捕捉能力非常重要。有了敏锐的环境感知能力，才能正确研判市场形势，捕捉稍纵即逝的市场机遇。有了较强的目标搜寻

能力,才能根据自身的战略定位,选择合适的并购目标。

(一)敏锐的环境感知

要在瞬息万变、错综复杂的市场环境中确立发展战略、选择并购对象、把握并购机会,需要企业具备极强的市场环境变化感知能力、市场变化趋势把握能力、市场机会和风险识别能力。要求企业一方面能够有效识别消费者需求和细分市场变化、外部技术变革,准确把握未来市场趋势,另一方面也能够清晰认识自身研发、生产和管理的能力。随着汽车工业的发展,传统汽车内外饰功能件的发展空间越来越窄,作为汽车技术集中体现的汽车电子则发展迅速,成为汽车零部件市场的主导。随着消费者对智能驾驶、安全驾驶的要求日益提高,对舒适度和娱乐性的要求越来越多,以及其资源节约和环境保护的意识越来越强,智能化和新能源应用又成为汽车电子的主流趋势。均胜电子能够敏锐观察到市场环境变化,迅速捕捉到市场发展趋势,并及时调整自己的发展战略。成立初期,均胜电子就对市场发展趋势做出了准确判断,以汽车电子为战略目标,同时它也清晰认识到自身技术、市场及管理的短板,意识到依靠自身的力量难以实现这一战略目标,于是审时度势地将目光投向了汽车电子发达的欧美市场。从进入汽车电子领域、发展工业机器人到深耕智能化和新能源,均胜的一系列海外并购举措持续体现了其对市场环境的深入分析和有效判断,其发展战略也与时俱进地紧跟汽车电子市场发展的节奏。

(二)明确的战略定位

企业发展战略是企业一切经营活动的指示灯。只有在明确的战略导向下,企业才能够合理制定并购目标,准确把握市场动向,恰当选择并购目标。实施海外并购前,均胜电子的主营业务为汽车内外饰功能件,产品技术含量低,处于价值链低端。为了向价值链高端攀升,实现转型升级,均胜电子将发展战略定位于市场主流"高端汽车电子"。通过并购德国普瑞成功进入高端汽车电子领域并实现"走出去"战略后,均胜电子的战略目标又发展为"产品、业务和市场全面升级",主要表现为发展工业机器人和高端内外饰功能件,完善欧洲市场并致力于发展国内市场。现阶段,均胜电子进一步推进"高端化"产品战略、"全球化"市场战略和内生外延双轮驱动战略,主要表现为深度布局智能驾驶和新能源汽车核心技术解决方案,加快美洲、亚洲地区业务拓展,进行全球化资源配置。

(三)理想的目标搜寻

并购目标的选择非常重要,不仅关系本次并购是否成功,而且影响并购后的整合效果。为了选择合适的并购目标,除了要具备敏锐的感知能力和准确的判断能力,还要具备敏捷的机会把握能力。在依靠自身力量难以实现技术和市场突破的情况下,均胜电子决定借力外部资源。汽车零部件的高端产业主要聚集在欧美市场,以欧美知名企业为并购对象,不仅能获得先进技术和管理经验,还有助于构建全球化市场网络,一举多得。从业务性质来看,先从驾驶中控系统、电源控制系统等最重要的汽车电子系统入手,夯实在汽车电子领域的基础,然后深入发展安全系统、人机交互、新能源动力控制系统等前沿技术,促其羽翼日渐丰满。划定了目标范围,还需要把握合适的市场机会,确定具体的并购对象。德国普瑞和美国 KSS 的大股东都是基金公司,基金公司的性质决定其身份更倾向于利益追逐者,而不是长远的战略投资者。当面临较大风险威胁或者较大利益诱惑时,它们出售的意愿更强烈。2008 年的金融危机使欧洲许多知名企业陷入了困境,普瑞的控股股东出于风险规避的考虑,急于将其转让。普瑞具备强大的技术实力,又有强烈的出售意愿,这对均胜电子来说是千载难逢的好机会。事实证明,均胜电子并购目标的选择是非常明智的,为均胜电子带来了巨大的并购效应。

二、并购中的动态管理能力:充分准备与有效谈判

并购中的动态管理能力要求企业管理层做好充分的准备工作,包括人力资源、财务资源以及社会资源等关键资源的准备,以应对并购中的各种难题和挑战。另外还要求管理层具备高超的谈判能力,能够充分展示自己的实力和诚信态度,获取对方的信任。

(一)充分的准备工作

跨国并购是一项复杂艰巨的任务,绝不是一蹴而就的,需要并购方进行充分准备。均胜的每一次跨国并购都做了充分准备,精心组建并购团队,充分借助专业力量,提供强大资金支持,增强并购风险应对能力。

1. 人力资源准备

跨国并购中,许多企业缺乏具有谈判和整合经验的国际化人才,谈判前无法辨识某些重要风险,或低估整合的难度。同时,由于劳动力市场不能提供大量掌握多种语言的管理人员,导致企业并购后不具备管理被并购企业的基本能力,无法真正地整合资源以达到并购的预期目标。均胜电子在海外并购前进行了充分的人力资源准备。一方面是组建完备的并购团队,并

购团队成员能够搜集和掌握相关领域、目标公司最前沿的战略及竞争情报，为并购提供强大的情报服务和系统完整的研究支持，还要具备较强的谈判技能和整合经验。另一方面是要深入了解自己所拥有的人力资源储备，并根据实际情况制定并购后的整合方针，做到量体裁衣。将没有语言文化障碍，熟悉被收购方当地各项法规、风俗，精通于资本运作和贸易规则的战略人才进行有效配置，以保障并购的顺利实施。

2. 财务资源准备

跨国并购涉及的交易资金庞大，需要并购方有强大的财力支持。并购中所使用的资金来源无外乎以下三种：自有资金、银行贷款和股权融资。采取哪种资金来源或资金组合，取决于企业自身的财务状况和发展战略，既要能够为并购提供充分的财务保障，又要能够促进企业的可持续发展。均胜电子的每一次并购都进行了充分的财务准备，在保障企业正常生产经营的前提下，为并购提供充足的资金支持。考虑到使用自有资金可能引起企业现金流短缺，影响企业的正常经营，并购中均胜电子的自有资金使用较少，多数情况下都只是满足临时周转需求，随即以外部融资的方式补充流动资金。均胜电子的外部融资方式包括银行贷款和定向增发两种，其中定向增发是主导。银行贷款需要企业有良好的信誉和财务状况，资金使用有诸多限制，也会增加企业的财务负担和财务风险，为了规避杠杆收购的高风险，均胜电子也较少使用银行贷款。从总体上来看，均胜电子的海外并购行为是其发展战略的重要体现，是促进企业转型升级和全球化发展的重要途径，与大股东的利益一致，也吸引了大量战略投资者，得到他们的鼎力支持，因此公司采取非公开股票的方式向大股东和战略投资者筹集资金。

3. 社会资源准备

在准备并购时，社会资源不仅能够帮助企业获得必要的信息，而且能够帮助企业减弱资源重组的阻力。要完成一项国际并购，涉及政治、经济、文化、法律等各种问题，仅仅依靠企业自身的力量是远远不够的，往往需要借助政府和社会中介的力量，争取最大的政策扶持，对目标公司进行充分的调研、评价和尽职调查。政府鼓励企业走出去、做大做强，鼓励企业技术创新、发展新能源，均胜电子的并购策略契合国家政策导向，不仅能获得税收政策优惠，还能获得信贷资金支持。为了识别和评估并购中的各种风险，解决并购中的各类争端，均胜电子聘请了各种专业机构，比如聘请专业的咨询公司进行并购方案设计，聘请环境评估公司对并购对象进行环境评估，聘请律师事务所和会计师事务所作为法律顾问和审计机构，对标的资产进行尽职调查和价值评估，各种专业机构的专业服务加上均胜电子自己有效的组织协调保障了收购工作的顺利开展。

（二）高超的谈判能力

跨国并购中的谈判能力非常重要，不仅决定了并购最终能否实现，也对后续的并购整合有重要影响。跨国并购中可能面临许多竞争者，要击败其他竞争者，获得被并购企业的信任并非易事，而且大多数跨国并购不是"一锤子买卖"，往往是分阶段购买并购标的资产或股份，双方存在着利益捆绑问题。另外，并购双方在利益诉求、文化习俗、思维观念等方面存在显著差异，对于合同签订的方式、合同的内容以及合同的效力都有不同的认识，可能会出现摩擦和矛盾。因此，谈判技巧的重要性就格外凸显，谈判团队要充分展示自身的优势和诚意，使自己在众多的竞争者中脱颖而出，涉及利益分配时，既要让自己获得预期收益，又要满足对方的利益需求，造成一种"双赢"的局面。对于文化和观念的差异，对于合同形式与内容的分歧，需要进行有效沟通和协调。鉴于跨国并购的地域、文化及商业模式差异，商业诚信尤为重要，在并购谈判中应该始终坚持诚信为本的原则，最大程度争取信任和协作。

均胜电子在海外并购过程中一贯秉承诚信的原则，一方面积极争取自身利益，另一方面充分保障对方利益，在有效协作的基础上实现双方利益共赢。以并购德国普瑞为例，当普瑞的大股东释放出出售意愿时，全球许多整车厂商和零部件巨头都向其抛出了橄榄枝，与它们相比，均胜集团的规模是最小的，但最终凭借诚信和专业化获得了普瑞的认可。与普瑞大股东及其高管的谈判过程持续了 3 年之久，一开始普瑞对均胜的战略规划持怀疑态度，但均胜都用事实打消了普瑞的顾虑，建立了互信机制。在正式谈判中，均胜充分考虑了双方的文化差异和对方的利益诉求，承诺采用本土化管理模式，基本维持普瑞的组织结构和经营模式不变，进一步扩大人力资源规模，提高员工薪酬待遇，给普瑞吃下一颗定心丸，保障并购合同顺利签订。

三、并购后的重新配置能力：有效整合与协同效应

近年来，我国汽车零部件企业海外并购频繁，但真正成功的案例屈指可数，主要是因为并购后没有进行有效的整合。海外并购只是汽车零部件企业"走出去"的第一步，并购后的整合才是发挥并购效应的关键，并购整合有利于实现协同效应，而协同效应是价值创造的主要来源，整合程度越高，速度越快，创造的价值就越多。均胜电子一系列海外并购的成功也得益于有效的并购整合：一方面积极整合组织架构、人力资源、财务等支持性要素，建立国际化组织机构，制定包容性管理政策，巩固并购成果，增强企业合力；另一方面公司对采购、研发、生产和销售等价值链关键环节进行优势互补和资源共享，以优化资源配置，实现价值链再造（刘海云，李敏，2016）。企业海外并购后的整合主要包括技术整合、人力资源整合、文化整合等几个方面。

（一）技术整合

以均胜电子为代表的中国企业实施海外并购的主要目的是以目标企业的技术储备和研发能力为基础，提高自身的研发和自主创新能力。通过并购可以直接获取目标企业的先进技术用以产品生产，接管目标企业的研发团队以保障持续的技术研发能力，以及获取目标企业其他知识产权等。并购获取的稀缺性技术资源能否为我所用，并成为并购企业技术实力提升的奠基石，取决于并购后技术整合的广度及深度。如果并购企业能够有效地将存量技术、自身发展战略与经营环境适配、融合，有效地利用研发团队进一步推动技术创新，则能获取巨大的并购效益。反之，不仅难以驾驭先进技术，还会增加企业运营成本。并购后的技术整合是一个由浅入深、逐步推进的过程，包括技术甄选、技术转移和技术重构三个阶段。

1. 技术甄选策略

技术甄选就是将目标企业的所有技术根据并购企业的行业发展趋势和战略定位，逐一重新评估和选择。这一阶段并购企业需要完成两项重要任务：一是目标企业技术的识别和评价，二是目标企业技术与本企业的适配和甄选。均胜电子首先对目标企业的各项技术进行详细调查和评估，包括目标企业专利技术的含金量、各种技术设备的先进程度、技术研发的潜质，了解并购双方技术的相似性和互补性。其次是根据市场趋势和企业战略对目标企业的技术进行甄别，与自身的核心技术进行对接，与生产经营进行适配。结合均胜电子自身的营销体系，对其产品生产和销售进行预测，用清晰的预测计划来进行严谨的技术甄选，确定可以引用或改造的技术、引入的时机及其在技术战略中的位置（林娟，李婷，2011）。

2. 技术转移策略

技术转移的速度、广度和深度将直接决定技术整合的效率和效果，也对并购企业日后的技术创新起十分关键的作用。一般来讲，目标企业的技术转移是一种融合式转移，它强调并购双方在技术兼容的基础上，实现企业技术资源多方面的融合。在技术转移的过程中，均胜电子尽量保持目标企业原有的技术研发、使用和维护模式，同时加强国内相关技术和设备的引进与布控，在海外子公司的指导下加快海外技术引入、改造以及与国内技术的融合。为了加快技术转移的速度、提高技术转移的效果，可采用灵活的组织形式。均胜电子通过设立海外子公司，一方面可以规避政治和法律风险，另一方面能够加快技术转移到并购企业的速度，可以通过对技术产权的完全获取来强化技术转移的程度，同时通过子公司加大对国内企业技术指导的力度（林娟，李婷，2010）。

3. 技术重构策略

技术重构是将目标企业的技术产品化、工程化并创新化的过程，包含两层含义：一是技术的融合与应用，二是技术的重组与创新。均胜电子在充分掌握海外目标企业的技术之后，与自身的技术加以融合，用以指导产品的设计、生产以及大规模定制，从而形成完整的技术制造系统。同时依靠目标企业坚实的技术力量、借助目标企业良好的研发平台积极开展研发活动，推动技术创新。并购之初均胜电子将研发中心设立在海外，生产基地建立在国内，充分发挥并购双方的优势。比如均胜电子在德国普瑞的研发中心一直是企业的研发中坚力量，均胜电子的汽车电子产品全部采用德国普瑞的技术，客户逐步从欧洲拓展到亚洲、美洲。等到国外技术充分融合、市场规模显著扩大之后，公司又设立了国内研发中心，一方面推动汽车电子技术的本土化，另一方面进军新能源、智能化等新领域，不仅成功占领了国内市场，在技术创新方面也卓有成效。

（二）人力资源整合

人力资源是最灵活多变、最具主观能动性的资源，整合难度更大。均胜电子首先根据企业的并购战略制定了一个总体的人力资源整合计划，主要内容包括沟通与变革管理、组织架构调整、高管团队安排、员工留任及裁减方案、薪酬福利体系设计等。目的是使所有员工明确企业的发展战略，尽快建立起对企业的归属感，明白个人应该如何行动才符合新的企业价值标准，从而主动地调整自己的心态和行为以适应并购的需要（郑宵，2009）。

1. 组织机制层面的人力资源整合

稳定高效的组织机制是建立良好的劳资关系、增强员工信任度、降低员工过度流动的重要手段。均胜电子组织机制层面的人力资源整合包括三个方面：①组织结构的调整，包括职能部门的设置和岗位职责的分工，均胜电子海外并购的目的主要是获取现有的技术和市场资源，所以基本保持目标企业原有稳定的组织结构不变;②相关制度的完善,包括员工的聘任、考核、薪酬及培训等制度的完善,人力资源管理制度的设计能够充分调动员工的积极性,不断提升人力资源的质量,积极促进人力资源的结构优化;③组织能力的转移,即优秀的人力资源组织能力和管理经验在企业间的快速转移与扩散,并购双方相互学习和借鉴先进的能力和经验,以促进人力资源管理不断优化。

2. 核心人力资源层面的人力资源整合

核心人力资源包括高层管理人员、技术专家、销售骨干等,他们是行业专属管理能力和企业专属人力资源的携带者,是企业核心竞争力系统不可或缺的一部分。关键人才的流失会增加寻找替代资源的成本,而且也难以完全弥补核心员工离职的损失,还会增加竞争对手的实力,因此保持核心人力资源的相对稳定至关重要。为了防止目标企业关键人才的流失,应该采取适当的留任奖励机制,均胜电子采用股权激励法,将高管的利益与企业利益捆绑在一起,采用关键技术人员互派的方式,使其深入融入企业,增强其对企业的信任度和认同感。除了留住核心人力资源,还要不断扩充队伍、提升素质。均胜电子借助海外市场招揽全球顶尖人才,通过全球性轮岗和多样化培训建立人才储备库,形成具有国际沟通能力和管理经验的管理团队,打造高水平的研发队伍和营销团队,全面提升企业的管理水平、研发能力和营销能力。

3. 普通员工层面的人力资源整合

普通员工是企业生产经营的基石,只有对目标企业的普通职员有效接管和安置,才能顺利开展生产经营活动。并购引起员工角色模糊感和对未来的不确定感,导致员工的忠诚度和工作效率降低,并购整合必须全面分析员工的心理状态,引导员工树立正确的心态,增强对企业的认同感,同时加强与员工的信息沟通,加大对员工的物质和精神激励。均胜电子通过工会等组织向员工说明组织和契约改变的必要性与可行性,让他们意识到新的组织将为他们提供更好的平台,新的契约将为他们带来更丰厚的收益,避免引发大规模的员工心理危机。与目标公司员工进行有效的沟通,不仅可以减少信息不对称,降低员工的管理成本,还可以增加员工的安全感和信任度,提高员工的士气和工作积极性。有效的物质和精神激励是提高员工积极性、增加员工忠诚度的重要手段,通过提高薪酬和福利待遇、表扬嘉奖、职位晋升、提供学习发展机会等方式将员工的经济利益和人生价值与并购企业紧紧捆绑在一起。

（三）文化整合

跨国并购中的文化差异是客观存在的，而且全过程、全方位影响着企业并购，处理不当则会导致并购失败。从并购双方内部管理来看，不同的价值观、行为方式和生活习惯会增加企业的管理成本，增加组织协调的难度。从并购双方外部经营来看，文化冲突的存在会影响企业的外部形象，致使企业不能以积极高效的形象去参与市场竞争，降低市场竞争力。

跨国并购中文化整合的最佳方式是进行跨文化培训，均胜电子的跨文化培训包括语言培训、情景模拟、案例研究等方式。培训的内容主要包括三个方面：一是基础文化知识的培训，增进并购双方对彼此文化知识的了解；二是文化适应能力的培训，通过对双方进行有针对性的讲解和演练，培养员工主动学习、分析和接受他国文化的态度；三是文化技巧的培训，包括文化沟通能力、移情能力及应变能力的培养，消除各种负面情绪和文化摩擦，加强文化融合（宋杨，2015）。通过跨文化培训，可以避免文化冲突，提高新团队的协作能力及组织的凝聚力，形成全新统一的核心价值观。

第五节　结论与启示

从均胜电子的发展历程可以看出，它的每一次跨越式发展都是以跨国并购作为支撑的。2011年至今，均胜电子经历了三个阶段的跨国并购，实现了汽车零部件生产业务从价值链低端向高端的转型升级，完成了从国内市场到欧洲、亚洲、美洲市场的全球化布局，创造了"均胜模式"。我国企业跨国并购的案例很多，但能够像均胜电子这样短期内连续成功并购并一跃成为行业领军企业的则少之又少。均胜电子能够并购成功并获取巨大的并购效益，离不开动态能力的培育与应用。企业跨国并购中的动态能力不是与生俱来的，而是在长期的经营过程中通过组织学习和经验积累培育起来的。企业动态能力的培育必须有内部组织结构、文化环境的保障，也需要外部政府部门的扶持和行业组织的指导。

一、基于组织学习的企业跨国并购动态能力培育路径

跨国并购是企业重要的战略行动之一，涉及企业边界的扩展、技术的更新、组织的变革、文化的重构等，这既是企业运用动态能力的过程，也是企业学习和积累经验从而提升其动态能力的手段。Zollo 和 Winter（2002）研究

发现,组织学习是企业动态能力的一个重要来源。企业实施跨国并购所需要的动态能力是在企业的日常经营及并购行为中通过内外部组织学习获取的。构建良好的组织学习机制能够帮助企业更有效率地获得和创造有价值的信息,以此来加快企业动态能力的培育(郑琳琳,2016)。组织学习贯穿跨国并购的全过程,在并购谋划、实施和整合阶段都要进行组织学习。跨国并购中组织知识的学习包括两种方式:一是组织内部的教育培训、经验积累与传承,二是组织外部的观察学习、借鉴与模仿。

(一)组织内部的学习与跨国并购动态能力培育

企业跨国并购所需要的动态能力主要体现在三个方面:一是良好企业环境的创造能力,主要表现为培育优秀的企业文化、形成良好的文化氛围;二是企业关键人力资源的培育能力,主要表现为对管理、技术、市场、并购等关键人力资源的培育;三是企业的并购能力,包括具体并购行为中企业管理层感知环境、识别机会、并购谈判及并购整合的能力。这些能力主要来源于组织内部的学习机制。

1. 通过企业文化的培育、交流与融合构建良好的企业环境

文化环境是企业跨国并购动态能力的基础,对企业发展战略的制定、经营环境的分析和市场动态的把握有重要影响。企业文化包括价值观念、企业精神、道德准则、经营理念、团体意识、企业形象等要素,学习机制是构建、传递与融合企业文化的重要途径,具体包括文化培训和交流。均胜电子树立不断发展壮大的企业愿景,秉承以人为本的经营理念,建立团队协作的工作机制,通过学习培训的方式将企业文化传递给每一位员工,形成共同的核心价值观,增强企业的凝聚力。在跨国并购过程中,以信任机制为本,加强双方文化的沟通与交流,主动学习、适应并融合对方的文化,成功化解了并购中的文化冲突。

2. 通过准入、培训及交流机制培育企业的关键人力资源

技术、市场、管理等关键人力资源是企业技术创新、市场开拓和管理提升的基石,也是企业跨国并购动态能力培育的核心资源。企业关键人力资源的培育包括人才的集聚、使用、管理和提升等几个方面。均胜电子在人才选拔方面,利用丰厚的薪酬待遇、灵活的组织结构和融洽的企业氛围吸纳各方面人才。在人才使用和管理方面,做到"人尽其才",优化岗位设计,合理配置人力资源,并采取物质和精神激励提高员工的工作积极性。对于跨国并购中接管的人力资源,维持原有的组织结构不变,不裁员,不减薪,保障新

增人力资源的平稳过渡。为了提升人力资源的综合素质,公司采取了一系列的培训和学习交流举措。公司设立专门的培训部门,制定定期的培训计划,聘请外部专家或培养内部师资构筑高起点、多层次、广渠道的人才培养体系,建立从上到下全面涉及的员工学习机制。通过管理技能培训提升管理层的素质,通过技术培训提升技术研发和应用能力,通过营销技能培训提升企业市场开拓和产品营销能力。均胜电子充分利用并购获取的珍贵人力资源,尤其是技术人员,采取技术人员"请进来、走出去"的方式促进技术的学习、应用与创新。公司一方面在宁波设立研发中心,营造与德国相似的工作环境引进大批德国技术专家,结合国内市场进行技术创新并培育国内技术人员,另一方面输送国内技术人员到德国研发中心学习提升。

3. 通过并购经验的积累与传承提升企业的并购能力

企业跨国并购中的动态能力大多来源于以往并购经验的积累与传承。并购前的形势研判和目标搜寻,并购中跨职能团队的建立、谈判技巧的应用、社会关系的扩展、集中解决问题方式的推行,并购后各种资源的整合与重构,都让企业积累了丰富的经验知识,并购目标的异质性也有助于构建企业在不同情境下实施并购的特殊能力。企业将从以往亲历的并购活动中获取的相关知识与技能、总结的经验与教训在组织中传播与传承,指导以后的并购活动。均胜电子对德国普瑞的并购历时 3 年之久,采用的每一个战术、涉及的每一个细节、解决的每一个问题都凝练成宝贵的经验,为后续的并购提供指导和借鉴,因此后续的并购都较为顺利,节省了大量时间和成本。

(二)组织外部的学习与跨国并购动态能力培育

除了组织内部的知识、技能和经验的积累与传导,组织外部的学习、借鉴和模仿也是企业并购动态能力培育的一个重要途径。组织外部的学习包括两个方面:一是对并购目标的学习和认识;二是对成功并购案例的借鉴和模仿,以及从失败并购案例中吸取教训与警示。只有充分了解目标企业的财务状况、运营状况、顾客状况、价值观与行为方式、制度文化等,才能顺利实施并购,有效进行整合。均胜电子在实施并购前对被并购企业进行了长期考察、充分研究和反复沟通,聘请专业的咨询、法务、财务及环保机构对并购对象进行价值和风险评估、并购方案设计。通过观测其他组织的并购行为和结果,吸取经验,总结教训,及时调整自身的并购战略和并购行为,以保障并购成功并实现并购效应最大化。均胜电子并购德国普瑞的案例因为其缜密的并购规划、以小博大的并购模式、完善的整合措施、巨大的并购效应成为跨国并购的典范,成为众多企业学习模仿的对象,成为众多专家学者研究的对象。而诸如上汽集团并购韩国双龙等失败案例,也给企业带来了警示,提醒它们关注跨国并购中的文化差异。

随着并购经验的不断积累和并购知识的显性化,企业从环境信息中分清风险、找到机会,从并购企业资源的信息中找准优势、认清劣势,然后把握机会、规避风险,从而提升动态能力。

二、跨国并购中企业动态能力培育的内部保障

跨国并购中组织学习及整合的顺利进行离不开知识的转移与共享,但由于知识具有不易流动的"粘滞性",影响知识的转移和共享,进而影响并购的过程及效果(王毅,2005)。比如企业积累的并购经验如果没有有效传承,则会伴随着管理层的更替而消失,对后续并购起不到指导作用。因此,为了培育企业的动态能力,应设计各种有效途径或方式,不断获取知识、传递知识、创新知识。

(一)构建合理的组织结构

只有建立合理的组织结构才能保证学习过程的顺利进行。合理的组织结构具有如下三个特征:①信息化。在跨国并购中,目标搜寻、并购谈判和并购整合都是以信息为基础的,包括信息的获取、处理及沟通,需要企业建立良好的信息系统。从内部来看,应该完善信息制度,加强信息采集、处理、传递和使用的流程管理;健全信息系统,削弱部门界限,通过网络技术提高信息共享程度;加强信息沟通,减少信息传递层失真,保证企业资源统一、高效地配置。从外部来看,应积极构建社会信息网络,加强与供应商、客户、政府、合作伙伴、科研单位等各方利益主体的信息沟通与交流。②学习型。组织结构要有利于组织学习,打破职能部门之间的限制,建立企业内部知识单元间的学习机制、企业同外部社会网络的学习机制、个人及部门知识贡献的考核与激励机制。③开放型。将企业各部门以及目标企业通过知识网络融入战略规划、产品研发等企业行为中,最大限度吸收各种知识,促进企业的全面创新。比如在并购整合中建立主并企业与被并企业的整合团队,促进资源整合和文化融合,减少并购整合过程中的风险。

(二)培育学习型文化

从组织的角度来看,首先,要建立共同的愿景,促使员工为了并购后更高的个人收益和更好的组织发展而真诚地奉献和投入,以便为学习型组织提供能量,从而产生创新性学习的动力。其次,要培育团队学习的习惯,和谐的团队力量远远大于个人力量，并购中应充分利用团队智慧，发挥团队整体搭配的行动力，而团队学习则是提升团队能力的重要途径。可以根据岗位职责需求和专业技能分类构建不同的团队，比如研发团队、生产团队、营销团队等，以团队为单位开展学习。从个人的角度来看，首先，企业员工应培养自我超越的精神，增加对并购目标与并购愿望的认同，并集中精力，培养耐心，客观观察现实。其次，要改善心智模式，对自己现有的并购观点不断进行质疑和反思，以适应不断变化的并购环境，还包括培养质疑的精神，对组织的一些固有行为进行质疑。

三、跨国并购中企业动态能力培育的外部支撑

除了企业内部组织结构、文化环境的保障，企业动态能力的培育还需要企业外部政府部门的扶持和行业组织的指导。政府的扶持主要体现在法律保障、资金支持、政策优惠三个方面，行业组织的指导主要表现为提供管理咨询、法律咨询、财务咨询等咨询服务。

（一）加大政府的支持力度

首先，要加强对海外并购的法律保护与指导协调。当前，我国尚没有全面的跨国并购法律来指导企业的并购行为，相关的条款分散在不同的法律法规当中。随着我国对外直接投资环境的改变，当前的法律存在许多漏洞和缺陷，已经难以适应和指导最新的并购活动，而且缺乏保护企业跨国并购等直接投资活动合法权益的政策。应出台完整的关于企业跨国并购的条令条例，推出简单易施的方法和程序，完善保险制度，为企业的跨国并购提供基本保障。应借鉴发达国家的经验，设立专门的机构指导和协调企业的跨国并购活动。还要加强与各国政府的合作，加快签订投资保护协定，确保国内企业在海外的利益得到保护。

其次，要加大对企业海外并购的资金支持。企业海外并购需要资金量大，仅凭自有资金难以完成并购支付，政府应该积极为企业的海外并购提供资金支持。①加大对企业海外并购行为的银行信贷支持，定向开展企业海外并购贷款，并且适当降低贷款利率、延长并购贷款期限。②用多种形式的金融手段搭建企业融资平台，比如放宽企业海外并购配股融资的条件，探索发展并购投资基金，吸收社会资金助力企业海外并购。③支持企业开发国际市场的融资渠道，国家可以作为担保人，为企业发放的债务担保，支持外国银行与国内大型企业联合（张晓明，2016）。

最后，为企业的海外并购提供税收政策优惠。一方面是避免双重征税。

我国政府应与更多的目标企业东道国签订避免双重征税的投资协议,以保护我国企业的投资安全,使我国企业能享受国民待遇、最惠国待遇,能解决资本撤出与利润汇回方面的税收问题。另一方面是采用差异性税收政策,对重点、优先发展的海外投资项目实施税收优惠,包括出口退税、进口关税优惠等,使海外并购投资的流向、结构与国内产业结构的调整及优化升级有机结合起来。

(二)加强专业机构的有效指导

企业跨国并购中涉及大量的管理、法律、财务问题,仅仅依靠企业自身的专业技能难以应对跨国并购中的风险,因此需要借助专业机构的力量。面对日益增多的跨国并购活动,管理咨询、法律咨询、财务咨询相关的中介组织应该不断提高服务水平,提供越来越完善的专业指导。在管理咨询方面,中介机构可以帮助并购企业分析研判市场形势、筛选并购目标、制定并购计划以及解决并购中的问题。在法律咨询方面,中介机构可以帮助并购企业预测并购中的法律风险,避免法律争端,对于遇到的法律纠纷采取有效的解决措施,减少企业损失。在财务咨询方面,中介机构可以帮助并购企业制定融资方案,进行价值评估、财务预测和业绩评价,进行税收筹划,合理避税(朱光娅,2013)。

参考文献

郭志明,高勇,武秋丽,2014. 均胜集团海外并购案例及其启示[J]. 汽车工业研究(8):42-46.

贺小刚,李新春,方海鹰,2006. 动态能力的测量与功效:基于中国经验的实证研究[J]. 管理世界(3):94-103.

侯志春,2008. 中国企业跨国并购的人力资源整合问题研究[D]. 南昌:华东交通大学:89-123.

黄江明,李亮,王伟,2011. 案例研究:从好的故事到好的理论——中国企业管理案例与理论构建研究论坛(2010)综述[J]. 管理世界(2):118-126.

焦豪,魏江,崔瑜,2008. 企业动态能力构建路径分析:基于创业导向和组织学习的视角[J]. 管理世界(4):91-106.

李杰义,邵慰,2014. 跨国并购对汽车制造业价值链的提升效应[J]. 中国国情国力(8):49-50.

李婷,2009. 中国企业跨国并购技术整合研究[D]. 兰州:兰州理工大学:

35-62.

林娟,李婷,2011. 企业跨国并购后的技术整合策略研究——基于相关上、下游技术寻求动因视角[J]. 财会通讯(14):9-10.

刘海云,李敏,2016. 均胜电子在汽车零部件领域推进跨国并购模式的做法及启示[J]. 对外经贸实务(8):80-82.

刘芮嘉,2015. 我国企业跨国并购的人力资源整合分析[D]. 长春:吉林大学:42-87.

寿建忠,2015. 均胜集团并购促成长战略研究[D]. 宁波:宁波大学:12-53.

宋杨,2015. 我国企业跨国并购文化整合研究——以吉利并购沃尔沃为例[D]. 合肥:安徽大学:82-135.

汤伟伟,2011. 基于成熟度的组织人力资源管理动态能力评价研究[D]. 南京:南京理工大学:25-46.

王宛秋,王淼,2009. 基于动态能力观的技术并购整合研究[J]. 经济问题探索(3):123-129.

王毅,2005. 粘滞知识转移研究述评[J]. 科研管理(2):71-75.

张晓明,2016. 中国企业海外并购及政策建议[D]. 长春:吉林财经大学:121-156.

郑琳琳,2016. 特变电工跨国经营动态能力的培育机制分析[J]. 经济论坛(8):133-135.

郑宵,2009. 我国企业跨国并购中人力资源整合研究[D]. 南昌:江西财经大学:8-45.

朱光娅,2013. 中国矿业企业海外并购现状评价与政策建议——基于五矿集团的海外并购案例[D]. 呼和浩特:内蒙古大学:133-167.

ADNER R,HELFAT C E,2003. Corporate Effects and Dynamic Managerial Capabilities[J]. Strategic Management Journal(10):1011-1025.

AUGIER M,TEECE D J,2009. Dynamic Capabilities and the Role of Managers in Business Strategy and Economic Performance[J]. Organization Science(2):410-421.

BANNERT V,TSCHIRKY H,2004. Integration Planning for Technology Intensive Acquisitions[J]. R & D Management(5):481-494.

BARNEY J B,1991. Firm Resources and Sustained Competitive Advantage[J]. Journal of Management(1):99-120.

BLYLER M,COFF R W,2003. Dynamic Capabilities,Social Capital, and Rent Appropriation: Ties that Split Pies[J]. Strategic Management Journal(7): 677-686.

EISENHARDT K M, 1989. Building Theories from Case Study[J]. The Academy of Management Review(11): 532-550.

HELFAT C E, FINKELSTEIN S, MITCHELL W, et al., 2007. Dynamic Capabilities: Understanding Strategic Change in Organizations[M]. London: Blackwell: 220-256.

HELFAT C E, PETERAF M A, 2003. The Dynamic Resource-based View: Capability Lifecycles[J]. Strategic Management Journal(10): 367-403.

KARIM S, MITCHELL W, 2000. Path-dependent and Path-breaking Change: Reconfiguring Business Resources Following Acquisitions in the U. S. Medical Sector, 1978—1995[J]. Strategic Management Journal(21): 1061-1084.

LIU D M, 2010. Case Studies on Successful M & A Practices in Acer & Lenovo: A Dynamic Capabilities Perspective[D]. City University of Hong Kong: 141-189.

PORTER M E, 1990. The Competitive Advantage of Nations[M]. New York: Free Press: 399-404.

TEECE D J, 2007. Explicating Dynamic Capabilities: The Nature and Microfoundations of (Sustainable) Enterprise Performance [J]. Strategic Management Journal(13): 1319-1350.

TEECE D J, PISANO G, SHUEN A, 1997. Dynamic Capabilities and Strategic Management[J]. Strategic Management Journal(7): 509-533.

UHLENBRUCK K, 2004. Developing Acquired Foreign Subsidiaries: The Experience of MNEs in Transition Economies[J]. Journal of International Business Studies(2): 109-123.

WANG C L, AHMED P K, 2007. Dynamic Capabilities: A Review and Research Agenda[J]. International Journal of Management Reviews,9(1):31-51.

WERNERFELT B, 1984. Resource-Based View Firm [J]. Strategic Management Journal(7): 171-180.

WINTER S G, 2003. Understanding Dynamic Capabilities[J]. Strategic Management Journal(10): 991-995.

ZOLL M, WINTER S G, 2002. Deliberate Learning and the Evolution of Dynamic Capabilities[J]. Organization Science(3): 339-391.

第五章　申洲国际：基于纵向一体化的国际化经营模式

第一节　引　言

一、研究背景

随着经济全球化的纵深发展，任何企业都不可避免地要参与国际竞争。依靠广阔的内部需求市场和低廉的劳动力成本而成长起来的中国制造业企业，自然也不例外。尤其是在后 WTO 时代，进入中国市场的跨国公司正在给中国制造业企业带来巨大的挑战。因此，中国制造业企业不能停留在国内市场被动地应对挑战，而需要主动走出去，到国际市场寻求更大的发展空间。更重要的是，"市场换技术"的策略并不能使中国制造业迅速摆脱对西方的核心技术的依赖。而且，在内向国际化的环境中，中国企业的核心能力表现出明显的"区位绑定性"。在这种情况下，通过对外直接投资寻求技术提升和管理升级将是中国制造业企业的重要战略目标。与国际化的战略意义相对应的是，中国企业的海外市场进入具有很大的随机性，有些企业甚至象征性地出国"考察一番"，就做出投资或收购的决定。对进入模式决策这一系统工程而言，缜密的决策过程都难免"百密一疏"，何况是随意的决策呢？

一方面，目前，我国纺织行业用工成本比东南亚国家高出 1～3 倍，用棉成本高 30% 以上，加上东南亚国家在发达国家享有低关税优惠，即便充分发挥产业体系与生产效率优势,中低档产品的国际竞争力已明显下降。同时,近几年受欧债、美债危机等国际经济环境的影响,欧元、美元汇率变动较频繁、风险增大,使国内纺织服装企业对欧美的出口规模大幅下滑,订单普遍减少。

另一方面,我国在棉花上采用临时收储政策和棉花进口配额制度,使得国内棉价相对于国外价格来说持续过高,棉纺企业的棉成本处于国际竞争劣势,不仅棉纺企业,甚至包括下游纺织服装在内的纺织企业,都面临巨大的竞争压力。用棉成本高于国际市场是长期困扰我国纺织行业发展的问题,尤其是近半年以来在其他各项成本快速增长的情况下表现得更为突出,已经很大程度上导致了我国纺织行业国际竞争力的下降。相比之下,"走出去"进行海外投资的企业,则能享受到自由进口棉花、以国际价格(远低于国内价格)进口棉花的便利,在用棉成本问题上只有通过海外产能的布局才能化解这一困境。

宁波的纺织服装行业一直是本土经营的优势产业,但由于近几年国内原材料成本、人工成本持续上涨,政府对企业环保等环境要求不断提升,越南、柬埔寨等东南亚国家的服装行业竞争能力逐步提高,国内人口红利逐步减弱,国内外纺织服装行业竞争白热化,宁波纺织服装行业的发展也面临着巨大的挑战,不少企业业绩下滑甚至难以为继。在此之时,总部位于宁波的申洲国际却一路高歌猛进:企业销售收入从 2004 年的 21 亿元,增长到了 2016 年的 150 亿元,增长幅度超过 600%;企业净资产从 12 亿元增加到超百亿元,利润从 3 亿元突破到 29.47 亿元。那么已发展成为我国出口规模最大的纺织服装企业的申洲国际如何摆脱国内纺织行业发展的困境,如何通过国际化布局在国内日益激烈的竞争中仍然保持长期稳定的收入和利润增长,非常值得我们深入分析与研究。

二、申洲国际的案例典型性

宁波申洲国际集团控股有限公司创建于 1990 年 3 月,从创业初期只有 138 名员工,资产不足百万元的"小不点"发展到国内最大的 OEM 针织服装企业,成为集纺纱、织布、染色、制衣、绣花、辅料、缝线等所有工序的全链条纺织服装企业。并于 2005 年成功在香港主板市场上市,2015 年度"香港上市公司 100 强"排行榜中申洲国际列第 74 位,通过港股市场累计融资 75 亿港元。境外资本市场的追捧使得申洲国际成为香港服装行业中市值最大的公司之一,申洲国际不仅承接世界主要品牌的服装生产,出口欧、美、东南亚

30多个国家和地区，而且已经建立自主品牌马威服装。申洲国际的一系列国际化经营策略促使公司成为目前中国出口金额最大的针织服装生产企业，在中国服装出口企业中排名首位。申洲国际已发展成为中国最大的纵向一体化针织制造商。

申洲国际最早于2005年就投资于柬埔寨，设立制衣厂，目前在柬埔寨有两家公司、4个厂区，包括8个制衣车间、2个印花车间、1个绣花车间和1个水洗车间，员工总数超过1万人，是柬埔寨中资制衣企业中规模最大的企业。

2014年8月，公司又决定在越南建立生产线，主要是考虑在中国邻近的服装生产国家中，越南当地劳工成本低、雇员素质相对高使得其纺织及服装产业发展相对快速，且作为TPP协议（跨太平洋伙伴关系协议）的成员国，越南还将受益于出口美国的零关税等特殊关税政策。因此，申洲国际的全资附属公司Gain Lucky Limited德利有限公司（简称德利）与西贡VRG投资控股公司（简称西贡VRG）订立租赁协议，租赁位于越南西宁省鹅油县和长鹏县福东工业区的一块土地，德利将在越南设立附属公司以建立生产设施，生产针织服装产品及布匹。申洲国际在越南建立的纵向一体化生产模式，坐拥更加低廉的水电、人工成本，以及当地出口关税优惠，为国内生产基地的转型升级争取了过渡时间。如今，申洲国际的海外工厂已经成为纺织巨人"走出去"的成功范例。表5-1为2014—2016年申洲国际产能情况。

表 5-1　2014—2016 年申洲国际产能情况

年份	面料/(百万吨/天)			服装/百万件			
	中国	越南	合计	中国	柬埔寨	越南	合计
2014	300	60	360	225	25		250
2015	300	130	430	231	25	14	270
2016	300	200	500	254	25	28	307

资料来源：根据申洲国际上市公司年报数据整理。

申洲国际除了生产基地的海外增设以外，在研发方面也越来越注重国际化的经营战略。申洲国际在香港上市后，通过与欧美服装大佬耐克、阿迪达斯、彪马等大客户深度合作，申洲国际建成了6000平方米的国家标准实验室和一流的面料工程技术研发中心，面料新产品年开发能力在1000个以上。阿迪达斯、耐克等客户干脆把设计中心搬到申洲国际，从而最大限度缩短新产品投放市场的周期。2015年8月19日，申洲国际与服装行业品牌化、标签、包装、印花和无线射频识别(RFID)解决方案全球领导者艾利丹尼森零售品牌和信息解决方案部(Avery Dennison RBIS)强强联合,成立了合资公司。合资公司坐落于申洲国际工业园,将作为申洲国际服装印花和标签的首选供应商。艾利丹尼森是标签与包装材料行业的全球领导者,产品和技术应用于主流市场和行业中,在全球50多个国家和地区开展业务,总部位于美国加州格伦代尔市。申洲国际与艾利丹尼森的这项合作在服装制造业中尚属首次,将主要致力于热转印技术的创新,以更好地服务全球领先品牌。

由此可见,申洲国际的国际化经营取得了非常优异的成绩,在中国服装行业的国际化发展中有着举足轻重的典型性和代表意义。因此,运用国际化的相关理论对申洲国际的国际化经营的驱动因素、对外投资的模式选择及其影响因素以及对其国际化经营的绩效进行考察和深入研究,对我国服装行业尤其是宁波的服装企业的对外投资、国际化经营策略的选择有着重要的借鉴意义和启发价值。

三、研究方法及资料收集

本课题的研究方式主要包括理论分析、案例研究、逻辑归纳演绎等方法,在充分阅读相关文献和对企业实地调研访谈的基础上,提炼主要观点,形成假设,并经过反复论证和专家咨询等方式,形成研究思路,进而以申洲国际为案例企业开展分析,最后得出结论和启示。

本案例研究的数据资料主要来自:①收集二手资料。包括从中国期刊网、百度、Google搜索、申洲国际和子公司官方网站获得的资料,以及申洲国际董事长的媒体访谈报道、申洲国际首次发行招股说明书、历年上市公司年报等文档材料。②实地访谈和调研资料。课题组成员主要通过设计访谈提纲、提炼主要问题等方式,对集团的中高层管理人员、技术研发团队和市场营销管理人员等进行实地访谈、电话访谈和面对面的交流与咨询,获取第一手资料;并通过对公司的实地考察,征询对研究报告的反馈意见和观点咨询等方式,形成完整的资料库。

第二节　理论框架

企业国际化,通常是指企业围绕将资源配置范围由国内市场拓展到国外市场所进行的一系列有计划、有组织的控制活动。

一、内向国际化与外向国际化的概念与特点

根据国际化发展方向的不同,企业国际化可分为内向和外向两个层次(鲁桐,李朝明,2003)。

内向国际化是指企业以国内市场为基地,通过进口、购买技术专利、特许经营、引入风险投资基金以及在国内与外方公司合资等形式引进产品、技术、管理经验,其目的主要是提高企业的生产技术水平,提高产品档次和质量,改进生产流程,跟踪国际技术发展动向,提高管理水平,利用外商的资金、技术、市场和信息。

与内向国际化相对应,外向国际化则指企业向国际市场提供产品、技术、资金等一揽子生产要素,实现生产过程的国际化。它是企业国际化的高级阶段,具体包括了贴牌生产,直接出口(通过海外出口子公司和海外专卖店),建立海外办事处、海外技术研发中心,在海外与外方建立合资公司,或者进行绿地投资拥有自己的全资子公司,等等。外向国际化能够全面提升产品的质量,改善工艺,建立销售渠道,树立品牌形象,收集海外市场信息,把握行业发展趋势,获取海外资产优势,实现技术领先。内向国际化与外向国际化是两个互相影响的发展过程,其中外向国际化又被认为是内向国际化充分发展的结果(吴欣,2005)。

本章意在解读民营国际化动因、内向国际化经验与进入模式之间的关系,因为研究涉及企业进入东道国所采取的方式,并希望清晰内向国际经验在企业进入模式选择中所扮演的角色,所以研究对象需要是已经具有外向国际化行为的民营企业,其行为能更好地契合我们的研究主题。

二、企业国际化进入模式

国内外学者关于企业国际化发展路径和发展阶段的研究为数不少。Root(1987)将企业国际化发展的战略路径划分为贸易式、契约式和投资式三种,并进一步归纳出相应的风险。鲁桐和李朝明(2003)认为企业国际化进入方式可分为三种模式,包括贸易式进入、合同式进入和投资式进入。20世纪 70 年代中期,学者 Johansson 和 Vahlne(1977)提出了企业国际化阶段理论,北欧学者进一步把企业海外经营分为四个发展阶段,包括不规则的出口活动、通过代理商出口、建立海外销售子公司和从事海外生产及制造等,不同发展阶段表示其在海外市场的卷入程度或国际化程度。

国际化进入模式是指跨国公司组织和实施其国际化运营所采取的方式(Root,1987)。具体形式主要有出口、许可证管理、销售代表处、合资、并购、

绿地投资、建立研发中心等。不同的进入模式体现了不同的控制、承诺以及风险水平(Dunning,Rugman,1985)。通过对国际贸易、产业组织以及市场资源等领域的研究,学者们发现,对于不同的进入模式,有很多因素会对其产生影响(Agarwal,Ramaswami,1992),这些影响因素主要与企业特点、环境特性相关。

Stopford 和 Wells(1972)提出,进入模式的选择和企业的国际化经验以及产品的多样性有关。Johanson 和 Vahlne(1977)通过案例、Dubin(1975)通过实证分别验证了 Stopford 和 Wells 的结论。随后,学者又发现东道国和母国文化以及国家之间的差别也会影响企业进入模式的选择(Ackerman,2005)。

随着时间的推移,越来越多的研究开始考虑产业、企业特有的因素对于进入决策的影响(Woodcock et al. ,1994)。例如,Caves 和 Mehra(1986)提出企业的进入模式受到诸如行业增速、产业集中度、公司规模以及研发力度等产业、公司特点的影响,这一结论随后被 Zejan(1990)加以证实。Dunning 和 Rugman(1985)在综合了组织、市场、资源以及交易成本等多方观点后,提出并逐步完善了著名的折中范式,他认为进入目标市场的方式主要受到企业的制度优势、市场的区位优势以及企业进行交易整合的内部化优势(Agarwal,Ramaswami,1992)这三方面因素的共同影响。

三、内向国际化经验对外向国际化的促进作用

企业的内向国际化行为在很大程度上帮助并促进了企业接下来的外向国际化行为(Jin et al. ,2007),通过在国内与外国合作者合作(如贴牌代工生产、合资),企业转移并学习了来自合作伙伴的技术知识、组织管理经验。组织学习理论认为这种知识、经验是不容易在公开市场上获得的,因为它包括了很多日常管理运作方面的、制度方面的内容(Levitt,March,1988),企业一旦获得了这类知识、经验,将会加快其对国际市场、资源的渗透,进而促进企业进一步的海外投资行为。

与传统企业的国际化相比,作为发展中国家的企业,它们属于后发展型的跨国公司,是以一种"后来者"的身份逐渐融入企业国际化大潮中的(吴欣,2005),由于特殊的制度环境,中国企业的国际化过程先后经历了以下几个阶段[阶段划分来自(Buckley, Jetz,2007)]:"改革开放"(打开国门,谨慎地只允许部分国有企业开始尝试国际贸易型运作),政府鼓励(允许更多的企业进行国际化运作,放宽多项限制,吸引外资进入,提升国内企业资本、知

识等的储量),邓小平"南方谈话"(进一步实施改革开放的政策,并将推动企业国际化并入国家经济发展战略中),"走出去"政策(通过出口退税、外汇支持、直接金融援助等国家宏观政策,推动企业的国际化行为)。随着国有企业改革的深入和对外开放程度的扩大,尤其是在我国 2001 年成功加入 WTO,企业国际化有了更广阔的发展空间。

越来越多的中国企业国际化的发展是一个内向国际化在先、外向国际化在后的过程。也就是说,先通过进口、购买技术专利、特许经营、国内合资合作等方式(吴欣,2005)将国外的资金、技术、管理知识"引进来",让国内企业对国际化运作有了一个相对间接的接触,在"走出去"之前先进行一定的储备(这里我们将这种储备称为企业的"前期国际化经验"),然后再通过代理商出口,销售代表处出口,在海外建立营销中心、研发中心或是海外建厂等形式开展其外向国际化运营(Young,1996)。

四、纵向一体化与产业链

从经济学上看,纵向一体化是沿产业链占据若干环节的业务布局,企业纵向一体化的最高程度即为全产业链运作模式。

(一)纵向一体化的内涵

纵向一体化也称为垂直一体化,指企业将生产与原料供应,或者生产与产品销售联合在一起的战略形式,是企业在两个可能的方向上扩展现有经营业务的一种发展战略,是将公司的经营活动向前扩展到销售终端或向后扩展到原材料供应的一种战略体系,包括前向一体化战略和后向一体化战略,也就是将经营领域向深度发展的战略。

前向一体化是企业自行对本公司产品做进一步深加工,或者将资源进行综合利用,或公司建立自己的销售组织来销售本公司的产品或服务。

后向一体化则是企业自己供应生产现有产品或服务所需要的全部或部分原材料或半成品,实质是获得供方公司的所有权或对其加强控制。

纵向一体化的目的是加强核心企业对原材料供应、产品制造、分销和销售全过程的控制,使企业能在市场竞争中掌握主动,从而增加各个业务活动阶段的利润。

当企业完成了前向一体化及后向一体化,则可进入全产业链的运作模式。全产业链运作模式的特点表现为:企业能往下游延伸,产品附加值高,上下游资源配置平衡,创新与品牌建设贯穿始终;企业发展成为为同一个目标有意设计的多环节、多品类、多功能有机结合的、整体运作的组织,就像一部机器、一盘整棋;企业对从源头到终端的每个环节进行有效管理,对关键环节有效掌控,各环节相互衔接,整个产业链贯通;产业链的布局是以客户和消费者的需要为目标,不同产品线之间的相关功能可以实现整合或战略性有机协同,在中间环节会有多个"出口",最终"出口"是消费品。

(二)纺织服装全产业链的结构

纺织服装产业价值链的基本构成包括原材料供应、设计开发、面料供应、设备(辅料)供应、服装成品生产、服装贸易、服装品牌营销等环节,其中每个环节的创造价值活动都是服装产业价值链垂直化、专业化分工的结果(徐伟青,何一,2008)。通过相近环节的横向整合,整个纺织服装产业价值链可以归并为设计、制造和营销三个主要环节,如图 5-1 所示。

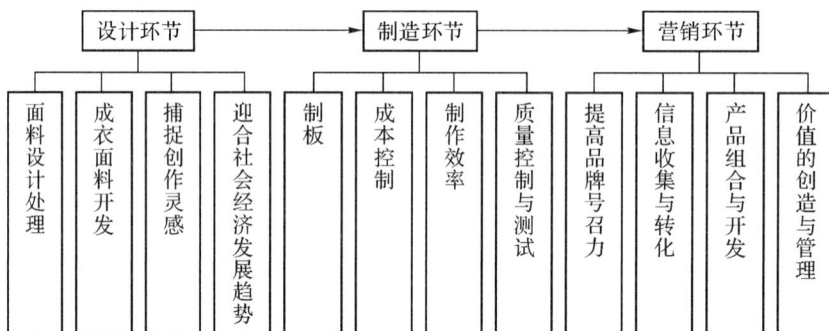

图 5-1 纺织服装产业链环节

"微笑曲线"又称产品的价值链图(见图 5-2),是宏基集团董事长施振荣在 1992 年提出的,"微笑曲线"以附加值的高低看待企业竞争。由图 5-2 可

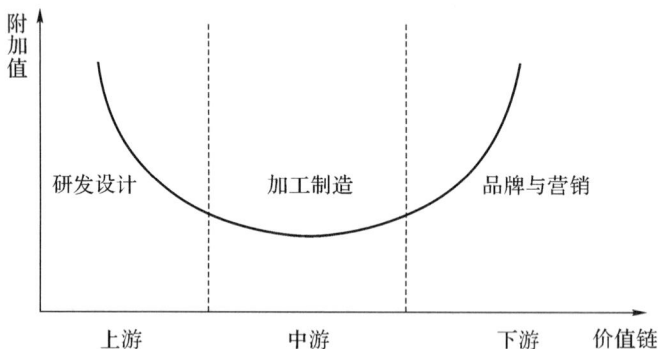

图 5-2 "微笑曲线"

资料来源:根据产业链文献资料绘制。

知,处于"微笑曲线"价值链上游的部分是企业的研发设计环节,处于"微笑曲线"价值链中游的是加工制造环节,处于价值链下游的是创建和维护品牌、构建营销网络的环节。从附加值的高低来看,加工制造环节的附加值最低,研发设计和品牌营销的附加值较高,处于纺织服装产业价值链中最低附加值的加工制造环节的企业竞争最为激烈,受价格成本等因素的影响最大。

（三）国际代工生产中的产业链分布

在国际产品内分工体系中,产业链中企业由于分工定位不同,对应着不同的技术能力结构,并分别提供相应的价值增值部分。一般而言,技术含量对产业链的控制能力越高,则能在产业链中分配更多的价值增值。根据产业链中的分工定位可以将产业链中不同区段企业的技术能力划分为以下主要知识区间。

如图 5-3 所示,依据产业链的能力结构特征将代工产业链大致划分为 5 个标志性的知识区间:产品概念设计、开发设计、组装制造、品牌推广和销售服务。在国际产业链中,OEM、ODM(设计加工)和 OBM(建立自有品牌)分别占据着不同的知识区间:OEM 模式占据着产品组装制造区间,ODM 模式占据着产品开发设计和组装制造区间,而 OBM 模式占据着产品概念设计、品牌推广与销售服务三个主要的知识区间。组装制造区间在于生产制造能力与工艺系统实现改进能力,表现为设备的购置与生产、准时交付、质量控制的能力与对生产工艺的持续改进能力,成功因素是以低成本且快速制造的能力获取具有产品技术的国际购买商的订单。ODM 企业除了生产能力与工艺系统实现改进的能力以外,还具有产品开发设计知识,拥有一定程度的研发自主权和技术专利,以新产品快速开发设计能力获取国际购买商的

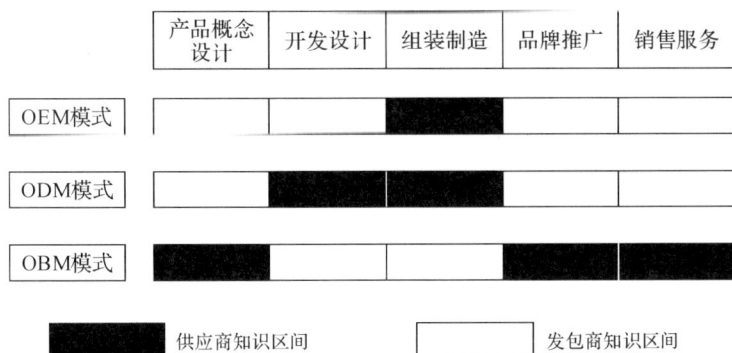

图 5-3　国际代工生产中的产业链结构

资料来源:根据产业链文献资料绘制。

订单(尚涛等,2013)。

OBM 企业相比 OEM 企业和 ODM 企业,主要掌控技术含量最高的区段。首先,产品概念设计表现为对于市场需求深刻理解的基础上,根据企业技术条件形成良好的创新构想与方案,并组织创新资源加以实现的技术创造能力;其次,品牌创建与维护,表现为创建并维持有影响力的品牌形象,为顾客提供独特的品牌价值;再次,市场销售能力,主要为建立和控制销售渠道的组织能力、产品售后服务的能力等。这五个知识区间对应相应的产业链环节,也分别提供代工生产、研发设计、自主品牌和国际品牌等递增的价值增值,在产业链中形成对应的技术能力构成与价值增值结构。

第三节 案例剖析:申洲国际集团的国际化发展路径

国际化进程是一个以知识的不断积累和不断接收反馈并进行调整为核心的动态的、多维的过程,也就是说知识的获取与利用是企业国际化的核心。申洲国际的国际化发展路径可以分为:以引进先进设备和管理经验为核心的内向国际化阶段,以生产基地向外扩张为核心的外向国际化阶段,以及以研发和技术创新为核心的外向国际化阶段。

一、内向国际化的经营阶段

内向国际化为中国企业提供了很好的学习机会。一是进口商品、引进技术等过程中的学习。中国企业在进口原料、设备和技术时,不仅可以直接地学习技术,同时也可以间接地获得国外市场的知识。二是与在华跨国公司合资合作中的学习。在合资合作中,我国企业可以从管理经验与能力、文化影响、学习控制手段等方面开展互动学习,通过学习建立起我国企业的竞争优势。三是与在华跨国公司竞争中的学习。虽然这些都是很好的学习机会,然而,知识被获取后,往往并不能自发地在企业中实现转移和被企业应用到国际化经营中,知识的转移需要借助组织学习在企业内部有效地发生。

(一)进口大量关键生产设备及技术改造

多年来,为了提升企业的工艺水平、生产能力,降低生产成本,申洲国际在设备引进和技术改造上不断投入巨额资金,有 1000 多人从事科研相关工作。2000 年以前,申洲国际将利润的 90% 都投入技改之中;在 2000 年至 2004 年期间,申洲国际每年将 60% 至 70% 的利润用于技术改造和设备引进。2005 年上市后,仍然每年投入利润的 50％用于技改。这导致它每年投资的净现金支出都高于 4.5 亿元,有的年份甚至达到 9 亿元。每台十几万美元的针织大圆机,申洲国际一进就是一两百台。德国顶级的后整理设备,200 多万美元,一进就是 8 套。

申洲国际在环保、品质、研发等方面都定下了较高标准,2000 年至 2001 年间,申洲国际已通过 ISO9001:2000 质量体系认证及 ISO14001 环境体系认证。

每年将企业绝大部分利润用于技术改造,充满了风险,但收益是巨大的。1998 年董事长马建荣几乎用企业一年的利润,一次投入 280 万美元购置了意大利生产的拉毛机,机器引进后,由于客户对生产这种新型面料信心不足,没有人下订单,机器两年空置,花费巨资买的设备差点变成一堆废铁。但经过两年的市场开拓,这种新型拉毛面料成为公司的主打产品,客户一个订单就是 1000 万件,供不应求。为加快生产,公司一度不得不从意大利紧急空运设备到宁波。至今这种产品的销售额还占公司年销售额的 20％左右。

在另一个新型材料技术的引进上,申洲国际也表现出了准确的市场判断力和对技术创新的重视。耐克于 2011 年曾邀请其供应商丰泰作为 Flyknit 鞋面技术落地生产的合作方,当年,丰泰首批购入 150 台编织机为耐克试产了 700 双 Flyknit 运动鞋,然而丰泰认为一方面 Flyknit 技术是否能够推广存在不确定性,另一方面 Flyknit 生产机器无法用于生产除 Flyknit 以外的产品,且 Flyknit 生产工艺较为复杂困难,因此在 2012 年放弃了 Flyknit 的订单。而与此同时,申洲国际把握住了机会,在 2012 年购入 2000 台设备,通过调试和自主研发,承担了 Flyknit 全部的订单,目前申洲国际仍占全球 Flyknit 鞋面供货量的 70％以上,Flyknit 对于申洲的营业收入的贡献度从 2012 年的 2％持续上升至 2016 年的 6％。

纺织印染行业是用水大户,申洲国际在节水上积极引进设备,引进技术,在先进技术的基础上学习、创新以推动自身的技术改造。企业先后投入近 5 亿元引进低能耗、节能型染色设备。2004 年,公司投资 1.3 亿元,引进 44 台德国节水型染色机,将每吨布用水量从传统的 250～300 吨降到 100 吨以内。2005 年 2 月,公司顺利成为浙江第一批通过验收的清洁生产试点企业,同年 3 月,投资 3000 万元打造国内最大印染中水回用系统。2007 年引进的 32 台希腊节水型染色机又把每吨布用水量降到 60～80 吨。在新设备调试和使用过程中,申洲国际充分发挥“干中学”,通过对希腊技术的消化吸收,企业又自主改进了 2004 年引进的那些德国染色机,使用水量进一步下降。公司兴建的中水回用系统,日回用中水 6000～10000 吨。通过一系列节水措施,从 2003 年到 2007 年,产能翻了一番多,但用水量没有增长。染色工厂的用水量降到普通印染企业的 1/4,一年至少节省水费 5000 万元;由于耗水量减少,染色化工原料和助剂一年还能省下 3000 万元左右;中水回用和冷却水回用系统每年可节约 2000 多万元;节能灯、变频风机等节电设备,每年可节约 500 万元。

此外,申洲国际引进日本蒸汽技术,通过工艺改进,节约了 30% 的用气量,每年可省下 2000 多万元。公司利用先进设备进行标准化生产,如通过电脑分色仪可使染色准确率达 99.9%,仅次品率的降低一年也节省将近6000 万元。还有,制衣行业在剪裁过程中的面料损耗也是一个大问题,而通过引进先进自动裁床,从制图到裁剪一体化电脑操作,用料节省 15% 以上,这每天能够给企业省下 15 吨布,一年至少节省 1 亿元。另外,申洲国际自采用条形码管理代替人工搬运堆货以后,物流中心的差错率从以前的 3%～4% 一下降到了零,一天可以少浪费 7 吨布,一年又能节省 5000 多万元。

由于自动化流水线的改造适合于大批量生产,2013 年申洲国际通过应用自动化改造减少部分工种,从而实现"机器换人"。目前,申洲集团已有 8个制衣车间完成了自动化流水线改造。通过这种自动化流水线的改造,可以使半成品衣服在一道工序完成后自动地输送到下一道工序,经过若干道工序后,最后成衣,从而取消了半成品衣服的搬运工种,有效减少了用工数量;同时,由于半成品衣服是挂在生产线上的,通过采用自动化流水线,也减少了缝制工人取半成品衣服的时间,有效提高了工人的工作效率。目前车间每条生产线 50 名工人的生产效率与原来每条生产线 60 名工人相同,生产效率提高了 20%。每个制衣车间有 6 条生产线,原来大约有 360 名工人,自动化流水线改造后,每个车间可减少用工 60 名。申洲国际近十年来员工数始终保持在 2 万人,但是创造了 10 倍多的产值。

通过在引进设备、技术改造方面的持续资本、人力的投入,在内向国际化过程中申洲国际也逐步学习和明确了国际纺织行业发展中技术、效率提高的重要作用以及国际市场对于纺织行业发展需求的变化。

(二)学习日本的先进管理经验

申洲国际的前身"申洲针织"一直以来主要是为优衣库、耐克、阿迪达斯等企业贴牌生产。在与日本优衣库的长期合作过程中,申洲国际学习并借鉴了优衣库的经营理念"高度有效的组织运营、精益求精的管理和臻于极致的态度"。

申洲国际在内部管理、降低成本和保证质量方面,实行了一套严格的内部管理制度。

首先,采取一系列措施降低成本,提高劳动生产率。申洲国际坚持拿出企业利润的50%以上投入到引进先进设备和技术改造上。目前申洲国际的技术装备整体上达到世界一流水平,从事与科研相关的人员有上千人,公司建成一流的面料工程技术研发中心,每年开发的面料新产品达1000种以上。投资建立自备热电厂,改进染色设备,建设国内最大的中水回用系统,发展循环经济,节能减排。尽管每条自动化流水线的改造成本约300万元,但其不仅大大提高了生产效率,而且提高了员工的收入,产生了巨大的经济效益。

其次,在产品质量的监督管理上精益求精。申洲(柬埔寨)有限公司借鉴了日本企业先进管理模式中的"小包流"这一管理经验,为了能及时掌控产品的质量问题,对负责手工工序的女工手中滞留的衣服件数都有明确的限制,不能超过3件。如:要求在流水线上负责手工工序的一个工作组的女工面对面坐成两排,形成一个椭圆,每人身边有2~3个长方形塑料小筐,一件衣服一个框,手上的工序一结束,女工就将衣服放进一个筐里转给下一位女工,转完了一圈,一件衣服也就做好了。筐子一旦堆积多了,就可发现流水环节上的问题并及时解决;质量问题也可随时发现、纠正。

再次,实行全透明、人性化管理。走进申洲国际的厂区,白墙蓝顶的高大厂房整洁敞亮。走进工人最密集的制衣车间也能呼吸到清新的空气,没有一点闷热的感觉。明亮的车间采用了厂房顶部自然光照明,既节能又降低热度。车间内的水帘降温设施也增加了倒流帘,保证工位上的温度适中。申洲国际的库房也是数据化管理,采用集装箱式货架。除了生产区域,厂区周围还设置了员工宿舍、员工食堂、盥洗房、医务室和员工饮水房乃至员工停车场等配套设施。

二、生产基地外向国际化的发展阶段

我国的服装产业相对来讲是一个优势产业,因为服装产业是市场化竞争比较充分的产业,我国服装产业在全球的市场份额也比较高,但经营的环境压力较大,包括劳动力成本、原材料的差价、税赋成本。从外部客观环境来看,受制于不断攀升的原材料成本和人工成本,近年越来越多的纺织服装企业正在加速将生产基地外移。申洲国际也敏锐地注意到了外部经营环境的变化,积极地做出了在柬埔寨、越南两地设厂,将生产基地向海外转移的战略部署。

(一)2005年选择在柬埔寨设厂的动因

申洲国际的柬埔寨项目是2005年5月份启动的,2005年年底正式投产,主要是从事成衣的制造,第一期投资了3000万美元,第二期投资了4000万美元,主要的销售市场是欧盟国家。目前在柬埔寨有两家公司、4个厂区,包括8个制衣车间、2个印花车间、1个绣花车间和1个水洗车间,员工总数约1万人。这样规模的制衣企业在柬埔寨是屈指可数的,在柬埔寨中资制衣企业中是规模最大的企业。

申洲国际选择在柬埔寨绿地投资的方式实施外向国际化战略,其动因主要有以下几点:

第一,应对贸易壁垒。2005年申洲国际已经为全球化的品牌供应产品,客户均为全球采购商,所以规避配额限制成为申洲国际成立柬埔寨公司初期的一个重要目的。由于配额的限制(欧美对进口自中国的服装产品实施配额限制),或者由于政治因素,我国纺织行业有一些产品不能出口到特定的地区或者国家。

第二,享受关税优惠。柬埔寨享受欧盟给予的普遍化关税优惠制度(GSP)和EBA(Everything But Arms)出口免税特权计划在内的其他贸易优惠政策。柬埔寨生产的产品主要是针对欧盟市场,因此,在柬埔寨的生产与出口能有效降低企业的税赋成本。2011年起欧盟就对最不发达的国家实行普惠制,一部分东南亚国家的服装进入欧洲市场可以免收关税,而产自中国的服装要收12%的关税。

第三,降低劳动力成本和享受地方政府的政策优惠。近几年中国的劳动力成本上升非常快,明显高于其他的制衣生产国,基本是柬埔寨等地的人工成本的3～4倍。同时受到中国人口政策的影响,人口红利的优势在逐步消失,劳动力人口总数增幅下降。同时由于房地产等行业的发展需求,纺织行业就业的吸引力越来越小,国内招工难度逐步上升,柬埔寨地区的招工相对容易,能有效缓解影响生产能力的招工难问题。另外,由于柬埔寨政府积极引进外商直接投资以促进国内经济发展,因此在柬埔寨进行投资可以拿到价格优惠的标准厂房及土地,还能享受柬埔寨政府"无土地使用税"等一系列税收优惠。

第四,分散客户风险。申洲国际服务的主要是日本、欧洲、美国等地的国际大客户,这些国际客户也希望供应商在生产基地的区域布局上分散,以降低他们的采购风险。

第五,对冲汇率风险。近几年美元兑人民币汇率波动频繁,申洲国际销售的欧美市场以美元计价支付,因此企业需要面对汇率风险,而柬埔寨也是用美元作为支付货币的,因此可以在柬埔寨本地采购、生产并出口,这样能对冲掉美元汇率风险。

(二)2014年选择在越南设厂的动因

2014年8月,申洲国际又决定在越南建立生产线,申洲国际的全资附属公司Gain Lucky Limited德利有限公司与西贡VRG投资控股公司订立租赁协议,租赁位于越南西宁省鹅油县和长鹏县福东工业区的一块土地,德利在越南设立附属公司以设立生产设施,生产针织服装产品及布匹。越南基地面料一期项目正式投产,企业海外纵向一体化布局已正式确立。由于面料生产行业属于资本密集型产业,自来水厂、污水处理厂等基础设施需要一步到位,其越南面料工厂产能扩张较快,已达200吨/天,可完全满足柬埔寨及越南制衣工厂的面料需求。未来,该基地的面料产能将占到申洲国际整个面料总产能的40%。越南成衣工人约达3000人,以完全匹配和消化面料工厂的产能。

申洲国际选择在越南绿地投资的方式实现其"面料—成衣"的纵向一体化布局及外向国际化战略,其动因主要有以下几点:

第一,享受越南地方政府的政策优惠。越南近几年来纺织及服装产业发展相对快速,2009—2015年,越南纺织品服装出口金额的年均增速达到18.6%,超过我国同期6百分点。在全球纺织供应链中,越南被评价为具有高竞争力的国家。因此,全球投资者将越南视为理想的专供出口纺织品生产中心。在越南投资成立的工厂可于首两个获利年度获豁免所得税,并于第三年至第六年按较低税率10%缴纳所得税。税收优惠期将自首个获利年度及自其成立起第四年(以较早者为准)起计。此外,根据越南法律,倘于成立日起三年内缴纳至少60000亿越南盾(约3亿美元)的总投资款,以及自产生收入之日起三年内保持最低年收入5亿美元,或自产生收入之日起三年内雇用超过3000名员工,其可按较低税率10%缴纳所得税,并可于首四年豁免所得税,其后九年可减免50%所得税。而在我国国内,以一件普通的、市场价不足100元的衣服为例,包括国税、地方教育附加、社保和水利基金在内的税率多达 27.44％,这还不包括企业经常面临的各种行政事业性收费。

另外,越南全国纱线年产能约 600 万～750 万枚纱锭,当地服装业发展的瓶颈在于缺少面料(面料厂的投资非常高,印染的资产重,纺纱的资产相对轻,制衣资产最轻),服装的面料 88％从中国、韩国进口。因此,越南政府下一步纺织产业发展的重点将是面料,会加大政策上的优惠。

第二,享受 TPP 协议等带来的关税优惠。越南与美国签署 TPP 协议,约定主要制造工序纺纱、织造和印染在成员国国内进行,可享受出口关税减免。在 TPP 协议框架下,出口服装类产品须满足纱线和面料等主要原料均在 TPP 协议成员国国内生产完成才可享受关税减免,因此,申洲国际在越南建成了"布料＋成衣"的一体化生产流程,并且其主要纱线供应商也已在越南建厂投产,为企业今后在越南进行本地化采购以完全满足 TPP 协议关税减免提供了必要的保证。另外,由于美国现行的化纤服装类产品关税为 32％,高于棉类服装产品的 18％,因此,企业在越南更大比例地生产化纤类产品,可更大程度上享受关税优惠。

第三,降低劳动力、水电、原料采购等的生产成本。以成衣工的薪酬为例,越南成衣工劳动力成本只有 1000 元左右,企业的增值税则只有 10％,水费、电费仅有我国国内的一半。纺织业生产对电的需求量较大,因此用电成本也是企业成本核算的重点内容,而目前国内电价偏高也是不争的事实。除此之外,我国出于保护国内农业发展的需要,对国外棉花的进口普遍征收高额关税,而且在棉花收储政策下,我国对棉花制定了统一的收购价,但这一价格往往高于国际市场的棉花价格,同时对进口棉花实施配额限制并征收高达 40％的关税,导致高品质的棉花供给严重不足,国内棉价连续三年高于国际市场 30％以上。因此,在越南设立生产基地并从越南完成棉花的原料采购,可以规避进口棉花导致的高关税,且能够采购到更低廉的原料棉,企业能以每吨比国内便宜 3000～4000 元的价格从越南进口质量更好的美棉和澳棉。另外,在越南投资的成本优势非常明显。越南中小型企业规模小,投资一个中型企业资金仅为 100 万～150 万美元,投资一个小型企业最大资金约为 100 万美元,其土地价格在东南亚各国中是最便宜的。过去,一个越南纺织厂的价格在 100 万越南盾左右(约 6 万美元)。金融危机爆发后,该类厂价格狂降 40％,在人民币不断升值的背景下,这有利于我国企业前往越南收购厂房。

第四,服务于企业国际化经营目标的战略布局,使申洲国际在优衣库以外,拓展并稳定了与阿迪达斯、耐克、彪马等国际客户的长期供货关系。
2010 年以前,申洲国际的出口市场主要以日本为主,销售比重达 40% 以上,
因此受日本订单变化的影响较大,经营风险也由于市场的较为单一集中而
增大。随着申洲国际在柬埔寨产能的提高,申洲国际在国际化经营的布局
上进行了主动的调整,一方面加强对日本市场客户的优存劣汰,将日本市场
份额从 2010 年的 41.3% 降至 2014 年的 27.7%,且进一步降至 2016 年的
23%,减少了单一市场的经营风险;同时加快欧美市场的拓展,申洲国际对
美国的出口额占总销售额的比重从 2010 年的 6.5% 增至 2014 年的 11.7%
(见表 5-2),2016 年则较 2014 年增长了近 50%。

表 5-2　申洲国际的市场分布

市场	2010 年		2014 年	
	销售额/ 千元人民币	占总销售额 比重/%	销售额/ 千元人民币	占总销售额 比重/%
中国	1353930	20.2	2487429	22.3
日本	2772854	41.3	3081139	27.7
欧洲国家	1392450	20.7	1929613	17.3
美国	439591	6.5	1300040	11.7
其他国家	760347	11.3	2333311	21.0
合计	6719172	100.0	11131532	100.0

数据来源:根据申洲国际内部数据整理而得。

三、研发和技术创新的外向国际化探索阶段

申洲国际除了生产基地的海外增设以外,在研发方面也越来越注重国
际化的经营战略。

(一)从合作研发到合资研发

申洲国际在研发和技术创新的外向国际化阶段经历了从合作研发到合
资研发的过程。公司在 2014 年与耐克合作建立了一家创意中心,对服装的
自动化生产进行研发,使生产线在改变模型或产品方面都较有弹性,不仅提
升了公司的存在价值,又提高了竞争力,使竞争对手很难复制其产品。公司
争取与其主要客户建立长久的伙伴关系,坚守以客为本的文化,在客户需求
不断增加的情况下,灵活、迅速响应需求。为协助客户适应市场的转变,公
司推行的销售及市场推广策略重点,在于为客户提供包括面料、印染等针织

服装供应链内的各种服务。公司在香港、上海设有销售办事处,另于日本设有驻外代表办事处以处理出口销售,使公司可及早对市场变化及客户的需求做出响应。销售队伍的其中一项重点工作,是及早了解本公司客户对每个新季度开季时的新款设计及其理念的建议。在每季开始前,均会与主要客户举行业务会议,从而制订下一季度的生产与销售计划,借着这些资料,销售队伍会在面料、配饰、水洗效果、印花技术或设计方面为客户提出合适的建议。申洲国际2005年在香港上市后,与欧美服装大佬耐克、阿迪达斯、彪马等大客户展开深度合作,阿迪达斯、耐克等客户干脆把设计中心搬到申洲国际,从而最大限度缩短新产品投放市场的周期。由于长期在面料研发方面投入资本和人力以及对国际市场需求变化进行密切关注与敏锐把握,申洲国际建成了6000平方米的国家标准实验室和一流的面料工程技术研发中心,面料新产品年开发能力在1000个以上。因此,企业在材料使用方面有强大的研发能力,且在新材料的研制上处于行业领先地位,这使企业能参与重点项目的发展,并成为耐克等国际品牌的核心供应商。

2015年8月19日,申洲国际与服装行业品牌化、标签、包装、印花和无线射频识别(RFID)解决方案全球领导者艾利丹尼森零售品牌和信息解决方案部(Avery Dennison RBIS)强强联合,成立了合资公司。艾利丹尼森是标签与包装材料行业的全球领导者,产品和技术应用于主流市场和行业中,在全球50多个国家和地区开展业务,总部位于美国加州格伦代尔市。2005年申洲国际于香港上市后,就开始与艾利丹尼森进行合作,与之建立起了默契,并使艾利丹尼森对申洲国际的技术研发能力产生了信任感。申洲国际与艾利丹尼森的这次合资在服装制造业中尚属首次,主要致力于热转印技术的创新研发,以更好地服务全球领先品牌。合资公司坐落于申洲国际工业园,作为申洲国际服装印花和标签的首选供应商。

(二)研发国际化的动因

申洲国际在研发的国际化进程中,从合作走向合资,无论是资本还是人力上的投入程度都在逐步提高,其动因主要有以下两点:

1. 提高核心竞争力,全方位满足国际客户的订单需求

技术创新能力的强弱是反映企业技术竞争水平乃至整体竞争实力高低的一个重要组成要素。企业之间的竞争可以分为两大类型:一种是建立成本优势,进行价格竞争,其核心思想是以低成本取得竞争优势。价格竞争战略的思路是通过技术创新,或是降低生产过程的耗费,或是获取更低廉的原

料来源,或是开辟更为合理的销售渠道,来降低产品制造成本,占有较大的市场份额,从而掌握产品销售定价的主动权,把大多数竞争对手逐出共同的市场。另一种是差异化竞争,即通过创造与众不同的产品来博得消费者的青睐,吸引消费者前来购买,从而取得市场竞争优势。产品的差异性体现在技术特征、功能特征、产品质量、品牌形象等方面。申洲国际坚持以每年不少于利润的 50% 的资本投入建起了世界级的研发中心,其中的新材料开发中心,密切关注国际市场对于新材料发展需求的变化,不仅研发新材料、新面料,并且每年推出与新材料相结合的产品,从而能获得长期稳定的大额国际订单。

在企业的竞争中,成本和产品的差异化一直都是核心因素,技术的创新可以降低产品的成本。技术上的发展在产品的生产方法和工艺的提高过程中起着举足轻重的作用,既可以提高物质生产要素的利用率,减少投入,又可以提高员工的劳动生产率,从而降低生产成本。因此,申洲国际在用水量大的染色工序和蒸汽技术、流水线自动化等方面都积极地引进国外先进技术,并在此基础上通过合作研发对相关设备进行了技术改造,为企业节约了巨额生产投入和消耗,提高了劳动生产率,降低了生产成本。

因此,一种新的技术会为企业的产品差异化提供帮助,如果企业能够充分利用其技术的能量,就一定能在市场中击败对手,占据优势地位。不论是采用哪一种竞争方式,其核心都在于企业相关技术的发展。申洲国际虽然目前仍然主要是加工生产,但是因为掌握了技术核心,很多世界知名品牌主动前来洽谈,使其快速发展成为这些国际客户的长期核心供应商。比如,申洲国际在发现 Flyknit 会成为耐克鞋业生产的核心技术、Flyknit 纱线将在未来转变采用再生聚酯纤维时,便迅速根据这一企业需求的变化,投入资本与人力对 Flyknit 技术进行研发,并成为 Flyknit 鞋面的主要供应商,每年能获得近亿元的稳定订单。

申洲国际的竞争优势在于其超越对手的生产效率和研发能力。公司提供的一站式生产方案保障了品牌商的供应链管理需求,并为申洲国际带来了世界著名品牌如耐克、优衣库、阿迪达斯和彪马的订单。通过在研发方面的投资,申洲国际能够生产功能型面料以满足顾客对于新产品的特别需求。

2. 培养自主品牌,实现转型

从国内外纺织服装行业发展的长远需求来看,创立自主品牌、实现品牌化转型是纺织行业企业发展的必然趋势。申洲国际作为纺织行业出口的巨头,长期以 OEM 代加工为主营业务。但随着企业利润的提升,申洲国际也开始着手创立自主品牌，实现企业的品牌化转型。申洲国际投入 1.86 亿美元创立自主品牌马威（Maxwin），通过购置 38000 平方米的研发中心，聘请世界顶级策划和营销设计团队明确品牌定位，主营男女运动装和童装。

这种转型的过程是非常漫长而艰巨的，其关键就是企业必须拥有核心技术。企业只有建立技术开发中心，投入重点产品的研制开发，吸收引进技术，通过技术上的不断发展和创新，才可能推出适应越来越细化的市场需求、拥有自主知识产权和市场前景的改进型和创新型产品。现代企业制度体现的是企业资源配置的高效性，而这种高效率能否充分发挥，主要依靠企业技术的发展，而技术发展与企业的新产品开发、技术改造或扩散行为相关并能起到积极的促进作用，将决定着企业的产品市场拓展能力、成本水平和技术水平的提高，是企业自主品牌成功的首要条件。

第四节 案例讨论

从前文对案例企业申洲国际的国际化进程的分析可以看出，申洲国际的国际化经营取得了非常好的成绩，其产业链纵向一体化的经营理念在其国际化的过程中得到了充分的实施，作为一家以代工为主的国内目前出口规模最大的纺织服装企业，其国际化的成功经验值得我们归纳总结并且借鉴推广。

一、寻求生产成本最小化和政策环境最优化是申洲国际外向发展的根本推动力

服装产业是我国相对有优势的产业，因为服装产业是市场化竞争比较充分的产业，我国企业生产的服装产品在全球市场所占的份额比较高，但经营的环境压力较大，包括劳动力成本、原材料差价、税赋成本等的压力。利润最大化是企业追求的目标，成本最小化是利润最大化的必要条件。作为 OEM 代工企业，生产成本的有效控制和节约是企业获得并保持高利润的重要条件。申洲国际作为一家以代工生产为主的纺织服装企业，密切关注我国国内的人力成本、能源成本、税赋成本的变化趋势，在认识到随着经济的发展这些成本都在持续上涨的问题时，及时做出判断和决策，积极采取措施寻求降低成本的战略布局。同时，申洲国际积极分析国际市场对于服装产品需求的变化，发现并考察国际上各国国际贸易、关税等政策环境的变化，及时做出企业的战略布局调整,以实现生产成本的最小化与政策环境的最优化。如申洲国际分析发现,美国、欧洲、日本这三大区域的成衣在2009—2010年有50%在中国加工生产,但日本的订单数在下降,日本服装加工国际订单中来自中国的比例逐步下降,从2010年的80%下滑到了2014年的65%,因此,申洲国际及时调整,逐步转向以欧美市场为主,对欧美市场出口拥有有利政策环境的柬埔寨、越南等地就成为公司外向国际化东道国的首选,而且柬埔寨、越南等东南亚国家,劳动力成本是我国的1/3,水电等资源成本也远低于我国,这些东道国出于招商引资的迫切需求在税收、土地等方面都给予了外资企业较大的政策优惠。

柬埔寨吸引申洲国际海外绿地投资的主要原因是,避免当时欧美国家对我国纺织行业产品出口日益严重的抵制,使企业能享受到柬埔寨的相对有利的出口政策环境。而越南吸引申洲国际第二次海外绿地投资的主要原因则是越南即将加入TPP协议带来零关税政策优惠和越南政府出于对纺织行业中面料产业发展的迫切需求而给予政策优惠。

二、产业链纵向一体化经营理念是申洲国际生存发展的根基

申洲国际曾经是优衣库全球供应链上的一环,优衣库的运营模式和精益求精的管理理念对它影响深远。申洲国际在发展过程中,不断将产业链向上下游两头延伸,在已拥有面料开发设计和先进工艺的基础上,投资1.61亿美元设立了宁波华耀纺织有限公司,从事高档精纺纱线的生产,该项目用地面积0.21平方千米,年产高档精纺纱线可达28500吨,年产值可达16.44亿元。这项投资意味着申洲国际又向源头产业发展,打通了其上游产业链,通过产业链的延伸,完成了从纺纱到成衣并进行设计、生产和销售的完整产业链,最终形成了纵向一体化的全产业链模式——从面料设计开发、纺纱、织布、印染、裁剪到成衣缝纫、刺绣、包装等环节全部覆盖。

申洲国际的快速发展得益于其赖以生存的纵向一体化业务模式,将纺织服装从纺纱、面料织造、染色与后整理、印绣花以至裁剪及缝纫的所有生产工序,集中在同一工业区内,有效提升工艺技术与制造水平,并且为客户提供一站式全流程服务,使其具有了一般OEM企业没有的竞争力,牢牢地吸引住国际大品牌、大客户与之长期合作。如申洲国际最早服务于国际品牌优衣库,申洲国际在产业链纵向一体化经营理念的指导下,整整一个厂区都为优衣库服务,为优衣库配备好所有的研发中心、打样中心和测试中心,全部免费提供给优衣库,令其完全可以做到"拎包入住",一站式完成面料开

发、设计、打样、生产等所有环节。

纵向一体化业务模式可以为公司带来多项优势,不但有效减少从一个生产工序到另一个生产工序的衔接时间及物流成本,更有助于降低单位固定生产成本。

从申洲国际的经营理念和经营绩效可以看到,纵向一体化的好处之一是可以很好地对冲棉花价格波动的风险。近几年,我国棉花价格由于种种原因,大大高于国际市场价格,令纺纱和面料企业苦不堪言,但对于全产业链的公司来说,价格带来的波动会被层层产业链环节平滑化。在纺织行业里,纺纱和坯布企业的毛利率最低,面料生产企业次之,而全产业链纺织企业的毛利率最高。以在香港上市的 6 家大型纺织类公司为例,天虹纺织和魏桥纺织专注于纺纱和坯布的环节,而福田实业和互太纺织主要是做面料生产,只有德永佳公司与申洲国际是全产业链的纺织企业,申洲国际的年毛利润率一般都高出那些非全产业链的纺织企业 10 百分点,而且多年保持一个相对稳定的状态,不像其他同行那样发生较大波动。波动意味着风险,波动低而收益高,这样的利润质量才是最高的。

纵向一体化全产业链的好处之二是大大缩短了交付周期,提高了响应客户需求的灵活性,同时也便于在企业内进行精益生产管理,不断优化生产流程。

目前我国国内纺织企业一般分布在产业链的不同环节,很少有上下游全产业链者,由于面料生产环节与成衣制造环节脱节,经常会出现成衣供应商在接到品牌商订单后一个半月内无法收到面料而无法进行生产的情况,因此生产周期往往需要 3 个月。和其他制衣厂一般从接收订单起 90 天内交货相比,申洲国际面料生产与成衣制造可以同时进行,基本可以做到 60 天内交货,特殊情况下甚至能做到 30 天内交货。而且,申洲国际纵向一体化的业务模式向海外生产基地也进行了延伸。申洲国际在越南的工厂主要进行的是面料生产,成为申洲国际纺织服装生产的产业链中的重要一环,但同时也有成衣的制衣厂,在越南就能完成从原料供应到成衣的制作。然而,目前缅甸、越南、柬埔寨等地的纺织服装行业内能做到纵向一体化的企业很少,越南约 2% 的供应商拥有垂直整合的能力,而缅甸、柬埔寨尚无一家。

因此,申洲国际凭借着纵向一体化模式,在国内外纺织服装的代工企业中鲜有竞争对手,申洲国际目前年生产能力为织布逾 8 万吨,染色与后整理逾 9 万吨,印绣花逾 1 亿片,成衣逾 2.2 亿件,已成为中国最大的针织垂直化服装制造商和出口商,生产基地分布于中国、柬埔寨以及越南,是耐克、优衣库、阿迪达斯以及彪马服装品牌的第一大供应商,其供应量分别占耐克、阿迪达斯、优衣库、彪马服装采购量的 12%、14%、30%以及 14%。

三、产品质量保障和技术创新是保持申洲国际核心竞争力的关键要素

压力之下,提高技术含量才是目前我国纺织服装加工企业的当务之急。如果一个企业能够通过更高的自动化、更高的成本效益来满足客户这种更高的需求,就能够抓住其中的机遇。而这将是未来企业需要关注的潜力市场。当前我国纺织业面临的最大挑战其实并不是外部市场的挤压,而是如何抓住机遇,突破自我,即通过提高自身的质量效益进而实现竞争力的提升。

"质量立厂"是申洲国际老董事长马宝兴建厂时提出的理念,经过 20 多年的风风雨雨,申洲国际制胜的法宝之一就是依靠过硬的产品质量赢得市场。作为国际代工生产企业,申洲国际在为优衣库等国际知名品牌企业服务的同时,学习日本先进的管理理念和经验,制定了一套严格的质量监督体制,坚持推行严谨的品质控制措施,在控制和降低产品不合格率的同时,做到"确保产品质量,满足客户需求",一些国际知名品牌企业把订单交给申洲国际的同时,把产品质量、工期的保证责任也都交给了申洲国际。

申洲国际在建成了装备与技术、规模一流的针织、染整、印绣花、成衣生产基地的基础上,以不低于每年利润 50%的资本投入企业的技术改造及技术创新。申洲国际研发投入约为年营业收入的 2%,技改支出则每年不定。据国家知识产权局公布的数据显示(见表 5-3),从 2009 年至 2016 年申洲国际新增 188 项专利(见表 5-4),研发注重两个方面,即产品研发及生产效率提升。188 项专利中,91 项专利属于产品研发方面(面料开发),97 项属于生产效率提升方面(技改及设备研发)。2013—2014 年为申洲国际面料专利申请的高峰期,2015—2016 年申洲国际的技改及设备研发专利申请呈井喷式发展,可见在精益管理和生产效率方面所做的努力,也是申洲国际近年毛利率稳固提升的原因之一。在申洲针织公司的裁剪车间,布料的裁剪全部都是通过进口的 13 台(每台价值 150 万元)全自动电脑裁床操作,自动裁床的工作量相当于 10 个人的工作量,人工成本每年大概节约了 5000 万元,而且比人工裁剪更精准。同时在科技创新方面,申洲国际十分重视生产过程中的自我研发,仅申洲针织公司内的"许灯宝创新工作室"就已开发应用口袋模板等 140 多种服装模板,申报 112 项国家专利,以口袋模板为例,它可以节省一个小烫员工和一个点位的工序,可以使总体生产效率提高 30%,给

企业带来近 0.1 亿元的经济效益。据了解,宁波工厂在没有新增设备的前提下通过技改提效,2016 年人均产出提高了 10%。

表 5-3　2009—2016 年申洲国际申请专利数

项目	年份								合计
	2009	2010	2011	2012	2013	2014	2015	2016	
面料开发/项	2	0	5	7	29	31	9	8	91
技改及设备研发/项	0	0	1	1	0	14	36	45	97

数据来源:根据国家知识产权局公开数据整理而得。

表 5-4　2016 年申洲国际及主要同业申请专利数

企业	已申请的专利/项
申洲国际	188
超盈国际	149
互太纺织	59
南旋控股	10

数据来源:根据国家知识产权局公开数据整理而得。

目前申洲国际已拥有 6000 平方米的大型实验室,除了常规面料之外,还能开发、检测具有吸水速干、抗菌、排汗、抗紫外线等功能的特殊面料新产品。面料的高附加值性能主要来自原材料配方(特殊功能纤维)设计、面料的结构设计以及染整环节,而织布环节由于生产设备的趋同性,不具备门槛。申洲国际不惜投资 5 亿多元,建了两个世界级的研发中心,年投入科研运行经费 2000 余万元,专门开发新材料。申洲国际具有高于同业的面料研发能力,以申洲国际 2013 年 5 月申请的“一种多功能内衣面料”专利为例(专利号为 CN201320261716.8),该面料包括外层和内层,外层由纤维素纤维与弹性纤维组成,内层由咖啡碳纤维与纤维素纤维组成,外层和内层之间以纬编双面多针道罗纹对针编织法织成。目前该专利用于网易严选平台“咖啡碳保暖内衣”的生产。

由此可见,申洲国际的竞争优势在于其超越对手的生产效率和研发能力。企业提供的一站式生产方案保障了品牌商的供应链管理需求,并为申洲国际带来了著名品牌的订单。通过在研发方面的投资,申洲国际能够生产功能型面料以满足顾客对于新产品的特别需求。

此外,宁波申洲针织有限公司检测中心于 2008 年 2 月通过了国家标准实验室认证,该检测中心不仅能满足对自己生产的产品进行检测的需要,还可对外提供检测服务,所出具的检测报告具有国际公信力及权威性。此举有力地提升了公司的综合竞争力,拉开了与其他竞争对手的差距,意味着申洲国际纵向一体化服务能力的提升,使其能更好地为客户服务。

纺织工业的快速发展使它从一个单纯的劳动力密集型产业走向了资本密集型产业。资本投入既是负担,也是优势。申洲国际的投资全部围绕着纺织主业,不断引进新设备、新技术,并在此基础上加大投入进行研发和技术改造,这种投资如同壁垒,使行业内的竞争者赶不上,新进入者望尘莫及,而客户越来越离不开,逐步形成了申洲国际的核心竞争力和竞争优势。

第五节　结论与启示

申洲国际是一个以出口代工为主的纺织服装企业,目前,申洲国际在成衣生产环节为 OEM 模式,在面料生产环节为 ODM 模式,申洲国际可以根据客户的设计及功能性的要求研发制作相应的面料并生产成衣,企业所生产的面料全部为内部使用。在申洲国际由内向国际化向外向国际化发展的过程中,采用基于产业链纵向一体化的国际产业转移思路,在利用柬埔寨、越南的低廉成本、优惠税收扩大生产规模、分散客户风险、降低汇率风险的同时,注重通过科技的投入与研发以提高生产效率、保障生产质量,尤其是在生产工艺、生产流程、节能环保、面料开发等方面,在引进国际先进设备的基础上投入了大量研发资金,使得申洲国际在国际纺织服装的代工供应商中脱颖而出,以其品质高、交货快、对消费者需求变动的反应能力强等优势在行业内取得了瞩目的成绩。以申洲国际的发展为鉴,为推动我国纺织服装行业的企业的国际化进程、提高地方政府的政策效果,提出以下建议。

一、企业层面

回顾欧、美、日本等发达国家和地区的发展历程不难发现,成本倒逼推动产业转移是一种正常的经济现象。随着我国各地区对高技术产业的日益重视,纺织服装业等传统劳动密集型产业的生存空间正在缩小,因此案例企业申洲国际集团通过海内外的产业转移有效配置资源、开拓市场,将生产加工环节有选择性地迁移到成本较低或靠近终端市场的地区,母公司则加大对新产品设计、研发和营销等环节的投入,向"微笑曲线"两端攀升,这是申洲国际能够在国内纺织服装产业的代工企业中发展成为最大的纵向一体化出口企业的成功战略。通过案例分析,我们发现在向海外进行产业转移的过程中,企业需要注意以下几点:

(一)审慎选择目标国

在国际化战略实施之前,企业要全面分析其国际化发展的可能性和必要性。要选择政局稳定、法律法规比较健全的国家。在选择过程中,由于影响投资风险的因素很多,应结合投资目标的实际情况,对其所处的国内外环境和潜在的投资风险进行全面分析,从中选择最恰当的投资目标。由于不同的国家采取的政治制度不同,政府为指导国内经济的运行会制定相应的方针、政策,使得各国政治、利益阶层对经济社会产生的影响力有所不同,加之各国的文化背景不同,导致其意识形态相差较大,对待外资的态度和看法存在很大不同(陈冲,2014)。

因此,企业应深入考察和分析投资目标国的政局稳定性、政治制度以及文化背景等,借助于科学的方法,分析目标国投资风险的各种影响因素,对国内外环境进行评价与分析,以确定目标国在投资过程中面临的风险程度。如 TPP 协议中的关税降低及原产地原则,使其在签订过程中就对全球 TPP 协议成员国的对外贸易产生了积极且显著的影响。但美国在特朗普总统执政后单方面退出该协议而导致协议的生效遥遥无期,对 TPP 协议成员国以至整个全球贸易带来了意料之外的巨大损失。可见,国内企业在国际市场的布局、在海外投资的目标国的选定过程中不能单纯地依赖于某一个因素的单方面利好,否则,一旦国际形势发生变化,企业很容易陷于被动。除此之外,在产业对外转移过程中,企业还应当及时掌握市场信息,辩证认识国际贸易规则。虽然 TPP 协议因美国的退出而可能终止,但也应看到,TPP协议提高了知识产权的标准,增设了劳工和环境条款,TPP 协议的高标准和新规则代表了经济全球化的方向,国内企业只有提前准备、积极应对,才能在未来的竞争中不落下风,通过整合境内外的设计研发、品牌和渠道资源,逐步向全球价值链的高端攀升,实现生产和销售在全球的合理布局。同时,TPP 协议成员国正在谋求减少损失的措施,加强双边贸易协定,并可能会形成新的亚太区域性贸易协议,国内企业需要密切关注国际市场的动态,分析研究市场信息,从而及时做出判断及决策。

(二)加强技术改造、技术创新投入

在对外投资过程中,应遵循东道国的法律法规与行业技术标准,借助于创新知识和新技术、新工艺,改进原有的生产方式和经营模式,加大对生产设备的技术改造及工艺的研发,提高企业产品或服务的质量,提高企业产出效率并实现多样化生产,增强企业的市场竞争力。如通过积极建设高层次技术研发平台,发挥企业技术创新的主体作用,实现资源与科技之间的优势互补。同时,遵循东道国的法律法规与行业技术标准,加大对生产设备的技术改造及工艺研发,不断提升企业的技术创新能力。采用先进的节能装备和技术,减少污染物的排放量,降低生产中的水耗和能耗,将绿色制造贯穿于整个生产过程,如此也有助于增加纺织产品的附加值,突破欧盟基于环保标准设置的非关税壁垒,从而最终提高企业的盈利水平。在企业坚持对技术改造、技术创新的资本和人力投入的同时,在企业内部要构建一个有利于推进企业不断开展技术创新的管理体系,通过管理制度和各种激励措施激发企业员工从事技术创新工作的积极性。

（三）实施本土化经营

本土化经营是指跨国企业为更好地适应东道国的经济、社会和文化环境,淡化企业的母国色彩,在人员、技术、资金等方面实行当地发展策略,是合作双方为了更好地发展所寻求的一种战略协调模式,是跨国企业将其生产、经营、营销、人事等不同方面全方位地融入东道国经济而发展的过程。按照国际市场的通行做法贯彻和实施国际化运营战略,企业通过建立现代企业制度,明晰产权关系,加快推进和巩固本土化经营,建立既能够体现企业自身特色,又能够适应东道国社会文化的企业文化,是跨国企业顺利实现本土化经营的重要保证。同时,在实施本土化过程中,跨国企业应该注意保持自身的原有优势,避免企业因为实施本土化战略而过分依赖海外市场的发展状况。

要重视管理层的本地化,重视培养当地员工作为企业的管理层,真正地做到同工同酬,不分国家民族,只要岗位职责相同,薪酬待遇也应一致。尊重、遵守所在国的法律法规,特别是劳工权益保护、环境保护方面,树立中资企业在国外的良好形象。除了遵守当地法律、制度外,企业还要融入当地的人文环境,海外扩张先要经营政府关系,要开发、利用好投资所在地的人文资源。

（四）选择合适的国际化路径和投资方式

不同的国际化路径意味着企业在国际市场获得收益的不同,企业选择什么样的国际化路径,主要取决于企业国际化的价值目标。企业在选择国际化路径之前要仔细分析东道国的投资环境,预测投资风险发生的概率,在此基础上选择进入目标国市场的国际化路径,包括国际贸易、国际合作、国际投资。例如在国际投资中,为更好地利用东道国的资源、环境等优势,企业应选择合适的投资方式。当投资目标国的社会环境稳定,而且要素资源较多、成本较低时,企业可选择国际投资的发展路径,如采用跨国并购、股权置换、收购专利技术、收购许可证、建立工程研发中心等投资方式。企业应根据不同情况做出不同的选择:若投资市场竞争比较激烈,企业的生产要素成本比较高,可选择兼并或收购的投资方式;若文化差异比较大,可采取新建的投资方式,避免因文化差异而发生摩擦;若投资地位于发展中国家,由于对方经营管理水平不高,可选择新建投资方式,反之,可选择并购的投资方式。企业选择恰当的投资方式,可以很好地利用东道国的资源、环境等优势。

二、地方政府层面

企业是跨国经营的主体,但不等于说一切都交给企业就行了,政府在推动企业"走出去"中应当而且能够担当重要角色。从理论上说,在市场经济体系中,凡是依靠市场能解决的,就不需要政府介入;在"市场失灵"的地方,政府仍要出手。而企业国际化的进程也伴随着企业的技术进步和技术创新,从对案例企业申洲国际的分析中,可以看出,技术改造和技术创新是申洲国际能在其国际化战略中形成纵向一体化全产业链的制胜法宝,而技术创新存在"外溢性",凡是单个企业不愿做、不想做的事情,都需要政府推动体制机制改革,用政策引导和推动创新。当然技术发展本身具有高投入、高风险性特征,因此在技术发展的过程中,必须建立良好的市场环境和政策条件,才能充分激发企业创新的内在动力,为企业创造最大价值。因此,地方政府在推进企业的产业转移、产业链完善以及企业的技术创新方面可以大有作为。

(一)激励代工企业的转型与技术升级

政府可以通过一系列激励政策改变代工企业的创新激励倾向,促进技术高端化与高级生产要素的成长。可以设立代工企业转型技术研发补贴、税收优惠、财政支持、政府采购等,改变代工企业的收益与成本约束,激励代工企业转型升级,增加创新投入,提升技术创造能力,形成品牌与核心技术(尚涛等,2013)。针对宁波纺织业各企业所处的价值链阶段及所面临的各种情况,制定纺织业转型升级的指标评估体系,建立相应的指标体系管理机构,建立指标体系数据库,为企业的转型升级提供必要的指标参考和帮助。

适当放宽纺织企业联营或并购的条件限制,鼓励组建有核心竞争力的大企业,对企业合并重组等给予技术支持和政策促进。鼓励纺织业转型升级中OEM向ODM转变所缺失的设计开发企业或者实验室的建立,政府给予优厚政策和资金支持鼓励相关行业的创业及发展。与此同时,政府还应提高产权保护力度,保护企业创新的积极性。

(二)推动企业与科研院所、高等院校的技术交流与合作

政府应构建技术创新平台,提高纺织产品的系列性和配套性,加强纺织企业和研究院所、高等院校的联系,构建技术交流、交易的平台。可以考虑在宁波大学、宁波纺织服装学院等高校建立企业的研发中心,或者由宁波的纺织行业协会组织企业出资组建研发中心,企业根据出资享有技术产权的相应比例,或者由政府直接招募相关专家成立课题组直接攻关技术,成果提供给企业有偿使用,从而帮助企业提高其技术创新、转化和推广的速度。为了能最大限度地利用先进技术,可以考虑采用政府投资购买某核心技术,租给企业使用的方法,政府代企业分担技术投资风险(企业一般不愿购买过于昂贵的技术以规避风险)。

(三)发挥人才和技术优势帮扶企业

政府可以利用自身的人才、技术优势与企业的资金、设备优势互补,促进企业的技术研发和创新。如地方政府的检验检疫机构在企业建设研发实验室、建立实验室质量管理体系、强化培训提升检测人员业务水平、完善检测设备检测项目、搜集各国纺织品检测标准等方面提供帮扶,协助企业完成自身的产品检验检测,并且可以在与企业合作制标、共建检企产品质量联控载体上发挥重要促进作用,从而帮助企业减少检测费用,解决因检验周期长影响企业正常生产周期的问题。

(四)加大专业人才培养与引进

加大高级专业人才引进力度,建立健全人才创新激励机制,完善人才服务体系,通过各项优惠政策,吸引并留住一批与国际接轨,具有纺织产业先进理念和创新精神的高级专业人才。重点引进一些复合型人才,具体包括设计、营销、工艺、机械、研发、管理等各个方面,为宁波纺织产业升级奠定良好的人才基础。在产学研联合过程中,以企业实际需求出发,加大专业人才培养力度。通过师资条件较好的高等院校,增加硕士及以上高层次人才培养,同时通过宁波纺织服装学院等职业技术学院增强实用性职业技术人才培养。进一步加强宁波纺织企业内部职工再培训。定期组织从业人员进行

先进技术与管理经验的学习培训,同时鼓励从业人员进行短期进修,培养创新理念,不断提高自身的从业能力。

参考文献

白涛,焦捷,金占明,等,2013. 投资区位、进入模式选择与海外子公司存活率之间的关系——以中国企业对外直接投资为例[J]. 清华大学学报(自然科学版)(2):280-288.

陈冲,2014.中国资源型企业国际化经营风险辨识与对策研究[J].河南社会科学(9):54-59.

黄胜,周劲波,2014. 制度环境、国际市场进入模式与国际创业绩效[J]. 科研管理(2):54-61.

蓝海林,汪秀琼,吴小节,等,2010. 基于制度基础观的市场进入模式影响因素:理论模型构建与相关研究命题的提出[J]. 南开管理评论(6):77-90.

李大凯,于力,沙鹏,2011. 海信国际化战略的品牌经济分析[J]. 经济论坛(7):222-224.

鲁桐,李朝明,2003. 温州民营企业国际化[J]. 世界经济(5):55-63.

马海燕,谭力文,2010. 国际化能提升企业绩效吗?——基于中国纺织服装上市公司的实证[J]. 科学学与科学技术管理(10):149-154.

尚涛,郑良海,2013.国际代工生产中的技术转移、技术积累与产业链升级研究[J].经济学家(7):62-68.

唐龙,2012. 大型建筑企业跨国经营的市场进入模式选择——以进入非洲市场为例[J]. 国际经济合作(11):24-26.

吴欣,2005. 国内企业国际化的模式与路径分析[J]. 商业经济与管理(1):58-61.

徐伟青,何一,2008.浙江纺织服装企业国际化经营对策分析[J].丝绸(4):4-6.

薛求知,韩冰洁,2008. 东道国腐败对跨国公司进入模式的影响研究[J]. 经济研究(4):88-98.

张建红,周朝鸿,2010. 中国企业走出去的制度障碍研究:以海外收购为例[J]. 经济研究(6):80-91.

ACKERMAN G, 2005. Psychological and Social Sequelae of Bioterrorism [M]. Hoboken, New Jersey: John Wiley & Sons, Inc..

AGARWAL S, RAMASWAMI S N, 1992. Choice of Foreign Market

Entry Mode: Impact of Ownership, Location and Internalization Factors[J]. Journal of International Business Studies, 23(1): 1-27.

BUCKLEY L B, JETZ W, 2007. Environmental and Historical Constraints on Global Patterns of Amphibian Richness[J]. Proceedings of the Royal Society B: Biological Sciences, 274(1614): 1167-1173.

CAVES R E, MEHRA S K, 1986. Entry of Foreign Multinationals into U. S. Manufacturing Industries[M]// PORTER M E. Competition in Global Industries. Boston: Harvard Business School Press: 449-482.

DUNNING J H, RUGMAN A M, 1985. The Influence of Hymer's Dissertation on the Theory of FDI[J]. American Economic Review, 75(2): 228-232.

JIN M, LUO F, YAU S T, et al. , 2007. Computing Geodesic Spectra of Surfaces[R]. ACM Symposium on Solid & Physical Modeling.

JOHANSON J, VAHLNE J E, 1977. The Internationalization Process of the Firms-A Model of Knowledge Development and Increasing Market Commitment[J]. Journal of International Business Studies(1): 23-32.

LEVITT B, MARCH J G, 1988. Organizational Learning[J]. Annual Review of Sociology, 14: 319-338.

ROOT F R, 1987. Entry Strategies for International Markets [M]. London: Lexington Books.

SCHOENFELD C Y, AMELAR R D, DUBIN L, 1975. Stimulation of Ejaculated Human Spermatozoa by Caffeine[J]. Fertility and Sterility (2): 158-161.

STOPFORD J M, WELLS L T, 1972. Managing the Multinational Enterprise: Organization of the Firm and Ownership of the Subsidiaries[M]. London: Longman.

WOODCOCK C P, BEAMISH P W, MAKINO S, 1994. Ownership-Based Entry Mode Strategies and International Performance[J]. Journal of International Business Studies(2): 25.

YOUNG S, 1996. A Review of Large-Vocabulary Continuous-Speech[J]. IEEE Signal Processing Magazine(13).

ZEJAN M C, 1990. The Choice of Swedish Multinational Enterprises[J]. Journal of Industrial Economics(3): 349-355.

第六章 宁波西赛德:以国际众包为突破口的商业模式

第一节 引 言

一、研究背景

过去 30 年来,宁波经济走的是一条典型的以传统制造业为基础、以对外贸易为导向的路子,然而,这种经济发展模式在当前已面临转型挑战。这主要表现为:第一,宁波制造业在全球产业链和价值链分工中处于比较低端的生产环节,这使得宁波制造企业很难掌握产业链的主导权,无法通过产业链的整合来建立自身的竞争优势。第二,长期出口导向型的经济模式使得宁波过分依赖国外市场。目前,随着欧美国家市场需求的下降以及反倾销力度的不断加大,宁波传统制造业依靠出口求发展的模式显然已行不通。统计数据也证明了这一点,比如,2015 年全市口岸进出口总额为 1936.4 亿美元,比上年下降了 11.4%,形势不容乐观。更何况宁波传统制造业的发展还面临土地等各种要素的制约。因此,转型升级已迫在眉睫。

讲到转型升级,自然会想到技术创新,但是国内外学术研究和企业经营实践都表明,仅有技术创新是不够的,因为价值创造过程不同于价值获取过程(Lepak et al.,2007),企业通过技术创新所创造的价值不一定能够被自己所获取,新技术必须依靠商业模式创新来实现商业化应用,进而实现价值(Chesbrough,2006)。例如,苹果公司既不是 MP3 数字音乐制式技术的发明者,也不是数字音乐播放器的发明者,但是基于 iPod 与 iTunes 相结合的商业模式创新却使得苹果公司后来居上,开创了一个全新的数字音乐产业。

当然,强调商业模式重要性,并不意味着可以忽略技术创新的作用,事实上两者之间存在着一种互相促进、相互影响的深层互动关系。但是在宁波,这种良性互动的局面尚未形成,宁波企业普遍存在着重技术创新、轻商业模式创新的倾向。改革开放以来,宁波企业在技术创新方面投入大量的人力物力,也取得一定成效,但是即便如此,与兄弟城市相比仍然存在较大的差距。比如,2015 年杭州专利发明授权量为 8298 项,宁波仅为 5412 项。相比之下,商业模式创新方面的差距更加明显。例如,2015 年杭州的信息经济实现增加值为 2313.85 亿元,比上年增长 25.0%,占杭州全市 GDP 的 23%,由于信息经济与商业模式创新密切相关,商业模式对杭州经济的贡献可见一斑。宁波没有公开信息经济统计数据,但是根据专家的估算,远远低于杭州。

管理大师彼得·德鲁克曾明确指出:"当今企业之间的竞争,不是产品之间的竞争,而是商业模式之间的竞争。"那么,具体到商业模型创新,对中小型民营企业来讲,有没有具体的途径可资利用? 在众多宁波企业中有没有这方面的成功案例? 答案是肯定的,宁波西赛德就是这样一家企业,该企业近年来依靠"国际众包"这种新型的商业模式在国际市场上异军突起,在世界渔具行业中占据重要的地位。因此,本课题拟通过研究西赛德基于国际众包的商业模式创新实践,为其他宁波企业提供借鉴,以促进宁波经济的转型升级和结构优化。

二、宁波西赛德的案例典型性

宁波西赛德渔具有限公司是国际渔线轮行业的领先者和开拓者,在行业里享有很高的声誉。它既是世界渔线轮技术的开拓者,同时也是商业模式创新的践行者,公司采用先进的商业模式参与国际市场竞争,在短短的 5 年间就在国际市场上建立了独特的竞争优势,奠定了自己的地位。

公司现有职工 400 余人,其中各种专业技术人员 50 余人。公司采用国际先进的生产设备和工艺,年产高端渔线轮 800 多万套,业务伙伴都是世界知名的渔具公司或者渔具销售公司;产品畅销美国、日本、法国、德国、英国、意大利、西班牙、波兰、丹麦、澳大利亚、巴西等 40 多个国家与地区,赢得各国客户和资深海钓爱好者的一致好评。

由于案例研究的目的是发展理论而非验证理论,因此,适合采用理论抽样的方式(Eisenhardt,Graebner,2007)。根据研究目的,对具体案例(企业)的选择主要基于以下几个标准:第一,是中小型民营企业;第二,属于中小型制造业企业;第三,经历过从传统经营到技术创新再到商业模式创新等各个阶段,呈现出渐进演变的特征;第四,近两年主要依靠众包建立自己的市场地位。基于上述标准,本文选择宁波西赛德作为研究对象。

三、研究意义

首先,从理论意义上讲,自熊彼特1934年提出"创新"概念以来,产品创新和技术创新一直是众多学者关注的重点。但随着互联网和信息技术的不断普及,技术创新研究学者开始认识到技术的潜在经济价值必须通过商业模式创新来实现,于是把注意力转向产品和技术领域以外的商业领域创新,也即商业模式创新(Chesbrough,Rosenbloom,2002)。近年来,商业模式创新得到了管理学者和企业家越来越多的关注(Zott,Amit,2010;Teece,2010)。与此同时,一种新的经营实践——众包得到迅猛发展,引人瞩目。但是即便如此,国内外尤其是国内对商业模式创新和众包的实证研究还处于起步阶段,迄今为止很少有文献探讨过商业模式创新的实施途径以及众包对商业模式的影响问题。因此,本研究把众包作为商业模式创新的突破口进行研究,旨在为商业模式创新和众包领域的实证研究提供参考。

其次,从现实意义上讲,近年来,商业模式创新开始受到宁波企业家的关注,但是由于缺乏可资借鉴的典型案例,很少有企业付诸实践。因此,通过本案例研究,可以为宁波众多企业就如何实施商业模式创新提供借鉴。另外,近年来,作为众包的一种特殊形式,众筹在资本运营领域得到广泛的运用,产生很大的影响,但是相比之下,比众筹更具一般意义的众包却并没有得到广泛的运用,原因之一是缺乏典型案例的引导和借鉴,因此,本案例研究可以为宁波企业尝试众包提供一个可资借鉴的范本。

四、研究方法及资料收集

(一)研究方法

本章主要研究众包对商业模式创新的影响。由于现有文献尚未规范地研究过这个问题,因此本章的研究在性质上属于逻辑构建以及对机制和特征进行的探索性研究。根据这个研究目的和性质,本章适合采用案例研究,这是因为:第一,本章需要探讨众包对商业模式创新的影响机制,这种机制并非显性呈现,而是隐藏在复杂的现象背后,案例研究能生动、细致地对这些机制进行描述和剖析,揭示现象背后的规律(黄江明等,2011);第二,本章需要对众包影响商业模式创新的过程进行分析,案例研究在展示影响过程方面具有优势,能深入揭示过程的变化特征(Elsbach et al. ,2010)。

（二）数据收集

本研究的数据收集方式主要包括半结构化访谈、非正式访谈、现场观察和二手资料收集等。多样化的数据来源有助于数据的相互补充和交叉验证,提高案例研究的信度和效度(Yin,2008)。

研究团队先后对西赛德进行了 5 次实地调查,访谈对象包括 3 位高管(股东)、多位部门经理和来自不同部门的基层员工(见表 6-1)。为了确保访谈时大家都能集中注意力,研究团队把每次访谈和讨论时间控制在两个小时左右。每次访谈都有 5 位研究人员参与,其中一至两人主问,其余人员辅助提问,每次访谈均有 3 人对访谈内容做详细笔录;在征得访谈对象同意的基础上,对访谈进行全程录音,并在访谈结束两天内将所有笔记和录音资料整理成文档,共整理出 10.7 万字的文档。

表 6-1　访谈时间和对象统计

序号	访谈时间	访谈对象	访谈时长/小时	文稿/万字
1	2016 年 5 月 4 日	总经理易总	1.5	0.7
2	2016 年 5 月 28 日	总经理易总、黎副总、李副总	2.0	1.5
3	2016 年 6 月 9 日	黎副总、李副总、营销总监、研发部总监、总裁助理	4.0	3.0
4	2016 年 7 月 1 日	营销副总监(负责品牌)、营销副总监(负责速幸通)、人力资源总监、财务总监	4.0	2.4
5	2016 年 9 月 7 日	研发部 2 人、营销部 2 人、生产部 2 人、人力资源部 1 人	4.0	3.1
合计		20 人次	15.5	10.7

在访谈中,一方面根据访谈提纲对受访者进行提问,另一方面根据受访者的回答及思路进行深入追问,尽可能获得详尽的信息。为了保证访谈证据的充分性,研究团队在每场访谈结束后 1 个小时内就当前已获得的信息展开充分讨论,验证每位受访者先后描述及不同受访者之间描述的一致性,并探讨所收集信息的缺陷和不足,为确定后续访谈的主要内容打下基础,如此迭代,以保证收集到信息的完整性和针对性(肖静华等,2014)。

除了正式访谈,研究团队还通过一些非正式的交谈和现场观察获取更多信息和资料,如参观设计室、样品陈列室等,实地感受公司的具体运作流程。同时,还通过其他各种渠道收集相关信息,以加深对公司的了解,并验证受访者回答问题的真实性。此外,研究团队还通过网络和电话等形式采访了14位普通消费者(曾经购买过西赛德渔线轮的钓鱼爱好者)和17位接包者,以交叉验证不同来源的信息。

（三）数据整理和分析

在采集数据的同时,研究团队同步进行数据的整理和分析工作。

由于本研究采用的商业模式九要素模型框架已经得到较为广泛的认同,因此访谈内容不需要像其他案例研究那样进行多级编码,而只需要在设计访谈提纲时覆盖住这九大因素和其他与众包相关的内容,然后进行信息归类,即把访谈内容分派到图6-1(见本章第三节)中的九大要素和其他内容里面。三个阶段的编码方式以及引用语示例见表6-2至表6-4(见本章第四节)。

为了确保归类的客观性,从而确保研究结果的效度,本研究由5位课题组成员同时进行信息归类。具体做法如下:5位成员对访谈数据进行归类,当其中一位成员提出一种观点时,其他成员充当支持者或反驳者的角色,对所提观点进行验证补充或质疑,直到达成一致意见。这种基于团队形式展开的讨论不仅能有效保证所获取信息的完整性,而且能减少个人偏见和主观性导致的结论片面性(毛基业,张霞,2008)。在分析过程中,如发现有疑点或矛盾之处,就进行原始数据的确认,或通过电话回访相关人员的方式进行修正和补漏。

第二节　文献综述和相关概念介绍

近年来,随着商业模式创新实践在各个领域的展开,商业模式以及商业模式创新的理论探讨和实证研究随之跟进,出现了大量的研究文献。下面从三个方面对相关文献进行分类叙述。

一、商业模式相关研究

商业模式最基本的含义是指企业创造和收获价值的框架或方法。随着商业模式研究的深入,理论界对商业模式研究的视角更加多元化,定义也越趋丰富。

（1）基于内部过程视角的研究。这方面研究认为企业应该从内部过程出发，以营利为目的来设计商业模式，同时，为实现这样的商业模式，企业需要对内部活动和资源进行整合。具体来讲，内部过程视角的商业模式还可以分为三个层次：①基本层。商业模式被定义为企业的营利模式，包括利润来源、成本结构等，如 Stewart 和 Zhao(2000)。②运作层。认为商业模式是创造价值的架构，强调内部程序和架构的设计，如 Mayo 和 Brown(1999)。③市场战略层。强调企业可通过市场定位和增长机会获得可持续竞争优势，如 Slywotzky(1996)。内部过程视角的商业模式研究强调价值提供、收入模式、内部基础设施或关联活动、目标市场等要素。随着研究的深入，商业模式内涵也逐渐由收入和运营层次向战略层次延伸，即由初期从企业自身出发关注产品、营销、利润和流程，逐渐转向关注价值提供乃至市场细分、市场目标、价值主张等（魏江等，2012）。

（2）基于外部交易视角的研究。这方面研究从企业与外部利益相关者交易的角度来定义商业模式。Weill 和 Vitale(2001)认为商业模式是公司对消费者、客户以及供应商等角色与关系的描述，刻画了公司的主要产品流、信息流、现金流以及参与者的主要利益关系。Zott 和 Amit(2008，2010)把商业模式定义为焦点公司与其合作伙伴间交易的结构、内容和治理，是企业和合作伙伴间交易连接模式的概念化。

（3）基于系统整合视角的研究。这方面研究认为商业模式的各组成要素之间需要相互匹配以构成一个整体，如 Zott 和 Amit(2009,2010)、Chesbrough(2007)。这些研究认为商业模式应该包含价值主张、目标市场、价值链、营利机制、价值网（或价值系统）、竞争战略等 6 项功能，企业可以从这些方面逐步改进商业模式。

综合以上各种视角的研究可以看出：第一，商业模式涉及一系列运营活动(Shafer et al.，2005)；第二，商业模式核心内容是顾客价值主张、价值创造、价值获取(Lepak et al.，2007)；第三，商业模式描述的是构成要素之间的一个架构(Morris et al.，2005)。总之，成功的商业模式是一个比较稳定的系统，系统中的要素以一致和互补的方式联结在一起。

二、商业模式创新相关研究

创新的基本含义是指采用异乎常规的方式做事，因此，商业模式创新的基本含义是指企业通过异乎常规的方式创造和收获价值，它通常涉及对游戏规则的改变(Afuah,2014)。

商业模式学科是融合了技术创新学、战略学、营销学等不同学科的相关内容而形成的一个新兴的管理学独立交叉学科(王雪冬,董大海,2013)。技术创新学、战略学、营销学等学科的学者从自身学科背景出发开展了各具特色的商业模式创新研究(Aspara et al.,2010)。

(1)技术创新学者的研究。这类研究从"创新"这一核心议题出发,把理解"商业模式创新"的重点放在"创新"上。例如,Christensen 等(2002)率先提出了破坏性技术创新的概念,强调企业必须进行破坏性商业模式创新。类似的还有 Chesbrough(2006)、Tidd 和 Bessant(2009)、谢德荪(2012)等人的研究。

(2)战略学者的研究。这类研究将商业模式创新理解为企业的一种变革方式,重点关注企业如何改变自己的商业模式以及这种改变所带来的结果。例如,Schlegelmilch 等(2003)认为商业模式创新是一种战略性创新,它通过颠覆既有规则和改变竞争性质来重构企业既有的商业模式和市场,在大幅度提升顾客价值的同时实现企业自身的高速增长。类似的还有 Markides(2006)、Bock 和 Uerard(2010)等人的研究。

(3)营销学者的研究。这类研究主要从商业模式创新的源头——顾客出发来认识和研究商业模式创新。例如,Aspara 等(2010)指出,商业模式创新是由主动性市场导向(proactive market orientation)而非反应性市场导向(reactive market orientation)驱动的。类似的还有 Eisenmann 等(2006)和谢德荪(2012)的研究。

(4)商业模式研究学者的研究。这类研究从商业模式本身的特点出发来探讨商业模式创新问题,认为商业模式创新就是"商业模式变革"。例如,Zott 和 Amit(2010)认为,商业模式创新是企业通过重组其现有资源和合作伙伴来重新设计或改良运营系统;商业模式创新通过跨越产权边界,从根本上改变企业与顾客、供应商及其他利益相关者进行交易的方式。类似的还有 Osterwalder 等(2005)、Demil 和 Lecocq(2010)、Casadesus-Masanell 和 Ricart(2010)的研究。

比较不同视角的研究可以看出,商业模式创新作为一个概念有过程性和行为性两个核心特征。

一方面,商业模式创新具有过程性特征。不同视角下的商业模式创新概念描述了商业模式创新作为一个过程在不同阶段的特征。例如,营销学视角下的商业模式创新概念重点关注这一过程的前端,即对顾客和顾客价值主张的重新认识和定义;商业模式学视角下的商业模式创新概念则强调这一过程的中间阶段,将商业模式创新理解为商业模式内部构成要素及其相互关系发生变化的过程,在这一过程中企业实现了商业模式内部构成要素的系统性创新;战略学视角下的商业模式创新则聚焦在这一过程的后端,将商业模式创新理解为企业实现战略更新的一种变革过程。

另一方面,商业模式创新具有行为性特征,而且这些行为性特征又可以细分为类别、层次、程度、形式4个子特征(王雪冬,董大海,2013)。首先,从类别上看,"创新"是"商业模式创新"概念的本质属性,商业模式创新是一种新的创新类别,它不同于技术创新、产品创新、流程创新等传统创新类别。其次,从层次上看,商业模式创新并不是产品层次或者业务单元层次的创新,而是企业层次的创新,是企业整体的一种战略变革。再者,从程度上看,商业模式创新是一种极具颠覆性的激进式创新,通常会颠覆行业的基本假设和竞争规则,一旦取得成功,创新企业就能获得快速成长。最后,从表现形式来看,商业模式创新是一种涉及企业商业模式内部构成要素诸多环节的系统性创新行为,而绝不仅仅是商业模式内部构成要素某一环节的单一创新。

以上主要是国外研究的动态。从国内来看,相关研究主要集中于以下几个方面:①对国外相关文献的诠释,包括对商业模式和商业模型创新概念的诠释,如魏江等(2012)、王雪冬和董大海(2013)的研究。②提出商业模式的具体模型(形态)。比如:彭歆北(2008)提出的三层面模型,包括内层核心竞争力、中层业务组合和外层实现模式等三个层面;李振勇(2009)提出的商业模式七要素说,包括系统、整合、客户价值最大化、整体解决、持续赢利、核心竞争力、高效率等要素;孔翰宁等(2010)提出的商业模式八要素模型,包括产品与服务、客户接触、客户保留、生态系统、情感、价格/成本、速度、公司价值等要素;魏炜和朱武祥(2009)提出的六要素模型,涉及定位、业务系统、关键资源能力、营利模式、现金流结构、企业价值等方面。③商业模式以及商业模式创新的案例研究。如方志远(2014)对三和茶叶、小米手机等案例的研究。

现有文献对商业模式和商业模式创新的研究基本上停留在内涵探讨阶段,尽管这些研究对于我们了解商业模式和商业模式创新具有非常重要的意义,但是一些非常重要的问题至今悬而未决。比如,商业模式各组成部分之间存在什么样的逻辑关系?商业模式的具体形态受哪些因素影响?在企业发展的不同阶段商业模式如何演变?……这些问题的存在,制约了企业的商业模式创新实践,同时也削弱了文献的借鉴意义,因此,有必要开展大量的实证研究来得出更加精细的结果,以推进该领域的研究向纵深发展。

具体到案例研究,一些学者也进行了尝试,但是很多研究还停留在案例介绍即讲故事层面,或者局限于对现象的简单解释,缺乏参照理论(李高勇,毛基业,2015),无法帮助企业界和理论界深入了解商业模式的内在逻辑和动态变化。因此,有必要通过规范的案例研究来进一步探讨企业商业模型创新的规律。

三、众包相关概念

(一)众包的定义

"众包(crowdsourcing)"最早由美国《连线》杂志的特约编辑杰夫·豪(Jeff Howe)于2006年提出,后来他在维基百科上为众包下了这样一个定义:众包指的是企业、机构或个人把过去由自己员工执行的工作任务,以公开自愿的形式外包给非特定的社会群体解决或承担的做法。众包的正式研究始于2013年,迄今为止理论界对众包还没有形成一个统一的定义,但是很多研究者认为众包应该符合以下几个条件:①一个组织有某项任务需要完成;②有一个群体愿意承担这项任务;③存在一个在线的网络环境,它有助于这项任务的完成,同时有利于群体与组织的互动;④组织与群体间互惠互利。

众包不同于外包。外包是社会专业化分工的必然结果和规模经济的产物,强调的是组织剥离其非核心业务并将其承包给其他组织来完成,信赖的是专业机构和专业人士;而众包则受益于社会差异化、多样化带来的创新潜力,将工作交给大众,是更加个体的行为。当然,两者之间仍然存在着相同之处(魏拴成,2010)。

众包一般涉及三个角色:①发包方,通常是指有问题需要解决的组织或个人。②接包方,通常是指数量众多的社会公众,他们既可能是专业人士,也可能是非专业的兴趣爱好者。③中介机构,是沟通发包方和接包方的桥梁,一般是在线网络平台,如网络零售巨头亚马逊推出的众包服务平台Mechanical Turk。

发包方发布众包任务的方式主要有两种:一种是在公司网站上直接发布,以悬赏的方式吸引社会公众来参与,这种方式避开了中介机构,因而在同等情况下成本更低;另外一种则是通过中介机构发布,在这种情况下发包方要与中介机构签订合约,合约中包括了需要解决的问题、费用和售后服务等条款。

从解决问题的角度来看,众包可以分为竞赛型众包(tournament-based crowdsourcing)和协作型众包(collaboration-based crowdsourcing)两大类(Brabham,2013)。

(二)众包的流程

一个典型的众包流程通常涉及以下四个步骤:①发包方描述任务,设定奖金,并发布众包信息。②接包方自主决定是否接受任务。③评价解决方案。④接受解决方案并实施。

(三)众包的优势

近年来,众包在世界各地得到迅猛发展,究其原因,是因为众包具有多种独特的优势:①可以有效利用外部人才;②以较低的成本获得更有价值的解决办法;③可以作为一个有效的招聘工具;④帮助企业获得只有社会大众才能解决的方案;⑤解决方案可能业已存在,这样可以节约人力物力并节省时间;⑥使管理人员集中精力于管理实务。

第三节　理论框架

如前文所述,商业模式创新就是对商业模式的创新,因此,商业模式创新研究的基础框架就是商业模式本身的架构。亚历山大·奥斯特瓦德和伊夫·皮尼厄(2011)综合了多个概念框架的共同点,在此基础上提出一个包含9个要素的参考框架。考虑到该框架简单明了,而且能覆盖其他大部分代表性框架的主要内容,因此本研究就以此为基础,只做略微调整。

一、商业模式分析框架

具体来讲,本研究所采用的商业模式分析框架见图6-1。

(1)顾客价值主张(value proposition)。价值主张是公司提供给顾客的特定利益组合,即公司通过其产品或服务向顾客提供的价值,它决定了公司对顾客的实用意义。从形态上看,它既可以是实物产品,也可以是服务,或两者的连续统一体。在一些具体的情形下,它也可以是解决方案。从特性上看,它既可以是高度标准化的,也可以是高度个性化的。从范围来看,它既可以是较为宽泛的产品线组合,也可以是较为狭窄的产品品目。

(2)目标顾客群体(target customer segments)。企业的主要目的是创造

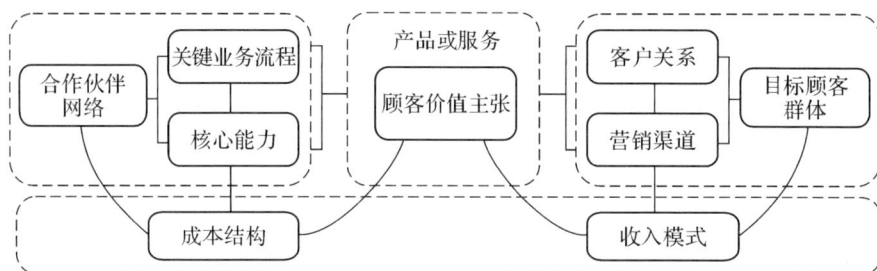

图 6-1 商业模式分析框架

和获取价值(Amit,Zott,2001),而顾客是价值的决断者,因此顾客必须作为一个重要的因素纳入企业的经营决策。但是,考虑到一方面每个企业的资源和能力都是有限的,另一方面顾客的需求客观上存在着异质性,因此企业无法也不应该服务于所有的顾客群体,而是应该有所选择。具体来讲,企业应根据各种变量对整个潜在顾客群体进行细分,识别出多个顾客群体(即细分市场),然后根据各个细分市场的吸引力,以及企业在各个细分市场经营是否具有足够的竞争资源和能力支撑其竞争优势等标准,选择其中的一个或几个细分市场作为自己的目标市场,即目标顾客群体。

(3)营销渠道(marketing channels)。营销渠道也叫分销渠道,是指企业把自己与目标顾客联系在一起的、由各个中间环节组成的、能让消费者方便地购买到自己产品或服务的各种途径。这些中间环节被称为渠道成员,包括经销商、批发商、零售商等。由于企业与顾客在空间上的分离,企业必须通过渠道在自己的产品(或服务)与顾客之间搭建起桥梁。企业既可以自己建立渠道,也可以利用现有市场渠道;企业既可以采用单一渠道,也可以同时采用多条渠道。

(4)客户关系(customer relationships)。客户关系即公司与购买者群体之间建立起来的联系。从类型来看,客户关系既可以是直接的,也可以是间接的。从程度来看,客户关系既可以是密切的,也可以是疏远的。此外,客户关系还可以划分为交易型和关系型两大类。

(5)关键业务流程(key business process)。关键业务流程即资源和活动的配置。为了创造价值,企业需要进行资源与活动的组织安排。价值创造活动需要资源,这些资源既可能是有形的,如厂房、土地、机器等,也可能是无形的,如专利、技术、知识等。价值创造活动在一定的组织框架下体现为各个职能部门的组织安排,既可能包括生产制造、研发等一线部门,也可能包括财务、人力资源、行政管理等后台部门。生产可能是标准化制造,也可能是个性化定制。

（6）核心能力（core capabilities）。企业需要具备将其资源转化为顾客价值和利润的能力，不但如此，为了生存和发展，企业应该拥有比竞争对手做得更好的关键能力，即核心能力。核心能力是企业在长期生产经营过程中积累的知识、特殊技能以及相关资源所组合成的一个综合体系，是企业独具的、与他人不同的一种能力。核心能力可能来源于先动优势，包括知识和经验积累所带来的成本下降及效率提高，也可能来源于后发优势，如较少的失败风险等。核心能力具有多重特点，包括价值性、独特性、延展性、难以模仿和不可替代性、长期性等。

（7）合作伙伴网络（partner network）。合作伙伴网络即公司同其他公司之间为有效创造并提供价值而形成的合作关系网络。价值创造活动往往是在合作关系网络中进行的，在这个过程中，企业与其他组织形成各种关系。这种关系可能是上下游的伙伴关系，也可能是互补、竞争或联盟关系。在当今全球分工深化并强调合作关系的时代，合作伙伴网络在商业模式中的地位日显重要。

（8）成本结构（cost structure）。企业的价值创造活动是需要花费成本的。企业的成本可以分为两大类：生产成本和交易成本。生产成本是指构思、设计和生产产品或提供服务所涉及的成本；交易成本包括为搜寻和获得生产投入相关信息所涉及的成本、与创造和获取价值相关的成本、监督和实施合同或协议所花费的成本等。从结构上讲，成本由固定成本和流动成本按比例构成。

（9）收入模式（revenue model）。收入模式也叫收益模式，是指企业获取收益流的方式，它是商业模式中一个极其重要的构成要素。收益可以直接来自产品或服务，也可以如电视媒体那样部分免费，部分收费，即向观众免费提供价值，向广告商收费。收益来源既可以是单一的，也可以是多渠道的。定价方式既可以是明码标价、一对一议价，也可以是拍卖竞价。价格策略可以是单个产品收取较高价格，也可以通过较低价格以薄利多销方式获取利润等。价值创造过程经常与价值获取、价值保留相混淆。实际上价值创造和价值获取应该被视作相对独立的过程，因为从长期来看，企业创造的价值增量可能不会被企业完全获取或者保留，同时，一个层面创造的价值，可能会被另一层面的参与者所获取。

二、商业模式创新的基本途径

由于商业模式的基本框架包括九大构成要素，与此相适应，商业模式创新也可以从这九个方面推进,尽管在不同企业和不同阶段有主次之分。

(一)顾客价值主张(产品或服务)的创新

以产品或服务作为商业模式创新的主要途径,是一种常用的类型。产品表面上是产品,其实质是特定利益要素的组合,是满足顾客某种需求或解决顾客某个问题的手段。因此,产品创新的背后是满足顾客需求或解决顾客问题的方式或途径的改变。以产品或服务作为主要创新途径时,通常伴随着革新性产品或服务的产生,或伴随着产品或服务构成、标准化、个性化等产品具体特性的变化(乔为国,2009)。比如,竹扇与电扇的核心功能和利益是一样的,都是为了帮助人们降温祛暑,但是从竹扇到电扇,表面上是产品形态的变化,本质上却是满足需求方式的变化。很显然,后者比前者更好地满足顾客需求,或者说更好地解决了顾客的问题。

(二)目标顾客群体的创新

目标顾客群体的创新是指目标顾客群体的变化,或者是采取一种创新的方式选择目标顾客群体,这是商业模式创新的另一种常见类型。比如,一家原先生产家用空调的企业转而为粮库生产空调,就属于这种类型的创新。当然,这种创新往往与产品创新密切相关,因为企业服务于新的顾客群体时,由于群体间需求的异质性,常常伴随着产品或服务的创新。

(三)营销渠道的创新

渠道创新是指直销或通过中间商,单一渠道或多渠道,互联网或实体店铺等销售渠道因素的创新变化,这也是商业模式创新的一种重要途径。传统厂商通过批发、分销、零售等环节销售产品。近年来,经销商的集中化趋势已引起广大制造商的关注,如沃尔玛通过连锁经营取得强大的市场势力。经销商的强大常使制造商处于弱势地位,为了改变这种不利状况,一些有实力的厂商开始向销售环节拓展,以提高控制力,而另一些企业则试图直接消除中间环节。制造商和经销商之间的这种竞争往往是渠道创新的内在动力,与此同时,信息技术的发展也为渠道创新提供了外部条件。

(四)客户关系的创新

就商业模式创新而言,客户关系的创新主要是指顾客角色或者顾客参与程度的变化。在卖方市场时代,企业生产产品,然后在市场上销售,顾客在销售终端才能见到产品,很显然,在这种模式下顾客处于次要角色,顾客的参与程度几乎是零;今天,绝大多数市场是买方市场,顾客是主角,企业不得不研究顾客需求,于是,如何把握顾客角色和参与方式就成为客户关系创新的主要内容。顺便指出,本研究集中探讨的众包设计就是一种客户关系创新。

（五）关键业务流程的创新

关键业务流程的创新以企业内部价值链要素为主要途径,主要指包括生产、研发、信息管理、供应链管理等环节在内的企业内部资源和生产经营活动组织的变革和创新,如柔性制造系统、恰及时管理和零库存管理等。随着人工智能、信息技术等领域的发展,关键业务流程创新越来越受到企业的关注。

（六）核心能力的创新

核心能力创新是指获得新的核心能力,或对原有的核心能力进行改造升级。比如,在传统市场竞争条件下,沃尔玛依靠先进的补货系统在零售业中建立起自己的市场优势;在互联网时代,物流体系是沃尔玛的核心能力,沃尔玛通过现代信息技术对自己的物流体系不断进行升级改造,这就是一种典型的核心能力创新。

（七）合作网络的创新

合作网络的创新是指在创造和提供顾客价值的过程中,企业与其他企业之间的网络联系、合作关系安排方式的创新。近年来,以合作网络创新为主要途径的商业模式创新成为越来越重要的一种形态。这主要有两方面的原因:首先,在专业化分工时代,信息技术的发展大大降低了合作和交易成本,组织边界变得更加模糊,与其他企业结成合作网络可以使每个企业更加专注于自己的专长,从而进一步强化各自的核心能力。其次,许多产业不断上升的技术开发成本、对更短的开发周期和新收益来源的需求(Chesbrough,2007),也在不断促进合作网络的创新。

（八）成本结构的创新

由于成本包括生产成本和交易成本,因此成本方面的创新既可以是生产成本的节省,也可以是交易成本的下降。生产活动同时伴随着价值的创造和成本的产生,因此,生产成本的节省往往伴随着价值创造活动的调整或创新。而交易成本的降低更可能与交易手段的创新或企业议价能力的提升有关。与生产成本相比,交易成本的节省近年来引起企业界和理论界更多的关注,原因可能是交易成本下降长期被忽略,其潜力更值得挖掘。

（九）收入模式的创新

以收益方式要素作为商业模式创新的主要途径,主要是指租赁、销售、产品、服务、广告收入、销售量、利润率等收益因素的创新变化。除了收益来源之外,定价方式也是影响收益的重要因素,因此也是商业模式创新的重要途径。比如,报社免费把报纸提供给读者,以扩大发行量;随着发行量的扩大,广告商愿意支付更高的广告费。如果广告收入的增加大于征订费的减少,总收益是增加的。不但如此,报纸发行量扩大之后,品牌影响力也在提升。因此,这种收入模式可能会带来更大的收益。

第四节　案例剖析:宁波西赛德的商业模式创新

2010 年,西赛德公司成立之初,高管团队确立了"以产品开发为核心,以质量求生存,以诚信谋发展"的经营理念,建立了一套完整的研发、生产、销售体系。在我国渔线轮生产基地宁波市,这种高起点的企业非常少见,但是作为新创企业,西赛德同样面临其他企业普遍遇到过的难题——行业竞争激烈,业务很不稳定,因此从 2010 到 2011 年,公司首先考虑的是生存问题。当然,作为一个有愿景的团队,管理层也有意识地在这个过程中积累经营和管理经验。

接下来的 2012—2013 年是西赛德发展的第二个阶段,公司在产品设计和技术创新方面投入了大量的人力物力,取得一定效果,但是随之发现很多技术创新成果很快被人模仿,导致技术创新所创造的价值没有变成自己的利润。

2014 年是西赛德发展过程中具有重要意义的一年。面对国内外市场的竞争压力,公司没有像其他国内企业一样一味打价格战,而是在总经理易国军的带领下走出国门,在执着于技术开发的同时,在现代营销理念的引导下走进消费者群体,然后根据消费者的需求和建议开发设计产品。接下来的 2015—2016 年,公司更是向前迈进了一大步,即通过国际众包来引导公司的商业模式创新。

一、传统发展模式下的西赛德

2010—2011 年,西赛德跟行业内的其他企业一样,首先考虑的是生存问题,因为如果企业连生存的能力都没有,又谈何发展? 而要生存,首先要有业务,因此西赛德从代工入手,为其他品牌运营商贴牌生产普通的渔线轮,即"大路货"。这也是宁波制造企业普遍采用的办法。但是与一般企业不同的是,作为一个高素质的团队,管理层有自己的愿景,因此在贴牌生产的过程中,西赛德学会了如何搞质量控制、成本管理、品牌建设和一系列制度化建设。因此,这几年的贴牌生产不但帮助西赛德完成了原始资本积累,更重要的是为后续发展奠定了基础。这一阶段的编码方式和引用语示例见表6-2。

表6-2　传统经营阶段的引用语示例

编码 (来源)	商业模式 要素	条码数	引用语示例	关键词(含义)
1A	产品	9	"那个时候我们除了贴牌之外,生产的都是低端的大路货。"	产品档次低
1B	目标顾客 群体	7	"最终消费者主要是业余爱好者。"	目标顾客群体以业余爱好者为主
1C	营销渠道	5	"那个时候,销售渠道就两个,一个是品牌运营商,另一个是专业经销商。"	营销渠道狭窄
1D	客户关系	7	"我们跟品牌运营商只存在代工关系,哪里谈得上亲密的合作关系?"	客户关系松散
1E	收入模式	7	"消费者支付意愿低。"	消费者支付意愿低
1F	关键业务 流程	5	"那个时候,我们对质量要求还是比较严格的。"	关键业务流程
1G	核心能力	6	"那个时候,要说我们有什么核心能力,还真谈不上,但是我们公司几个股东都重视学习。"	几无核心能力
1H	成本控制	6	"单位产品的成本与竞争对手相比并没有明显的优势。"	成本控制难
1I	合作网络	5	"在整个合作网络中,我们是配角。"	在合作网络中处于弱势地位

注:编码为两位数,分别由阿拉伯数字和英文字母组成,其中:阿拉伯数字1表示西赛德的传统经营阶段,2表示技术创新阶段,3表示众包阶段;英文字母表示商业模式的构成要素,其中A表示产品(顾客价值要素),B表示目标顾客群体,以此类推。下同。

(一)产品

在这个阶段,西赛德除了按照品牌运营商的要求进行贴牌生产之外,基本上以生产"大路货"为主,跟随竞争对手生产市场上所谓的"热销产品",即市场流行什么就生产什么,而不是基于消费者需求的原创设计。公司尽管有自己的设计部门,但是研发队伍比较单薄,产品品种单一,产品不管在外形还是在功能上都没有明显的特色,质量也没有优势。

(二)目标顾客群体

这个阶段西赛德的目标顾客群体是普通钓鱼爱好者,即那些在闲暇时间偶尔出去钓钓鱼的业余钓鱼者。这个顾客群体一般是在居住地附近的河流、湖泊、水库等地垂钓,对钓鱼器具要求不高,也没有打算在钓鱼装备上做大量的投入,因此也谈不上品牌偏好问题。尽管这个顾客群体人数庞大,但是由于绝大多数的渔线轮生产企业都面向这个群体,因此竞争非常激烈。

(三)营销渠道

在这个阶段,西赛德以贴牌生产为主,自主品牌为辅。与此相对应,营销渠道也有两大类:一类是像美国 Zebco 和日本禧玛诺(Shimano)这样的品牌运营商,他们有的自己也在生产,同时外包部分产品,有的全部靠外包。但是在渔线轮行业,不管是哪种类型的品牌运营商,大多既拥有有影响力的品牌,同时还拥有自己的销售渠道,包括在线渠道和散布在全球各地的线下专卖店。另一类是专业经销商,他们有自己的销售渠道,包括线上网店和线下门店;既可能是钓具专卖店,也可能与其他体育用品或户外用品一起销售。在这个阶段西赛德自己并没有渠道,上述两种渠道中前者占其总销售收入的 4 成左右。

(四)客户关系

对企业来讲,经常涉及两类顾客:一类是经销商,另一类是消费者。对这个阶段的西赛德来讲,客户关系主要体现在与品牌运营商和专业经销商之间的关系上,其中以前者为主。西赛德与品牌运营商之间只存在代工关系,因此双方相互参与的程度不高,关系比较松散;与普通经销商之间也只是简单的买卖(批发)关系,尽管相互都比较熟悉,但是谈不上是密切合作关系。由于产品全部是通过品牌运营商和专业经销商的渠道销售,西赛德没有直接接触最终消费者,因此在这个阶段西赛德与最终消费者之间基本上没有联系,因此也就谈不上关系。

(五)收入模式

在这个阶段,西赛德的最终消费者大多只是普通的业余钓鱼爱好者,他们对渔具要求不高,更何况类似的渔线轮到处都能买得到,因此支付意愿

低;对品牌运营商和专业经销商来讲,像西赛德这类代工企业或产品供应商
到处都是,随时可以替代。这些因素就决定了西赛德与经销商的议价能力
很弱,表现在定价方式上,跟很多其他企业一样采用随行就市定价法。由于
大家都在用低价竞争,导致单位产品的利润率很低;再加上大量的同质化企
业瓜分了市场,销售收入也低。销售量和单位利润率都低,其结果自然是公
司总体利润偏低,生存困难。从价值创造和获取的角度来讲,这个阶段一方
面是创造的价值少,另一方面是收获价值的能力低。

(六)关键业务流程

企业通过对资源与活动的组织安排来创造价值。资源包括有形资源和
无形资源。有形资源包括实物资源和财务资源,其中实物资源包括厂房、设
备等固定资产,财务资源包括现有资金和可筹集到的资金等。无形资源包
括组织资源、技术资源、人力资源、企业形象、企业文化等。

在这个阶段,西赛德的各种有形资源都非常缺乏。无形资源也只有几
个技术人员,像组织资源、企业形象和企业文化都无从谈起。公司自身不具
备多少资源,在外部也没有太多的资源可资利用,有的只是几个年轻创业者
的干劲和对行业的信心。

从经营活动的组织安排来看,西赛德对产品质量和成本控制非常重视,
因此在这方面积累了一定的经验。

(七)核心能力

对一个企业来讲,管理能力、职能领域能力和跨职能的综合能力等都可
能构成企业的核心能力。其中,管理能力主要包括计划、组织、领导和控制
能力;职能领域能力包括市场营销、人力资源、研发、生产运营和财务管理等
方面的能力。对创业初期的西赛德来讲,还没有哪方面的能力能构成其核
心能力,但是需要指出的是,领导班子非常重视学习。比如,易总非常关注
国内外先进的经营理念和管理模式,以及渔线轮行业的发展动向;黎副总擅
长剖析行业中主要企业的产品,包括产品的优势和劣势,也非常重视新产品
的设计和开发;李副总非常重视学习行业内龙头企业的生产运营管理模式。

(八)成本控制

在创业之初,西赛德在成本控制方面做了很大的努力,在流程设计、人
员配备、原材料采购等方面都力求规范,但是由于多方面的原因,单位产品
的成本与竞争对手相比并没有明显的优势:首先,由于产量比较低,原材料
的采购量少,采购价格自然较高;其次,由于这时的西赛德还不是有影响力

的大企业,因此对供应商没有什么议价能力;此外,由于产量低,在生产环节没有明显的规模经济性;最后,由于产品品种比较单一,就不能像行业中的大企业如日本的 Daiwa 那样享受一定程度的范围经济性。

(九)合作网络

在这个阶段,西赛德不管是跟原材料供应商还是跟品牌运营商和专业经销商,关系都非常松散,没有与他们建立密切的合作关系,更缺乏战略合作伙伴。在整个关系网络中,西赛德处于弱势地位,是一个典型的配套性企业,对整个网络的影响力根本无从谈起。

二、技术创新时期的西赛德

从 2012 到 2013 年,西赛德的工作重点是技术创新。公司建立了一支由 10 多名技术人员组成的研发团队,由副总黎东峰带队。像这样规模的渔线轮研发团队,在宁波渔线轮行业中是首屈一指的。这支研发队伍的建立,使得西赛德成为国内渔线轮行业中少有的几家搞自主设计的企业之一。通过两年时间的探索,西赛德的渔线轮质量跻身全国前三,并且在国际品牌运营商和专业经销商中享有一定的声誉。这一阶段的编码方式和引用语示例见表 6-3。

表 6-3　技术创新阶段的引用语示例

编码 (来源)	商业模式 要素	条码数	引用语示例	关键词(含义)
2A	产品	11	"通过技术创新,产品的可靠性和精确度得到明显的改善。"	产品质量好
2B	目标顾客群体	8	"最终消费群体也由原来的普通钓鱼爱好者转变为资深钓手。"	目标顾客群体在升级
2C	营销渠道	8	"由原来的专业经销商渠道为主变为品牌经销商为主。"	营销渠道在调整
2D	客户关系	7	"几个大品牌运营商经常派设计人员到我们公司交流。"	客户关系得到改善
2E	收入模式	10	"议价能力在提高,因此毛利空间也随之扩大。"	利润空间在扩大
2F	关键业务流程	9	"学到了品牌运作和其他多方面的管理技能。"	关键业务流程的效率在提升

编码 (来源)	商业模式 要素	条码数	引用语示例	关键词(含义)
2G	核心能力	8	"这个阶段我们逐渐通过技术创新建立了自己的产品开发和设计能力。"	核心能力得到培育
2H	成本控制	8	"……成本控制还得益于产品合格率的提高和退货率的下降。"	成本控制能力在提高
2I	合作网络	7	"在这个阶段,与品牌运营商和专业经销商之间的关系有较为明显的提升。"	在合作网络中的地位得到提升

(一)产品

这个阶段的西赛德,不管是产品品种还是产品质量都得到明显的改善。从产品质量来讲,通过技术创新,产品的可靠性和精确度都得到明显的提高;不但如此,产品设计新颖,在市场上表现出明显的差异化特征。从产品线来看,也由原来的比较单一、低端的品目向丰富、高端的品目组合过渡,形成了几大产品系列。

但是,需要指出的是,公司的技术创新也存在一定的局限性,最突出的就是产品针对性问题。尽管产品质量得到品牌运营商和专业经销商的肯定,但是在终端市场上,有些品种和设计元素并没有得到广大钓鱼爱好者尤其是资深钓手的认可。另外,一种新产品推向市场后,往往很快被竞争对手所模仿,导致技术创新所创造的价值大部分没有被自己所获取。

(二)目标顾客群体

在这个阶段,目标顾客在形式上仍然是品牌运营商和专业经销商,但是在层次上已经发生了很大的变化:这个阶段直接顾客以大品牌运营商和大经销商为主,普通运营商和经销商为辅;最终消费群体也由原来的普通钓鱼爱好者转变为资深钓手,尤其是海钓爱好者,甚至还包括一些职业钓手。

(三)营销渠道

在这个阶段,西赛德的营销渠道有一定程度的调整,由原来的专业经销商渠道为主变为品牌运营商为主。但是这个变化也产生了一定的后遗症:产品受大品牌运营商的认可,导致公司放松了对市场发展动向的掌控,使得产品在一定程度上脱离市场。后来,公司不得不加大市场营销的力度,尤其是派出大量市场调研人员去欧美走访市场,以积累第一手市场信息。

(四)客户关系

在这个阶段,西赛德与品牌运营商和专业经销商之间的关系变得较为密切。在他们眼里,西赛德再也不是那种可以随意替代的供应商,而是一个比较重要的合作伙伴。几个大品牌运营商经常派设计人员到公司交流,与此同时,公司也经常派设计人员到品牌运营商的设计部门,就一些设计和技术方面的问题进行交流。和与品牌运营商的关系一样,西赛德与专业经销商之间也开展了密切的合作,包括一起研究市场等。

但是,由于西赛德仍然没有建立起自己的销售渠道,大部分消费者并不知道自己手中的渔线轮是西赛德的产品,因此,与消费者之间的关系仍然无从谈起。

(五)收入模式

技术创新使得西赛德的渔线轮在行业里脱颖而出,在质量和设计等方面都显示出明显的差别化特征,可以说这一阶段西赛德在行业里初步建立起了自己的地位。与此同时,由于由西赛德贴牌生产的产品得到消费者的高度认可,因此消费者支付意愿的提高也直接导致品牌运营商对西赛德支付意愿的提高。西赛德议价能力在提高,因此毛利空间也随之扩大。但是,从收入渠道来看,仍然非常狭窄,只局限于代工价格与成本之间的差价。

从专业经销商方面来看,情况也有类似的好转。这些经销商开始重视西赛德产品的销售,不管是货架位置还是货架面积,都开始向西赛德倾斜。另外,在向顾客介绍产品时,也会优先推荐西赛德的产品。

从议价能力来看,尽管比前一阶段有较大的提高,但是西赛德毕竟还没有强大到在行业中不可替代的地步,世界渔线轮行业还是品牌运营商的天下,真正控制顾客关系的还是品牌商。这就决定了西赛德的收入模式受到挤压。

(六)关键业务流程

通过与品牌运营商之间的交流与合作,西赛德不但学到了品牌运作和其他多方面的管理技能,而且还把这些技能运用到运营活动过程的各个环节,内化为公司的生产运营能力,提升了公司创造价值的效率。这种内部基础的提升,提高了西赛德对生产运营成本和产品质量的控制能力,直接提高了产品的性能质量和一致性质量。

(七)核心能力

在前一个阶段,西赛德实际上没有什么核心能力,但是到了这个阶段,企业逐渐通过技术创新建立了自己的产品开发和设计能力,并通过生产运营过程的控制提高了产品的质量,逐渐在行业里面建立了自己的地位。这些都构成了西赛德的核心能力,也是这一阶段西赛德在渔线轮行业立足的看家本领。

（八）成本控制

西赛德的成本控制主要得益于与品牌运营商的交流,通过不断完善管理制度建设和生产运营流程,在提高生产效率的同时控制成本,从而逐渐降低产品的制造成本和管理成本。另一方面,成本控制还得益于产品合格率的提高和退货率的下降。但是可以看出,这一阶段的成本控制主要针对的是生产成本而非交易成本。

（九）合作网络

在这个阶段,西赛德与品牌运营商和专业经销商之间的关系有较为明显的提升,这主要表现在业务关系的相互参与和渗透上,但是与其他利益相关者,比如与供应商的关系还是不够密切。更为严重的是,作为公司最重要的资源——消费者,西赛德仍然没有与他们建立起直接的关系,有关消费者的需求信息,尽管自己也在做调研,但是主要还是依靠品牌运营商和专业经销商来收集和传递。

三、西赛德的国际众包

从我们的访谈结果来看,西赛德决定采用国际众包基于这样一个思路:首先,管理层从多年的经营实践中明白了这样一个道理,即谁掌控市场,谁就能掌控行业。这个市场就是最终消费者及其对品牌的忠诚。也就是说,只有消费者认可某个品牌的产品,这个品牌才能真正在行业中拥有自己的地位。其次,如果按照传统模式经营下去,西赛德连真正的消费者都接触不到,哪里还谈得上顾客关系和顾客忠诚?最后,如何采用一种全新的模式绕开品牌运营商和专业经销商,直接面对消费者?西赛德经过深思熟虑后,认为最好的途径既不是在国外开设专卖店,也不是马上开展网络营销,而是众包,通过众包过程让消费者直接参与产品的设计,并让消费者购买自己所设计的产品,这样困扰公司的最大阻碍就会迎刃而解。

西赛德在国际众包的实践中,采取了以下措施:

（1）描述任务,设定奖金。西赛德的第一次众包实践开始于2014年年初。作为尝试,公司以自己经营多年的网上钓友社区为基础,邀请资深海钓爱好者帮助设计一款海钓渔线轮。公司比较详细地规定了轮的规格和要求;规定时间为 40 天;得分排在前 5 名的参赛作品获奖,每项获奖作品的奖金为 5000 美元。

(2)选择平台,发布众包信息。任务明确之后,接下来涉及平台选择问题。众包平台主要有两大类:一类是专门的众包平台,如 InnoCentive;另一类是社交网站或公司网站。尽管这些网站不是专门的众包平台,但是由于有大量的网民聚集,因此也可以作为发布众包信息的平台。经过广泛比较之后,西赛德最终选择了 Facebook 作为信息发布平台。

(3)评选设计方案。西赛德第一次众包征集到 276 件参赛作品,为了使评价过程客观公正,同时又确保能准确地筛选出优秀的设计作品,西赛德成立了一个由 15 人组成的评选团队,其中 5 人来自公司内部,其他 10 人是从公司熟悉的资深海钓爱好者中筛选出来的。这些受邀请的资深海钓爱好者实际上不但是西赛德的目标顾客,而且在目标顾客群里拥有很强的影响力,因此,如果设计作品能得到他们的认同,市场前景不成问题。同时,邀请这些人参与评选,实际上也是一种公关举措,试图通过活动来提升自己产品在目标顾客群体中的影响。

(4)确定获奖方案并实施。经过评选小组的综合评比,西赛德从 276 件参赛作品中筛选出 5 件获奖作品,并按照规定的标准支付了奖金。

从 2014 年至今,西赛德已经进行过 30 多期的众包,在获得众多优秀设计作品的同时,也积累了丰富的众包管理和运作经验。

四、西赛德基于国际众包的商业模式创新

这一阶段的编码方式和引用语示例见表 6-4。

表 6-4　商业模式创新阶段的引用语示例

编码(来源)	商业模式要素	条码数	引用语示例	关键词(含义)
3A	产品	14	"通过众包开发出来的产品在理论上具有最高的针对性。"	产品针对性在提高
3B	目标顾客群体	10	"目标顾客群发生了质的变化。"	目标顾客群体发生质的变化
3C	营销渠道	11	"……西赛德还开展了网络营销。"	营销渠道在拓宽
3D	客户关系	10	"……而且让目标消费者直接参与产品的设计和开发。"	客户关系高度密切

编码 (来源)	商业模式 要素	条码数	引用语示例	关键词(含义)
3E	收入模式	11	"……把众包参与者吸引到自己的网上销售平台,拓宽了收入渠道。"	收入渠道进一步拓宽
3F	关键业务流程	9	"……通过对众包得来的设计进行深度消化以进一步提高自己的设计能力。"	关键业务流程进一步完善
3G	核心能力	12	"一些设计人员通过参与对众包作品的评价和消化受到启发,开阔了视野。"	核心能力进一步提升
3H	成本控制	10	"产品与顾客需求之间达到完美的匹配,不但提高了顾客满意度,还节省了成本。"	成本控制手段更加多样化
3I	合作网络	13	"现在上下游的企业一般以我们为主导,各方面都很配合。"	在合作网络中处于主导地位

(一)顾客价值主张(产品或服务)的创新

众包的基本含义就是指由顾客自己定义产品或服务。由于顾客比企业更了解自己需要什么,因此通过众包过程所确定的产品往往会比市场上现有产品更加符合顾客的需求。正是利用众包这一无与伦比的优势,西赛德成功地获得了多种"爆款"渔线轮,赢得资深钓手对其产品的偏好,从而建立起自己在世界渔线轮行业的地位。通过多轮的众包,西赛德不但形成了完整的产品线,更为重要的是,由于主要产品都是由顾客自己设计的,顾客购买的是自己设计的东西,因此通过众包开发出来的产品在理论上具有最高的针对性。

(二)目标顾客群体的创新

目标顾客群体的具体参数包括顾客群体的大小、态度、购买力、支付意愿、忠诚度等。这些参数同时也构成了目标顾客创新的要素。

在营销过程中,企业普遍遇到的困难之一是很难说服消费者。商业广告的效果之所以差,是因为是企业在说服消费者,缺乏可信度。在众包过程中,是消费者自己在传播信息,其传播效果自然会好。通过众包,西赛德解决了传播问题,为提高产品和品牌的知名度以及顾客的支付意愿奠定了基础,而且几乎不增加额外的成本。

　　同样重要的是,西赛德通过众包获得的高价值解决方案有助于企业赢得市场空间,特别是资深海钓爱好者这个群体。之所以如此,是因为这些资深海钓爱好者对钓具非常挑剔,他们对现有市场上的很多钓具都不满意,经常自己动手进行改装,因此众包既满足了他们对渔线轮的挑剔要求,又发挥了他们的设计能力从而获得成就感。

　　通过众包,西赛德的目标顾客群发生了质的变化:企业第一次在真正意义上直接拥有自己的消费者,而且这些消费者在顾客群中逐渐处于主导地位,品牌运营商和专业经销商逐渐处于次要地位。在目标消费者群体中,以专业钓手和资深海钓爱好者为主,普通钓鱼爱好者为辅。很显然,这种目标顾客结构与众包实践密切相关,因为西赛德的众包参与者主要是海钓爱好者和专业钓手。这两类人在钓鱼爱好者群体中既具有代表性,又具有引领作用。

　　(三)营销渠道的创新

　　在这个阶段,除了延续上一阶段的品牌运营商和专业经销商两大渠道之外,西赛德还开展了网络营销。就营销渠道来讲,众包至少在以下三个方面对西赛德的商业模式创新产生影响。

　　首先,尽管与品牌运营商在形式上仍然是合作关系,但是合作的内容,尤其是双方的地位发生了变化,西赛德不再是配角,而是平起平坐的合作伙伴。一些品牌运营商的销售人员在推销渔线轮的时候,有时会特意强调这是西赛德开发的产品,足见其地位的变化。其次,一些专业经销商更是把西赛德产品摆放在最佳货架的最佳位置上,甚至以销售西赛德产品为荣。最后,西赛德自己还通过速卖通建立了渠道,开展网络营销。具体做法是通过Facebook引流到速卖通,然后通过速卖通做销售,因此,Facebook承担了多重角色。通过短短两年时间的努力,现在网络营销已经成为西赛德的主要销售渠道,占整个销售额的一半和利润额的60%左右。

　　(四)客户关系的创新

　　客户关系是众包对西赛德商业模式影响最大的维度之一。通过众包,西赛德不但直接把产品指向目标消费者,而且让目标消费者直接参与产品的设计和开发。这在今天的市场环境下具有十分深远的意义。

　　在传统经营模式下,企业与顾客分别承担生产者与消费者的角色,企业先生产再销售产品,价值创造发生在市场之外。但是,今天的顾客拥有众多选择权并开始全面地影响企业的各个决策,使得传统经营的假设受到了极大的冲击:传统经营的假设是企业可以独立创造价值,但是全新的顾客形态使得这个假设不再成立,企业已经无法把顾客排除在价值创造过程之外了。既然已经无法再闭门造车,那何不干脆让顾客直接参与进来,让顾客与企业共同创造价值? 更进一步,企业该以何种方式让顾客参与价值创造活动? 方式之一就是众包。

通过众包,西赛德真正实现了企业与目标消费者之间的互动,让目标消费者参与价值链的多个重要环节,包括设计、生产、传播和销售,在经营体系中的各个部分发挥影响力,于是整个组织就转变为顾客导向型组织,实现了真正意义上的整合营销。

(五)收入模式的创新

众包从多个方面促进了西赛德收入模式的创新,改善了盈利状况。首先,由于众包提高了顾客的支付意愿,西赛德拥有更加广阔的定价范围,从而增加了定价灵活性。具体来讲,西赛德由原来的竞争导向的随行就市定价转向顾客感知价值定价,定价的基础由原来的市场行情价变为顾客感受到的价值,大大地提升了利润空间。其次,西赛德把众包平台变成引流的手段,把众包参与者吸引到自己的网上销售平台,拓宽了收入渠道。最后,短短的两年多时间内,品牌的知名度和美誉度得到大幅提升,这无疑极大地提升了西赛德的品牌价值。

需要指出的是,众包还节省了顾客的成本。例如,由于顾客在产品生产出来之前已经确定了自己喜欢的款式,这就自然节省了搜寻成本。

(六)关键业务流程的创新

企业通过众包获得产品设计,接下来的任务就是通过内部价值链不折不扣地把产品设计变成实实在在的产品。在这个过程中企业至少要考虑三个约束条件,即成本、质量和速度。换一个角度来讲,众包只是定义了消费者需要什么样的价值要素组合,而这些具体的价值要素要通过价值链上各个环节的资源投入和活动安排来创造和实现。由于每个环节在创造价值的同时生成成本,这就要求每个环节一方面要尽可能多创造价值,另一方面要尽可能节省成本。为此,一些规范的运营管理过程必不可少,比如恰及时管理、全面质量管理等。

总体来讲,这个对西赛德并不是一个很大的挑战,因为西赛德在前期的代工过程中已经积累了丰富的成本和质量控制经验。但是,由于众包得到的产品不同于公司原先的产品,因此仍然需要进行一定程度的调整。另外需要指出的是,这个阶段部分设计人员可以腾出手来,参与一些相对薄弱的价值创造环节,同时也通过对众包得来的设计进行深度消化来进一步提高自己的设计能力。

(七)核心能力的创新

众包对西赛德核心能力的影响体现在多个方面。首先,公司设计部门的能力不但没有像其他众包公司那样逐渐萎缩,反而得到一定程度的提升。这与公司高管的理念有关,几个老总一致认为研发设计能力是公司的核心能力,如果因为众包而受到削弱,将得不偿失,因此在处理外部获取设计和内部培育设计能力的关系上,始终坚持以我为主。在这个理念的指导下,通过众包得到的设计实际上只占公司所有设计品种的一半左右,仍然有一半设计由公司设计团队自主完成。而且一些设计人员通过参与对众包作品的评价和消化受到启发,开阔了视野。其次,众包进一步提升了设计、营销、生产运营等部门之间的联系,公司的生产运营能力和市场营销能力得到进一步的提升,构成了企业商业模型创新成功所必需的配套能力(complementary capabilities)。

(八)成本控制的创新

众包对西赛德成本的影响体现在多个方面。首先,通过众包,西赛德在生产某款产品之前已经知道有哪些顾客以及多少顾客偏好这款设计,因此没有必要把资源分配给为减少不确定性所开展的市场预测和营销调研活动,这样就节省了营销调研和市场预测的费用。其次,正因为在产品生产出来之前顾客已经获得产品信息,因此西赛德节省了大量的广告和传播费用。再次,由于知名度和影响力的提高,同时也由于采购规模的扩大,西赛德的议价能力提高了,原材料的采购价格随之下降,从而降低了成本。最后,众包对成本的影响还体现在价值要素的重新定位所带来的成本节省。通过众包,一些不必要的产品属性都被省略了,从而降低了成本。在传统模式下,价值属性错配的现象到处存在:顾客非常需要的价值属性企业没有提供,或者达不到顾客要求的水平;顾客不需要的价值属性企业反而提供了。前者导致顾客的不满意,后者导致成本的上升。在众包模式下,产品(服务)与顾客需求之间达到完美的匹配,不但提高了顾客满意度,还节省了成本。

(九)合作网络的创新

传统的经营基于这样一个假设:价值是由企业创造的,顾客代表着对企业所提供产品或者服务的需求。在这种理念的指导下,价值创造过程与市场是分离的,管理者关注的是企业自身的价值链,企业的价值创造活动是在自己的封闭体系内完成的。在信息经济时代,企业经营的图景已经发生了彻底的变化,企业的价值创造活动不是在一个封闭体系中进行,而是在一个由企业自身、上下游和周边企业、顾客等利益相关者所构成的开放的系统中进行。因此,企业不但要把自己与顾客联系在一起,还要跟其他关键利益相关者维系在一起,共同构成一个价值传递系统,即合作网络。

具体来讲,众包对西赛德合作网络的影响体现在以下几个方面:首先,专业化分工得到进一步完善。众包不但解决了产品设计问题,同时还解决了市场营销问题。通过众包,西赛德可以把过去的线下营销力量充实到现在的在线渠道,形成合力。其次,以西赛德为主导的上下游联盟初步形成。过去,西赛德尽管也是网络系统中的一员,但是在很长的时间内一直是配角,几乎没有什么发言权。众包以后,西赛德很快有了发言权,并且逐步在这个系统中建立了主导地位。第三,西赛德还开展了外包,通过逆向 OEM 来拓宽自己的收入渠道。一些传统的产品品种利润率低,没有必要做大量的投入,但是销售量又比较稳定,弃之可惜。对于这样的品类,西赛德开始通过自己的影响力把这部分产品外包出去,由原来的正向 OEM 走向逆向 OEM,更好地配置了自己的资源和能力。西赛德的商业模式在三个阶段的具体演变见表 6-5。

表 6-5 西赛德不同阶段商业模式构成要素的演变

阶段	产品或服务	目标顾客	营销渠道	客户关系	收益模式	关键业务流程	核心能力	成本控制	合作网络
传统经营阶段	"大路货",跟随市场热点产品,市场流行什么就生产什么	通过品牌运营商和专业经销商把产品销售给普通钓鱼爱好者	品牌运营商和专业经销商	与品牌运营商和专业经销商建立了松散的关系;与最终消费者没有直接的联系	支付意愿低,收入渠道窄,议价能力弱;采用随行就市定价	重视成本控制和质量控制	几无核心能力	生产成本和交易成本都很高	上下游关系松散;在合作网络中处于从属地位

续表

阶段	产品或服务	目标顾客	营销渠道	客户关系	收益模式	关键业务流程	核心能力	成本控制	合作网络
技术创新阶段	产品质量高,差异化特征明显	通过品牌运营商和专业经销商把产品销售给资深钓手	以大品牌运营商和大专业经销商为主,普通品牌运营商和专业经销商为辅	与大品牌运营商和专业经销商建立了较为密切的关系;与最终消费者基本没有直接的联系	支付意愿有所提高,收入渠道狭窄,议价能力有所提升;部分产品采用随行就市定价,部分采用价值定价	通过向品牌运营商学习,提高了成本和质量控制能力	积累了一定的研发能力	通过不断完善管理制度和生产运营流程降低制造和管理成本;产品合格率的提高和退货率的下降降低了成本	上下游关系仍然松散;在合作网络中的地位有所提升
基于国际众包的商业模式创新阶段	顾客价值属性组合直接由顾客定义,产品针对性达到最高水平	品牌运营商和专业经销商;资深钓手和职业钓手	大品牌运营商和大专业经销商;网络直销	与大品牌运营商和专业经销商建立了非常密切的关系;与最终消费者建立了密切的关系	支付意愿高、收入渠道宽,议价能力强;主要采用顾客感知价值定价	成本和质量控制能力进一步提升;专业化分工、逆向OEM有效开展;部门之间更加协调	研发能力进一步加强;配套能力不断提升	通过多种方式进一步降低成本,尤其是交易成本	上下游关系密切;在合作网络中处于主导地位

第五节　结论与启示

　　基于宁波西赛德不同阶段不同类型创新实践的比较分析,本研究就基于众包的商业模式创新得出如下结论和启示。

一、众包对商业模式的多方面影响

　　如前文所述,众包对构成商业模式的 9 个要素都产生直接的影响(见表 6-5):①众包促进了西赛德的顾客价值主张创新,使西赛德不但得到几个"爆款"产品,而且构建起完整的产品线。②通过众包,西赛德的目标顾客群体发生了变化,结构更加合理:以最终消费者为主,以品牌运营商和专业经销商为辅;在消费者群体中,以专业钓手和资深海钓爱好者为主,普通钓鱼爱好者为辅。③营销渠道更加合理，由原来单一的通过品牌运营商和专业经销商销售产品变成自有渠道为主，利用市场现有渠道为辅，提高了市场掌控力。④通过众包，西赛德真正实现了企业与顾客之间的互动，让顾客参与价值链的各个重要环节，整个组织转变为顾客导向型组织，实现了真正意义上的整合营销。⑤顾客的支付意愿得到提高，收入渠道得到拓宽，成本明显下降，在这些因素的综合作用下，西赛德的营利能力明显提高，收入模式更加完善。⑥众包进一步提升了西赛德的成本控制和质量控制能力，关键业务流程更加合理高效。⑦众包进一步加强了西赛德的设计能力，同时还提升了生产运营和营销能力。⑧众包使得西赛德通过规模经济节省了采购成本和生产成本，通过价值属性的重新定位节省了成本，通过市场确定性的提高节省了营销调研和市场预测的费用。⑨众包帮助西赛德在合作网络中建立了主导地位，使其与关键利益相关者的关系更加密切。

综上所述，我们得出结论：众包是商业模式创新的重要途径之一。

二、商业模式创新对企业竞争地位和竞争优势的影响及其机理

（一）商业模式创新对企业竞争地位和竞争优势的影响

学者们对竞争优势的认识先后经历了产品、产业和商业生态系统三个层次。企业实施总成本领先战略或者差异化竞争战略是把企业的竞争优势建立在产品层次上，实施多元化或者一体化战略是把竞争优势建立在产业层次上，而实施商业模式创新则是把竞争优势建立在生态系统层次上，旨在构建一个以自己为核心的商业生态系统。竞争战略、多元化和一体化战略等常规战略只能帮助企业构建企业或产业层次的竞争优势，而商业模式创新则能帮助企业构建覆盖面更广的系统层次的竞争优势。实施商业模式创新的企业不再是产业链上的简单一环，而是关系网络中的一个核心节点，最终建立以企业自身为核心的商业生态系统。

在传统经营和技术创新阶段，西赛德实际上也在创造价值，但是由于其在关系网络中处于从属地位，因此自己创造的价值大部分被关系网络中的核心企业所占有；在基于众包的商业模式创新阶段，西赛德逐渐建立起在网络中的核心地位，于是不但能收获自己所创造的价值，而是还能通过其主导地位获得市场租金。

（二）商业模式创新对企业竞争地位和竞争优势影响的机理

商业模式创新是通过系统的聚合效应、锁定效应与耦合效应提升企业竞争地位和竞争优势的。

1. 商业模式创新的系统聚合效应

系统聚合效应指的是多个主体通过网络共享信息、知识、技术、人才、资本等资源而形成的一种跨越时间和空间的复合经济效应。一个具有良好市场前景的创新商业模式会获得市场和社会的认可,各种资源便会向采用这种商业模式的企业聚集,核心企业会因此稳固自己的实力,并以此加强与关键利益相关者的关系,产生聚合效益(黄谦明,2009)。西赛德正是通过这种聚合效应,吸引顾客、经销商、供应商等利益相关者向其靠拢,形成一个以自己为核心的关系网络。这个关系网络可以使企业在技术、产品、资金、市场等环节进行合作,提高企业自身及联盟整体的竞争能力,扩大市场空间,获得持续竞争优势。

2. 商业模式创新的系统锁定效应

锁定效应是指一个合作网络的核心企业通过各种方式对其他利益相关者进行关系强化后所形成的均衡状态。商业模式创新聚焦于价值创造系统,系统内的不同利益主体,包括供应商、战略联盟者和顾客一起构建起价值创造的关系网络。网络中的核心企业将各成员紧密地联系在一起,共同创造价值,成员各得其所,各取所需。通过价值创造和价值实现过程,价值网络"锁定"效应范围进一步扩大(黄谦明,2009)。由于这种锁定效应是建立在价值创造基础之上,参与各方都分享利益,因此是相对稳固的,如果放弃则可能需要付出更大的代价。

对西赛德而言,通过众包已经初步实现了这种锁定效应,不管是品牌运营商、专业经销商,还是资深钓手以及供应商,都愿意围绕着西赛德展开价值创造活动,关系网络已经处于各方都较为满意的相对均衡状态。

3. 商业模式创新的系统耦合效应

耦合效应是指系统中两个以上的子系统通过相互作用而产生增力的现象,也称为互动效应或联动效应。商业模式创新通过对价值网络中各种资源要素的整合,构成了要素之间相互促进、相互影响、互补协同的耦合效应。耦合效应既发生在核心企业与协作企业之间,也发生在商业模式各构成要素之间。就西赛德而言,耦合效应主要表现在商业模式各组成要素之间。这种耦合效应提升了西赛德的持续竞争优势。

三、技术创新与商业模式创新之间的关系

技术创新与商业模式创新之间存在一种相互促进、相互影响的深层互动关系,这种互动关系主要表现在以下两个方面。

　　一是技术创新对商业模式创新的支撑作用。技术创新使企业拥有知识、技术等方面的优势，为企业开展商业模式创新提供了内在动力和支撑条件。在商业模式九大构成要素中，核心能力是最需要得到技术创新支持的要素。核心能力在保证核心业务实施上起到至关重要的作用，而技术的支持是最重要的一环，无论是生产型企业中的产品供应业务还是服务型企业中的问题解决业务，都需要一定的技术作为支撑。

　　二是商业模式创新对技术创新的价值实现作用。商业模式创新对新技术的开发起着方向性的作用，是实现技术创新市场价值的基本途径。企业投入资源进行技术创新之后必须通过实施才能获得相应的经济输出，商业模式是连接技术创新与价值创造的桥梁，是二者之间的协调与转换机制。有效的商业模式能极大地提高企业的营利能力，使企业有更充裕的资金投入技术创新，从而在技术创新与商业模式创新之间建立良性循环。

　　具体到西赛德，公司在发展的第二阶段通过技术创新提高了自己的研发能力，但是随即发现这种研发能力所创造的价值并不能完全为自己所获取，为此公司开始考虑商业模式创新，而众包不过是西赛德商业模式创新的具体途径而已。

四、众包和商业模式创新的成功需要配套资源的支持

　　前文指出，技术创新所创造的价值需要通过商业模式创新得以实现，但是，商业模式创新的价值实现还离不开其他配套资产（complementary assets）或配套能力（complementary capabilities）。这些配套资产或能力可能是品牌、渠道、货架空间和销售团队等。

　　具体到西赛德，为了收获通过众包所创造的价值，公司有意识地发展了许多配套资产，包括销售团队、技术开发团队等。比如，公司通过薪酬制度的创新和企业文化建设提高了销售团队和技术团队的工作积极性，又通过有效的培训项目提高了销售人员和研发人员的技能，培养了他们的创新思维。这些配套资源和能力有助于西赛德消化通过众包所获得的设计，并把众包与内部的设计职能相互融合，使其相互促进，形成良性循环。

五、众包的成功离不开有效的过程组织和管理

　　近年来，一些企业进行了众包尝试，从结果来看，部分企业取得良好成效，同时也有不少企业并没有达到预期效果。引起众包结果差异的原因有很多，其中众包过程的管理是重要的影响因素之一。在这方面，西赛德积累了丰富的经验。

（一）众包活动的组织工作

一方面，众包项目的整体设计和提交方案的评价都离不开设计部门的配合和支持，另一方面，众包本身又被内部设计人员视为一种威胁，内部设计人员心理上的抵触不可避免，因此，高管的协调和引导就显得特别重要。在西赛德，由公司总经理亲自负责众包项目，并向相关职能部门的员工解释清楚众包与内部设计之间的关系，打消了员工的顾虑，赢得了相关部门的配合和支持。

（二）清楚界定众包任务，同时防止泄露企业战略机密

许多众包活动未能取得既定的成效，原因之一是众包任务没有界定清楚，导致潜在接包者不知道要做什么，从而影响了参与的积极性和完成任务的准确性。如果发包方不能把自己的意图讲清楚，潜在的接包者永远不会按照你的意思去做。这里需要注意的一个问题是，在准确界定众包任务的同时，要严防泄露公司的战略机密，也就是说，不能让竞争对手从企业的众包活动（尤其是系列众包活动）中推断出公司的战略动向。此外，不是所有潜在接包者都是善意的，有些接包者可能就是竞争对手派来的卧底，因此要严加防范。

（三）选择合适的接包者

现在全球互联网网民有几十亿之多，但是并非每个网民都适合成为企业的接包者。例如，有人做过统计，在 YouTube 等新型社交网络中，只有 1% 的用户是活跃的内容创造者，另有 10% 的用户会参与内容互动并且做出改变，剩下的 89% 的用户都是被动的观察者。因此，企业要学会把最有潜力解决商业难题的人集中起来。例如，InnoCentive 就依托一群具有高超专业技能的优秀科学家，并在大学里征募青年才俊，目前这个网站已与中国几十所高校签订了协议，希望这些高校的学生能够为众包提供天才的创意。

因此，对试图采取众包模式的企业来讲，必须明确自身定位，选择合适的接包对象，并在众包开始之前就与潜在接包者展开互动。在这一方面，西赛德的做法值得借鉴，公司在众包之前就投入大量的人力物力建立了一个非常活跃的消费者网络社区，然后以这个社区为基础，通过引流工作把这些潜在的接包者引导到 Facebook，再正式开展众包工作，这样就做到按部就班，水到渠成。

（四）提供恰当的激励

现有研究显示，公众参与接包的动机包括挣钱、发展技能、结交其他有

创造性的专业人士、为未来职业生涯发展做准备、社交、为大家感兴趣的事情出力、分享、兴趣等。这些动机可以分为外部动机和内部动机两大类。但是，对不同的众包而言，潜在接包者的动机可能会有很大的差异，这就要求发包方事先要准确地加以界定，以确保公众的参与。

西赛德的做法是：首先，在奖金金额上进行了斟酌，如果太高，会影响内部员工的积极性；如果太低，对潜在接包者起不到激励作用。于是公司总经理既考虑了潜在接包对象的收入水平，又考虑了企业内部设计人员的薪水标准，最后确定为 5000 美元，这大约相当于欧美国家技术人员 20 天的工资收入和西赛德内部员工两个月的工资水平。其次，考虑到内部动机的激励作用，公司在现有消费者社区的基础上，通过微信和 QQ 与潜在接包者进行交流，所针对的正是社交利益、分享、同行的认同等内部动机。

六、如何克服众包的弊端

众包拥有多种优势，这也是众包在短期内得以迅速流行的原因，但是必须承认，众包也存在一些弊端。第一，由于发包方和接包方事先没有签订书面合同或保密协议，双方都难以保护自己的知识产权。第二，如果群体中无人主动接包，或者接包者并不是群体中最合适的人选，其结果是发包者无法得到解决方案或无法得到有效方案。第三，即便通过众包能得到有效解决方案，发包者很难把这些方案整合到组织中，或很难将其与组织的现有产品（或服务）相融合。第四，一个组织如果过于依赖众包，最终可能会导致组织缺乏吸收能力，既无法有效评价和吸收众包所获得的方案，也不能使用外部知识去创造和获取价值。第五，众包容易模仿。既然接包方能为发包方提供解决方案，毫无疑问，他们也能为发包方的竞争对手解决同样的问题，因此，存在被竞争对手模仿、替代和超越的可能性。最后，竞争对手可能会混入接包者队伍，借机蓄意给发包者提供有害的解决方案，因此，众包无意中为竞争对手提供了可乘之机。

上述弊端中有些可以通过有效的组织管理安排得以克服或减弱（Nickerson，Zenger，2004）。

一是解决模仿问题。发包方从众包方案中获得的利润取决于它获得难以模仿的配套资产的可能性。因此，为了有效防止模仿，配套资产和能力就显得非常重要。配套资产的开发和升级就成为防止模仿的重要途径之一。这就要求企业不能把所有的精力都放在众包上，而是要协调发展。

二是解决知识产权问题。世界上那些特别成功的众包公司都有明确的知识产权政策,并将其呈现在网页的醒目位置。例如,InnoCentive 清楚地规定了知识产权问题,接包者事先要签署一份保密协议,并且规定在提交解决方案的同时明确同意授予发包公司为期 90 天的知识产权。Threadless 也制定了类似的知识产权政策。在这个方面,西赛德需要在后续的众包过程中加以关注。

参考文献

奥斯特瓦德,皮尼厄,2011. 商业模式新生代[M]. 王帅,毛心宇,严威,译. 北京:机械工业出版社.

方志远,2014. 商业模式创新战略[M]. 北京:清华大学出版社.

黄江明,李亮,王伟,2011. 案例研究:从好的故事到好的理论——中国企业管理案例与理论构建研究论坛(2010)综述[J]. 管理世界(2):118-126.

黄谦明,2009.论商业模式创新与企业持续竞争优势[J]. 商业时代(16):38-40.

孔翰宁,张维迎,奥赫贝,2010. 2010 商业模式:企业竞争优势的创新驱动力[M]. 北京:机械工业出版社.

李高勇,毛基业,2015. 案例选择与研究策略——中国企业管理案例与质性研究论坛(2014)综述[J]. 管理世界(2):133-136.

李振勇,2009. 商道逻辑——成功商业模式设计指南[M]. 北京:中国水利水电出版社.

毛基业,张霞,2008. 案例研究方法的规范性及现状评估——中国企业管理案例论坛(2007)综述[J]. 管理世界(4):115-121.

彭歆北,2008. 号码百事通业务商业模式研究[D]. 北京:北京邮电大学.

乔为国,2009. 商业模式创新[M]. 上海:上海远东出版社.

王雪冬,董大海,2013. 商业模式创新概念研究述评与展望[J]. 外国经济与管理(11):29-36.

魏江,刘洋,应瑛,2012. 商业模式内涵与研究框架建构[J]. 科研管理(5):107-114.

魏拴成,2010. 众包的理念以及我国企业众包商业模式设计[J]. 技术经济与管理研究(1):36-39.

魏炜,朱武祥,2009. 发现商业模式[M]. 北京:机械工业出版社.

肖静华,谢康,吴瑶,等,2014. 企业与消费者协同演化动态能力构建:B2C 电商梦芭莎案例研究[J]. 管理世界(8):134-151.

谢德荪，2012. 源创新：转型期的中国企业创新之道[M]. 北京：五洲传播出版社.

AFUAH A，2014. Business Model Innovation：Concept，Analysis，and Cases[M]. New York：Routledge.

AMIT R，ZOTT C，2001. Value Creation in e-Business[J]. Strategic Management Journal，22(6)：493-520.

ASPARA J，HIETANEN J，TIKKANEN H，2010. Business Model Innovation vs Replication：Financial Performance Implications of Strategic Emphases[J]. Journal of Strategic Marketing，18(1)：39-56.

BOCK A，UERARD G，2010. Business Model Innovation and Strategic Flexibility：A Study of the Effects of Informal and Formal Organization[R]. London：Sumantra Uhoshal Conference for Managerially Relevant Research.

BRABHAM D C，2013. Crowsourcing[M]. Cambridge，Massachusetts：MIT Press.

CASADESUS-MASANELL R，RICART J E，2010. From Strategy to Business Models and onto Tactics[J]. Long Range Planning，43 (2/3)：195-215.

CHESBROUGH H，2006. Open Business Models[M]. Boston：Harvard Business School Press.

CHESBROUGH H，2007. Business Model Innovation：It's Not just about Technology Anymore[J]. Strategy & Leadership，35(6)：12-17.

CHESBROUGH H，ROSENBLOOM R S，2002. The Role of the Business Model in Capturing Value from Innovation：Evidence from Xerox Corporation's Technology Spin-off Companies[J]. Industrial and Corporate Change，11(3)：529-555.

CIIRISTENSEN C M，JOHNSON M W，RIGBY D，2002. Foundation for Growth：How to Identify and Build Disruptive New Businesses[J]. Sloan Management Review，43(3)：22.

DEMIL B，LECOCQ X，2010. Business Model Evolution：In Search of Dynamic Consistency[J]. Long Range Planning，43(2/3)：227-246.

EISENHARDT K M，GRAEBNER M E，2007. Theory Building from Cases：Opportunities and Challenges[J]. Academy of Management Journal，50(1)：25-32.

EISENMANN T R，PARKER G，VAN ALSTYNE M，2006. Strategies

for Two-Sided Markets[J]. Harvard Business Review，84(10)：92-101.

ELSBACH K D，CABLE D M，SHERMAN J W，2010. How Passive "Face Time"Affects Perceptions of Employees：Evidence of Spontaneous Trait Inference[J]. Human Relations，63(6)：735-760.

LEPAK D P，SMITH K G，TAYLOR M S，2007. Value Creation and Value Capture：A Multilevel Perspective [J]. Academy of Management Review，32(1)：180-194.

MARKIDES C，2006. Disruptive Innovation：In Need of Better Theory [J]. Journal of Product Innovation Management，23(1)：19-25.

MAYO M C，BROWN G S，1999. Building a Competitive Business Model[J]. Ivey Business Journal，63(3)：18-23.

MORRIS M，SCHINDEHUTTE M，ALLEN J，2005. The Entrepreneur's Business Model：Toward a Unified Perspective[J]. Journal of Business Research，58(6)：726-735.

NICKERSON J A，ZENGER T R，2004. A Knowledge-Based Theory of the Firm—The Problem-Solving Perspective[J]. Organization Science，15(6)：617-632.

OSTERWALDER A，PIGNEUR Y，TUCCI C，2005. Clarifying Business Models：Origins，Present and Future of the Concept [J]. Communications of the Association for Information Systems，16(5)：1-25.

SCHLEGELMILCH B B，DIAMANTOPOULOS A，KREUZ P，2003. Strategic Innovation：The Construct，Its Drivers and Its Strategic Outcomes [J]. Journal of Strategic Marketing，11(2)：117-132.

SHAFER S M，SMITH H J，LINDER J C，2005. The Power of Business Models[J]. Business Horizons，48(3).

SLYWOTZKY A J，1996. Value Migration：How to Think Several Moves Ahead of the Competition[M]. Boston：Harvard Business School Press.

STEWART D，ZHAO Q，2000. Internet Marketing，Business Models，and Public Policy[J]. Journal of Public Policy & Marketing，19(2)：287-296.

TEECE D J，2010. Business Models Business Strategy and Innovation [J]. Long Range Planning，43(2/3)：172-194.

TIDD J，BESSANT J，2009. Managing Innovation：Integrating Technological，Market and Organizational Change[M]. 4th ed. Chichester：

John Wiley & Sons Ltd.

WEILL P，VITALE M R，2001. Place to Space：Migrating to eBusiness Models[M]. Boston：Harvard Business School Press.

YIN R K，2008. Case Study Research：Design and Methods[M]. 4th ed. Thousand Oakes，CA：Sage Publications Inc.

ZOTT C，AMIT R，2008. The Fit Between Product Market Strategy and Business Model：Implications for Firm Performance [J]. Strategic Management Journal，29(1)：1-26.

ZOTT C，AMIT R，2009. Business Model Innovation：Creating Value in Times of Change[J]. Universia Business Review(23).

ZOTT C，AMIT R，2010. Designing Your Future Business Model：An Activity System Perspective[J]. Long Range Planning，43(2/3).

第七章　盛威国际:基于资源获取的跨国经营模式

第一节　引　言

一、研究背景

国际分工促使世界市场形成,世界市场的深化又推动了经济全球化。当前世界各国经济体制转向以市场经济为导向,交通运输方便快捷,信息网络四通八达,贸易和投资也更加自由化。世界各国经济主体纷纷抢占国际市场,对外贸易、国际投资活动变得越来越频繁。企业通过跨国经营活动实行全球经营战略,突破国内市场限制,融入世界市场。这些极大地推动了经济全球化的进程,使得各个国家之间的相互依赖性不断强化。企业实行跨国经营已经不仅仅是一种战略选择,而是企业生存的关键。虽然由国内经营转向跨国经营的过程会比较艰难和漫长,但是有利于企业的长远发展。企业到信息和技术资源丰富的国家投资,可以及时获得前沿信息,更新完善技术。企业到自然资源丰富的国家投资,可以为自身的发展获得长期稳定的资源供应。企业通过跨国经营获得规模效应,可以更快地促进自身成长发展。跨国经营的环境更加复杂,通过跨国经营企业的能力能够得到更大的提升。

近年来,我国以国有经济为主体的经济结构正在逐渐转变,民营经济已经成为我国经济增长的有生力量。根据全国工商联公布的数据,2013年我国民营经济贡献的 GDP 总量超过 60%。2013 年我国民营规模以上工业企业增加值累计增速为 12.4%,高于国有工业企业,国有工业企业为 6.9%。截至 2013 年年底,我国登记注册的私营企业达到 1253.9 万户,私营企业注册资金为 39.3 万亿元,分别同比增长 15.5% 和 26.4%。

跨国经营活动对国家经济发展至关重要,有助于提升该国家的国际地位。美国的跨国公司数量居世界首位,这些公司为美国拥有强大的经济实力做出了重要贡献。2014 年《财富》世界 500 强企业中,美国公司的上榜数目为 128 家,占总数的 25.6%。中国的企业数目位居榜单第二位,上榜的企业数为 100 家,占总数的 20%。但是美国企业和我国企业创造的年利润相差较大,美国为 7987.1 亿美元,我国为 3110.08 亿美元。我国入围世界 500 强的企业多为国有企业,这些国有性质的跨国公司,大多不被国际学者所认可,认为它们在一些方面不符合跨国公司的标准。它们之所以能快速成长为世界排名前列的跨国公司,是因为得到我国政府支持,在国内市场具有垄断地位,比较容易获得巨大的资源和资金。但是我国跨国企业的创新能力、营销能力等综合竞争实力与发达国家的跨国公司还有一定差距。麻省理工学院斯隆管理学院(Sloan School of Management,MIT)黄亚生教授认为,中国的国有企业之所以能比私营企业更好地度过金融风暴,仅仅是由于它们获得了中国政府的大笔资金援助。我国体制改革中国企治理问题成为一大核心问题,虽然我国国企已经基本完成股份制改革,初步建立起现代企业制度,但是目前还只是形式上,现在的公司治理结构还不能有效制约经营者,国有资产也不能得到有效监督,我国国有企业跨国经营的效益并不理想。

相比较国有企业而言,我国民营企业的内部组织结构更具有制约性和高效性。民营企业规模也没有国有企业庞大,所以经营策略更具有灵活性,更适合市场经济,多数企业拥有了自己的品牌和核心技术。实践表明,我国民营企业跨国经营所需成本较低,总体效益良好,在某种程度上参与跨国经营比国有企业更具有竞争力。我国应该大力扶持民营企业的跨国经营,使众多民营企业能够"走出去",最终成长为国际市场的竞争主体,这对于提升我国在世界市场中的实力具有战略意义(邱筵婷,2015)。

二、盛威国际的案例典型性

案例研究有多种具体操作类型,可以使用一个案例,也可以包含多个案例。多案例研究能够通过案例的重复支持研究的结论,从而提高研究的效度。而单案例研究则能够保证案例研究的深度,有助于捕捉和追踪管理实践中涌现出来的新现象和新问题。基于此原因,本章将采用单案例研究的方法,选择宁波盛威国际作为案例研究样本。盛威国际控股(中国)有限公司源于美国,1998年业务涉足中国大陆。依托海内外强大的科技和研发团队,已形成科、工、贸、金融投资为一体的专业化、集团化经济实体。现有业务领域主要涉及现代安防通信(智能保险箱、智能通信机柜、智能 PDU、智能门禁系统等)、智能健康设施(新风系统、智能净水机)等先进实体产品的研发、制造;拥有法国自有酒庄酿造的绿色生态红酒、高端红酒的服务会所和多个国内外奢侈品牌的顶级体验馆,为客户的品质生活提供高品位的体验和享受。其他主营业务还包括金融投资服务、国际贸易、电子商务等。发展至今,盛威国际已在法国、德国、土耳其、美国、阿联酋、英国、澳大利亚等国家收购和并购多家保险箱相关制造和销售企业,并相继设立了海外分公司,在越南建立了生产基地。2008年,盛威国际投资建立占地19000平方米的盛威保险柜(宁波)有限公司,全面生产 SAFEWELL(盛威)高端安防保险柜,并专业服务中国大陆市场。2009年,成立宁波盛威国际控股有限公司,盛威国际大中华区计划全面实施。

　　本研究之所以选择盛威国际作为研究对象,主要基于以下两个方面的原因:

　　第一,案例研究对象资源获取的重要性。本章主要探讨资源获取在企业跨国经营模式中的影响,因此,需要选择资源获取对跨国经营较为重要的企业。盛威国际是一家专注于保险箱制造的浙江民营企业,是安防领域SAFEWELL(盛威)、GUARDWELL(家威)等多达16个国际知名品牌的拥有者和生产者,除我国内地和香港,还在欧洲、东南亚、美国等地设有多家分支机构。据介绍,盛威国际通过了 UL、SP、CE 等多项国际认证及 ISO9001:2000 质量管理体系认证,产品畅销110多个国家和地区。

　　第二,案例研究对象数据信息的可获得性。盛威国际总部地处宁波,与笔者所在单位相距只有20多分钟的车程,交通的便利性保证了研究的即时跟进和数据的更新。笔者所在单位与盛威国际建立了良好的联系,并且多次与盛威国际进行跟踪调研和访谈,可以保证信息获得的便利性和准确性。

三、研究方法与数据收集

(一)研究方法

　　本章采用单一案例进行研究,采用理论研究与实地调研相结合、理论分析与实证研究相结合的研究方法。通过对当前理论的研究和梳理,构建本

章研究的理论框架,在此基础上,通过实地调研、访谈、资料整理、数据挖掘等进行实证研究。具体方法如下:

(1)文献研究。通过计算机网络与已有的国内外学术资料网,广泛收集与本研究相关的各种文献资料,并对相关理论进行分析,构建本章研究的理论基础。

(2)数据挖掘。在已有企业网站数据、新闻报道相关数据的基础上,结合访谈记录、公司申报项目材料等资料,挖掘本研究所需要的数据资料。

(3)数据统计分析。利用 STATA10.0,采用回归、计量分析、统计分析等统计方法对已有数据进行处理。

(二)数据收集

收集本课题所需要的数据材料主要有以下办法:①通过实地调研,收集公司内部文档、工作总结等文字材料;②访谈,涉及公司运营细节、运营策略、企业创新机制等内容通过对公司领导和员工的访谈获得;③网络资源,利用期刊网寻找与盛威国际相关的研究成果,通过公司网页收集公司相关的报道和公告。

第二节　国内外跨国经营模式研究综述

国内外学者对于跨国经营的相关研究从 20 世纪 60 年代开始不断深入,主要研究跨国公司进入东道国的动机、原因等内容。而对于跨国经营模式的相关研究相对较少,本节主要从跨国经营的相关理论入手,寻找适合本研究的理论基础。

一、国外相关研究

跨国企业产生的历史很早,但其获得迅速发展却是第二次世界大战后的事情,而这一现象也很快引起了西方经济学家们的普遍关注。由此,跨国公司理论得以兴起和发展,众多的学者分别从政治、经济、管理等多个方面对跨国公司进行了大量研究。

(一)美国式的海外扩张理论

20 世纪 60 年代初,美国学者斯蒂芬·海默(Stephen H. Hymer)在其博士论文《国内企业的国际经营:关于对外直接投资的研究》中,首先提出了垄断优势理论。海默的理论认为,美国企业之所以能够在国外进行直接投

资而博取利润,在传统的国际资本流动理论中是找不到解释的(Hymer,
1976)。也就是说,这不再是各国资源禀赋上的差异所带来的现象,而是美
国企业所具有的技术与规模等方面的垄断优势所造成的,而这种优势的产
生则得益于美国企业对技术资源的控制以及在国内经营中所实行的横向与
纵向的一体化。垄断优势理论的提出,标志着跨国公司理论的兴起。在此
之后,各国学者纷纷对跨国企业现象提出了不同的解释。应该说,跨国公司
理论的发展是与现实经济生活中的跨国企业发展密不可分的,20 世纪 60 年
代至 70 年代,正是美国企业跨国投资的黄金时期,而这一时期的跨国投资
理论也主要是以美国的跨国公司作为研究对象来解释跨国公司对外投资的
特点与决定因素。这一时期的代表性理论如海默的垄断优势理论、美国学
者 F. T. 尼克博克提出的寡占反应理论以及美国经济学家弗农(R.
Vernon)提出的产品生命周期理论,均是在研究了战后美国企业的海外扩张
基础上形成的。

(二)基于西欧及日本经济的研究

20 世纪 70 年代至 80 年代初,西欧经济的复苏与日本经济的迅速发展,
使国际直接投资的格局发生了巨大变化。美国逐渐丧失了其世界最大资本
输出国的优势地位,在国际直接投资方面逐渐形成了美、日、欧三足鼎立的
局面。原有的美国式企业海外扩张理论已无法对这种新现象给予足够而有
力的解释,于是关于跨国公司的理论研究开始向两个方向发展。

一方面,一些学者的理论研究以建立一个统一的或一般化的跨国公司
理论为目标,并希望以此来说明不同国家、不同行业企业的跨国投资行为。
其中以英国学者巴克利(P. J. Buckley)和卡森(M. Casson)提出的内部化
理论、英国学者约翰·邓宁(J. H. Dunning)提出的国际生产折中理论为代
表。另一方面,不同国家的经济学者们也纷纷从本国企业的跨国经营现象
出发提出了一些理论。其中具有代表性的理论如日本学者小岛清通过对日
本企业对外投资特点的研究,提出了边际产业扩张理论(也称为"小岛清模
式")。该理论利用了国际分工的比较成本原理,详细分析了战后日本企业
随着国内经济的迅速发展而在海外市场上的扩张行为,并针对在这一扩张
过程中所呈现出来的与美国企业对外投资所不同的特点进行了理论解释。
20 世纪 70 年代中期,以卡尔森(Carlson)和约翰森(Johanson)为代表的一批
北欧学者以企业行为理论研究方法为基础,通过对瑞典企业的跨国经营特
点的研究,提出了企业国际化阶段理论,也被有些学者称为"优渥萨拉国际

化模型"(Uppsala Internationalization Model,简称 U-M)。他们将一国企业的国际化经营分为不规则出口、代理商出口、建立海外子公司、海外生产制造四个连续、渐进阶段,并用"市场知识"(Market Knowledge)这一概念对企业国际化的渐进性特征进行了解释。

(三)跨国投资理论的新发展

20 世纪 80 年代以来,跨国直接投资的发展呈现出许多新的特点,如中小企业跨国投资的大量涌现,以 ANIES 和 ASEAN 为代表的众多发展中国家的跨国公司的迅速发展等等,这些新现象都迫切需要有新的理论进行解释。于是,许多新的相关性理论得以出现,其中具有代表性的理论主要有:

以黑格(Hagg)、约翰森、哈马奎斯特(Hammarkvist)以及马特松(Mattsson)为代表的一些瑞典学者应用网络理论分析了产业内企业的跨国经营行为,并在此基础上提出了企业国际化的网络模型(理论),对众多的中小企业跨国经营现象提供了一种解释。与传统理论中将企业跨国经营独立化的研究方式不同,企业国际化的网络模型重新将企业定义为市场网络中的企业,并从这一角度出发研究市场网络中企业间的竞争与合作关系,以及这种关系将对企业国际化产生的影响。

同时,随着发展中国家跨国公司的迅速崛起,对这一现象的解释工作也取得了较大的进展。20 世纪 80 年代初,邓宁提出了投资发展周期理论(Investment Development Cycle),在研究了发展中国家企业的跨国投资行为的基础上,对其原有的国际生产折中理论进行了进一步的完善与延伸。在这一理论中,邓宁在原有的所有权优势、内部化优势和区域优势三要素基础上,又将经济发展阶段这一因素作为影响一国对外直接投资倾向的决定性因素加以讨论,从而把经济发展周期与企业竞争优势因素相结合,以说明发展中国家企业跨国投资的兴起与变化。

1983 年,美国经济学家刘易斯·威尔士(Louis T. Wells)出版了《第三世界的跨国企业》一书,提出了小规模技术理论。在这一理论中,威尔士主要将发展中国家跨国公司的比较优势总结为以下三个方面:第一,拥有为小市场需求服务的小规模生产技术;第二,来自于"当地采购和特殊产品"的竞争优势;第三,低价产品营销战略。

拉奥(Sanjaya Lall)在对印度跨国公司的竞争优势和投资动机进行了深入研究之后,提出了关于第三世界跨国公司的另一种理论——技术地方化理论(The Theory of Localised Technological Change)。他在其理论中分别从五个方面论述了发展中国家有条件形成和发展自己的跨国投资优势，其中主要强调了技术地方化的特点以及这种地方化技术在满足特定市场的差异化需求方面的优势。

20世纪80年代中后期，坎特威尔（John Cantwell）和托兰惕若（Paz Estrella E. Tolentino）在充分考察发展中国家对外直接投资问题的基础上，提出了第三世界国家跨国公司技术创新产业升级理论（Cantwell，Tolentino，1990）。该理论强调了技术积累对一国经济发展的促进作用，其内容主要包括三个命题：①发展中国家产业结构的升级，说明了发展中国家企业技术能力的稳定提高和扩大，这种技术能力的提高是一个不断积累的结果。②发展中国家企业技术能力的提高是与它们对外直接投资的增长直接相关的。现有的技术能力水平是影响其国际生产活动的决定因素，同时也影响发展中国家跨国公司对外投资的形式和增长速度。在①②两个命题的基础上，可以得到的结论是：③发展中国家对外直接投资的产业分布和地理分布是随着时间的推移而逐渐变化的，并且是可以预测的。

该理论认为，与发达国家的尖端科技研发相比，发展中国家企业的技术创新更多体现在它的学习经验和组织管理的能力上面。而随着经验的积累，对技术的吸收和消化将会带来技术创新，这种创新又随着管理水平和市场营销水平的提高而得以加强，进而形成发展中国家企业跨国经营的特有优势。

在产业分布上，这一理论认为发展中国家跨国公司的对外直接投资受其国内产业结构和内生技术创新能力的影响。因此，其主要投资路径是从以自然资源开发为主的纵向一体化生产活动开始，然后发展到以进口替代和出口导向为主的横向一体化生产活动；从海外经营的地理结构上看，发展中国家企业普遍遵循"周边国家—发展中国家—发达国家"的渐进式发展轨迹。而随着工业化程度的提高，一些新兴工业化经济体的产业结构顺利实现了升级，技术能力也得到了大幅提高。因此，它们的投资已不再局限于传统产业，而开始向高科技领域渗透和发展。

此外，在这一时期，西方经济学者在传统理论的基础上通过实证研究继续对跨国公司理论进行了创新和发展；同时，一些学者也开始将其重点转到对跨国公司发展效率的影响因素以及经济一体化的发展对跨国公司的影响等方面的研究。这其中的代表性理论主要有：丹麦学者托宾·佩德森（Torben Pederson）和本特·比特森（Bent Petersen）于1998年提出的国际化四要素模型；芬兰学者威尔什（Lawrence S. Welch）和罗斯坦瑞尼（Reijo

K. Luostatinen)在1993年提出的企业国际化内外向联系模型,该理论认为"企业内向国际化过程会影响其外向国际化的发展,企业内向国际化的效果将决定其外向国际化的成功";美国教授法默(R. N. Farmer)和里奇曼(B. M. Richman)在研究了环境对跨国经营效率的影响之后提出了"法默—里奇曼"模型,突出强调了企业跨国经营过程中环境因素的重要意义;普拉哈拉(C. K. Prahalard)和多兹(Y. L. Doz)于1987年提出了一体化与反应模型,针对经济一体化对企业行为的影响等问题进行了分析和解释(邵祥林,2004)。

二、国内相关研究

国内企业的跨国经营发展时间短,大型的跨国公司较少。除此之外,我国跨国公司以国有企业居多,学者们考察这类性质的企业有很大限制性,数据资料较难获得。这些导致国内的理论研究稀少。关于实证分析中国企业跨国经营发展战略的文献较多,学者们提出了许多有价值的观点和构想。孙建中(2000)认为我国企业跨国经营的战略需要分成三个层面进行研究:在宏观层面上,企业需要考虑经济大环境、政府扶持政策、时序及目标选择;在中观层面上,企业要对投资产业进行选择;在微观层面上,企业需要考虑去哪儿投资,以什么方式进入,怎样融资。成思危(2001)从企业跨国投资的目标、投资的行业以及投资的市场等方面给出了全方位的指导意见。柯银斌和康荣平致力于研究我国跨国公司的发展。他们的理论高度概括了我国跨国企业的特点,总结出了我国企业跨国成长的一般方式。康荣平认为我国企业要"走出去"主动获取竞争优势,改变以往企业先要拥有特定优势才能实现跨国经营的思维(康荣平等,1996;康荣平,1997;康荣平,柯银斌,2001)。柯银斌(2009)认为不同企业跨国经营时的国际环境不同,企业的跨国经营发展也不同。目前我国企业在全球市场上并不是强势企业,而是弱势企业(柯银斌,2009),被称为"后来者"和"技术依赖者"。除此之外,范黎波、王肃(2011)构建了3L—3E的模型,作为发展中国家跨国公司的成长路径,并解答了马修斯3L模型的实现途径:嵌入性、平衡性和内生性。

我国国内民营企业跨国经营的研究大多偏向于特定地区的企业分析,对基础理论的研究较少。较早进行跨国经营的民营企业多在沿海发达地区,比如江浙沪地区、东南省区,而且很多企业现已成功跻身世界著名企业行列。因此,许多学者集中于研究这些地区的民营企业,以跨国经营的案例分析为主。鲁桐(2003)分析了浙江民营企业的跨国经营。李朝明、鲁桐

(2003)分析了温州民营企业的跨国经营。企业的跨国经营是受多种因素的影响的,地方性企业受当地环境、地理条件等因素的影响,跨国经营活动会具有地方特色,不具有一般性,不能适合所有企业。总体来说,我国企业的跨国经营研究还尚未形成体系,对我国民营企业对外直接投资的关注度不高,相关研究不够深入。

第三节　案例剖析:盛威国际跨国经营的发展路径

盛威国际跨国经营从 1998 年开始,通过投资并购等手段实现了企业的跨越式发展。本部分首先梳理我国企业的跨国经营历程,从宏观角度寻找盛威国际跨国经营的时代背景;其次,对盛威国际跨国经营的历程进行分析,寻找盛威国际发展中跨国经营的地位和作用。

一、我国企业的跨国经营历程

我国企业的跨国经营发展历程大致可以分为五个阶段:

(一)新中国成立前的跨国经营活动

我国企业跨国经营的历史可以追溯到新中国成立之前,在 20 世纪初以华昌公司为代表的中国企业便开始以中国为起点,在东亚、东南亚和美洲等地从事钨矿开采,稀有金属加工、冶炼,以及贸易和工程服务等业务(王季深,潘祖永,1987)。

而在 20 世纪的三四十年代,我国的民族资本在第二次世界大战后得以发展,以上海纺织业为代表的民族工业,在 40 年代末从上海等地大批迁移到香港或台湾继续谋求发展。其中部分企业在五六十年代开始向海外扩张,如南洋纺织、永泰集团、远东集团、永新集团、太平洋电缆集团等(康荣平,柯银斌,2002)。

(二)20 世纪 50 年代至 70 年代的对外经济技术援助

从 20 世纪 50 年代初至 70 年代中期,我国的涉外跨国性经济活动主要是围绕着对外经济援助展开的。据统计,在这一时期,我国先后向朝鲜、越南、阿尔巴尼亚、柬埔寨、也门、坦桑尼亚等近 70 个国家提供了经济与技术援助。承担项目数量达 1307 项,累计完成 884 个项目,其中中方投资额为 1亿元以上的项目 10 个,中方投资额为 1000 万元以上的项目 96 个。其中的大部分项目集中于交通运输、工业、农业等基础设施领域,如朝鲜的纺织印染厂、轴承厂、超高频电子管厂、平壤地铁,越南的造船厂、钢铁厂、氮肥厂,蒙古的火力发电厂、毛纺织厂,阿尔巴亚的镍钴提纯厂、冶金联合企业,坦桑尼亚和赞比亚的铁路,几内亚的糖厂和叙利亚的纺织厂,等等。在这些项目的建设过程中,我国政府除了提供必要的资金之外,还提供了相关的成套技术、工艺和设备,并组织国内专家、工程技术人员和工人,进行实地勘察设计,组织施工安装,并为受援国培训相关的技术工程人员及管理人员。有些项目建成后,中方往往还要长期派出人员参与项目的后期运作,并提供合作管理、咨询和其他必要的服务。这些援建活动所涉及的国内企业遍及十几个行业,其总数达数千家之多,其中仅派出人员就达 30 余万人次。

严格说来,这一时期的对外经济技术援助是在政治及外交领域的要求驱动下展开的,它们的政治目的性较强,是社会主义新中国在特定的历史时期、特定的历史条件下进行国际政治和外交斗争的一种有效手段,它们为刚刚在战争的废墟中站立起来的新中国迅速改善当时所处的国际环境,获得应有的国际地位,并在与西方发达资本主义国家的政治斗争中占据优势地位创造了重要条件,做出了巨大的贡献,同时也为新中国赢得了良好的国际声誉,使我国企业与相关的受援国建立了广泛的国际经济贸易联系。此外,大批的援助活动还为我国的相关部门和企业积累了宝贵的涉外经验,这些又为其后我国企业的对外工程承包、境外加工贸易等跨国经营活动奠定了重要的基础。因此,虽然说这段时期的对外援助与今天严格意义上的企业跨国经营活动尚有本质的不同,但这段历史确实不容忽视。

(三)20 世纪 70 年代末开始的对外工程承包与劳务输出活动

对外工程承包与劳务输出活动的兴起与我国的政治经济的转型密不可分。以 20 世纪 70 年代末的改革开放为分界点,在这之前的对外工程承包活动及劳务输出基本上是为了政治上的需要,而且一般情况下这些输出都是无偿的,因此其在当时现实的、直接的经济意义并不明显。自 1978 年以后,我国的政治经济形势发生了巨大变化,改革开放政策得以迅速、切实地实施,我国的企业开始面向国际承担一些工程项目的设计施工,其规模也随着我国经济的发展而越做越大。截止到 1999 年,经外经贸部批准拥有工程承包与劳务合作经营权的企业已超过 1000 家,1997 年总资产规模就已达到 1069.6 亿元,其中固定资产为 131.6 亿元,分别比 1996 年增长了 46.1% 和 30.4%;同时在企业质量方面,一批具备一定竞争实力、效益较好的企业得以形成,其中的 33 家企业更是入选了美国权威杂志《工程新闻记录》(1999)

评出的全球 225 家"国际最大承包商"行列。这一时期,我国的对外工程承包及劳务输出企业基本上保持了较好的经济效益。以 1995 年到 1997 年的 3 年时间为例,在此期间外经企业累计营业收入近 1000 亿元,利润总额为 25.2 亿元,其中企业净赢利达 15.7 亿元,上缴所得税超过 7.7 亿元。

此外,1999 年对外工程承包与劳务输出的合同金额、实际完成营业额分别达到 130 亿美元和 112.3 亿美元,与实际完成营业额初步形成规模的 1982 年相比增长了 24.6 倍和 31.3 倍,年均增长幅度为 21％和 22.7％。从 1999 年的统计资料来看,我国的对外工程承包与劳务输出营业额分别相当于年度吸引外商直接投资、外贸出口总额的 27.9％和 5.8％。经过 20 年的发展,我国在对外工程承包与劳务输出领域已经取得很大的成绩,相关产业获得了迅速的发展,其规模迅速扩大。

我国的对外工程承包与劳务输出的发展过程大致可以划分为三个阶段(邵祥林,2003):

第一阶段(起步阶段):1978—1982 年是我国对外经贸型企业的起步阶段,1978 年 11 月,中国建筑工程总公司、中国公路桥梁工程公司、中国土木工程公司以及中国成套设备出口公司等 4 家企业在国务院的批准下成功组建,其主要经营业务定性为专门从事对外工程承包与劳务合作。自此,我国企业对外工程承包与劳务合作等跨国经营活动的大幕徐徐拉开。1979 年,上述公司在伊拉克、埃及、索马里等国和我国香港地区签订了工程承包和劳务合作合同共计 36 项,合同金额 5117 万美元。我国企业由国内向国外发展,是企业国际竞争力增强的标志,是国力明显提高的象征,是历史进步发展的大趋势。企业要获得更大的生存和发展空间,应该也必须走出国界,到国外开拓业务和实现跨国经营。

第二阶段(稳步发展阶段):1983—1995 年,这段时期是我国对外工程承包迅速发展的时期,随着对外开放的不断深入和国际经济形势的变化,为发展对外工程承包与劳务输出提供了越来越多的机遇,承包的工程项目发生了由量到质的变化,技术密集型、知识密集型和资本密集型的项目数量逐渐增多,所承包的工程的规模、质量和效益等均有大幅度的提高,我国企业在相关领域的国际竞争地位也得以快速提升,这一阶段年均增幅高达 52.37％。到 1990 年,我国与 122 个国家和地区签订了合同,相当于 1981 年的 3.4 倍,具有对外经营权的企业增加到了 91 家。

在这一期间,我国国际经济技术合作企业作为主力军,创造了对外工程承包跨国经营的辉煌成就,仅 1991 年到 1995 年的 5 年间,经济合作营业额总计达 225.2 亿美元,其中对外工程承包跨国经营的营业额为 180.3 亿美元,占总额的 80%;而在经历了 90 年代初期艰难的经济调整之后,以 1992 年邓小平"南方谈话"为契机,我国对外开放进入了全面、快速发展阶段,我国企业对外工程承包与劳务输出也出现了空前的繁荣。1991 年到 1995 年的"八五"期间,我国对外劳务合作经营企业新签合同超过了 6.6 万份,合同金额达到 347 亿美元,是"七五"时期的 3.4 倍,实际完成营业额 225 亿美元,同比净增了 2.1 倍,同期合同金额、实际完成营业额的年均增长速度分别达到 30% 和 28.7%,比"七五"时期高出 14.5 和 11.2 百分点。这些都标志着我国对外工程承包与劳务输出进入了规模发展阶段。

第三阶段(快速发展阶段):1996 年以来,即"九五"以来,是我国对外工程承包和劳务合作业务快速发展的关键时期,随着经济的大发展,经济结构进入调整期,买方市场日渐形成,国内大批企业的生产和建设能力出现过剩现象,寻求国际市场的发展空间成为各企业日益迫切的愿望。我国外经贸体制改革顺应了市场经济规律和经济结构调整的需要,更是顺应了解放生产力的需要。国内众多有实力、有条件的企业获得了对外工程承包和劳务合作的经营资格,在国家"走出去"战略的指引下,这些被解放了的"生产力"轻装上阵,直接走向国际市场发挥它们的比较优势,实现跨国经营。"九五"期间我国对外工程承包虽然受到亚洲金融危机的严重影响,但仍然取得了良好的成绩。1996 年至 2002 年间,经济合作营业额共计达 782.4 亿美元,年均增长幅度 45.15%,其中工程承包总额为 592 亿美元,占总额的 75.5%。

(四)20 世纪 80 年代之后的企业跨国经营

80 年代以后,随着我国改革开放政策的实施以及经济的快速发展,企业的跨国经营获得了迅速的发展,而进行跨国经营的企业类型、规模以及其所从事的经营项目种类也都得以丰富。总体来讲,这一时期的企业跨国经营活动呈现出了前所未有的百花齐放、百家争鸣的繁荣景象。到 1998 年上半年,我国已在 160 个国家和地区设立了 5539 家海外企业,投资总额逾 90 亿美元。投资涉及的行业也从初期集中在贸易方面发展到资源开发、生产加工、交通运输、工程承包、医疗卫生、旅游餐饮及咨询服务等领域。截至 2000 年 11 月月底,经外经贸部批准或备案的境外企业 6289 家,协议投资总额达 110.6 亿美元,其中中方协议投资额为 74.7 亿美元,占总投资的 67.5%,遍及全球 160 多个国家和地区,涉及贸易、资源开发、工业生产加工、交通运输、旅游、承包劳务、研究开发、咨询服务、农业及农产品综合开发等诸多领域。而到 2001 年年底,我国累计设立各类境外企业 6610 家,协议投资金额累计 123 亿美元,其中中方投资 84 亿美元。我国最大的 12 家跨国公司,主要是国有企业,控制着超过 300 亿美元的国外资产,接近 20 世纪 90 年代拉丁美洲的全部资本输出总量,拥有 2 万名外国员工,国外销售额达到 300 亿美元。

严格说来,在这一时期我国才拥有了一般意义上的企业跨国经营活动,这主要反映为两点。①只有到了改革开放时期我国的跨国经营主体才可以令人确信地定义在企业头上。一方面,因为改革开放使企业(主要指国有企业)与计划经济时代的"车间"式企业相比具有了更大的灵活性和经营自主的权利,并且这种权利的下放随着时间的推移还在不断加大,并且随着企业承包责任制、政企分开、建立现代企业制度等政策的实施,我国的企业正在逐步向一般意义上的"企业"靠近。在另一方面,我国的经济改革使非公有制经济得以发展,虽然在政策待遇等方面有差别化的情况存在,但民营经济仍然获得了迅速的发展。由于民营企业是在市场经济的环境下成长起来,因此其更加符合一般意义下跨国经营主体的主要特征。②这一时期我国企业在其从事跨国经营的动机方面已由原来政治色彩浓厚转变得更为市场化、经济化。保证经济体的利润最大化开始成为人们津津乐道的重要话题,也开始成为绝大多数企业跨国经营活动的主要动因,而这些对于发展和完善市场经济,保证国民经济持续、稳定、健康地增长无疑具有重大的意义。

(五)21 世纪以来以跨国并购为主导的跨国经营

从 1984 年开始,我国企业的跨国并购以国有大型企业为主导,主要依靠政策驱动,表现出规模小、次数少、目的地局限等特征。2001 年我国加入 WTO 后,我国企业与国际市场的联系愈发紧密,出现了许多"强强联合"的跨国并购案例。中国企业迎来了加入 WTO 带来的机遇与挑战并存的并购时机,开始在总结经验和教训中前行。2007 年美国次贷危机的爆发引发了全球金融危机,同时欧债危机带来欧元区经济持续低迷,这给我国企业的跨国并购带来了良好的机遇。一方面,国外企业普遍估值偏低,濒临破产,股东出售意愿强烈,放松了对我国企业的并购管制,另一方面我国经济高速发展使其对能源、成熟技术、广阔市场的需求日益激增,这些因素导致了我国企业从 2007 年至今迎来了跨国并购的快速增长阶段。2000 年到 2010 年之间,我国跨国并购交易共有 304 起,收购企业有 213 家,其中国有企业占了绝大多数。这一阶段我国优秀的民营企业也逐步开始了它们的海外并购之旅,其中比较有影响力的是万向集团收购美国的 UAI 公司,华立集团收购菲利普半导体公司的 CDMA 手机业务,联想集团收购 IBM 的 PC 业务,万达集团收购美国 AMC 影院公司,吉利收购沃尔沃,等等,我国的民营企业在激烈的市场竞争中不断地发展壮大,在公司管理、人才培养、产品研发、市场推广等方面已经具有了自己独特的优势。大型国有企业和民营企业以跨国并购为主导开始了新的跨国经营历程。

二、盛威国际的跨国经营历程

盛威原是美国一家大型安防集团旗下的保险箱品牌"SAFEWELL(盛威)",是家用保险箱领域的国际知名品牌,具有 50 余年历史,在欧美市场建立了良好的口碑。1998 年进入中国大陆,2006 年,宁波永发集团成功地将美国盛威及其拥有的销售渠道纳入旗下。2009 年成立盛威国际控股(中国)有限公司,公司经过多年的发展已经成为集科、工、贸、金融投资为一体的专业化、集团化经济实体。业务领域主要涉及现代安防通信(智能保险箱、智能通信机柜、智能 PDU、智能门禁系统等)、智能健康设施(新风系统、智能净水机)等先进实体产品的研发、制造;此外,其主营业务还包括金融投资服务、国际贸易、电子商务等。盛威国际已在法国、德国、土耳其、美国、阿联酋、英国、澳大利亚等国家收购和并购多家保险箱相关制造和销售企业,并相继设立了海外分公司,在越南建立了生产基地。公司通过了 UL、SP、CE 等多项国际认证,并通过了 ISO9001:2000 质量管理体系认证,产品畅销欧美等全球 110 多个国家和地区。在公司发展过程中,基于资源获取的跨国经营成为其获取技术、品牌、市场等资源的重要途径,是公司实现跨越式发展的根本所在(见表 7-1)。

表 7-1　盛威国际跨国经营发展阶段与资源获取特征

时间	跨国经营阶段	关键事件	资源获取特征
1998—2006 年	跨国经营尝试阶段	1999 年永发集团开始参加广交会;2002 年,以"YONGFA"品牌冲击国际市场;2006 年收购美国品牌"SAFEWELL(盛威)"	品牌寻求、市场寻求
2007—2008 年	跨国经营发展阶段	保险箱品牌"SAFEWELL(盛威)"成为国内保险箱行业的领导者和示范者;保险箱印度市场占有率第一;2007 年为韩国最大的保险箱制造商凡一公司提供国际销售网络;2007 年在越南投资建立盛威保险箱(西贡)有限公司;2008 年收购卓越企业(香港)有限公司	成本寻求、市场开拓

续表

时间	跨国经营阶段	关键事件	资源获取特征
2009—2013 年	全球化市场开拓与多元化经营阶段	2009 年全面进入中国市场服务大众,在欧洲、东南亚、中东、澳大利亚、日本、俄罗斯、南非等地设立了分销机构,成为当地保险箱行业的主导品牌;2012 年成功收购 Clos La Madeleine 酒庄,建立海外红酒基地;2013 年投资 6 亿元人民币,规划建设占地 60000 多平方米的盛威国际总部园区	市场开拓、多元化经营
2014 年至今	销售渠道建设与自主研发为主导的跨国经营阶段	2014 年盛威国际首家保险柜专场店在澳门登陆;2015 年盛威国际防火箱生产基地盛威保险柜公司启动;2016 年盛威国际香港第七家专营店开店;2017 年 3 月,盛威国际成功参加了德国汉诺威消费电子展	实现了销售渠道自主建设与技术自主研发

资料来源:根据新闻报道和访谈材料整理得来。

（一）以宁波永发集团为主体的跨国经营尝试阶段

宁波永发集团有限公司始创于 1988 年,是集研发、生产、服务于一体的专业化生产实体安防产品的企业,拥有中国名牌、中国驰名商标、中国保险箱行业标志性品牌的荣誉。永发集团最初为英国和中东品牌贴牌生产,进行跨国经营的尝试。这一阶段宁波民营企业依托宁波强大的港口优势开始了以外向型经营为主导的经济发展模式,90% 以上的民营企业以出口为主开拓国际市场。永发集团在长期的发展过程中重视自主品牌的建设,但在跨国经营中自主品牌的尝试并不顺利。永发集团保险箱在国内销量行业第一,但在国际上却没有什么影响力。欧美超市、商场里的很多保险箱是永发制造的,但国际市场上很少人知道永发这个品牌。2002 年,永发集团以富有中国味道的"YONGFA"品牌冲击国际市场,但这个既没有国际知名度又不能让欧美消费者理解其含义的保险箱品牌,并没有得到国际市场的认同。第一次打自主品牌遭受的挫折,使得当时身为永发集团副总裁的徐普开始思考建设一条顺畅的国际销售通道,把命运掌握在自己手里。当时,摆在永发面前的路有两条:一是在境外设立自己的销售网点,这种方式投资大、见效期长;二是利用跨国巨头的品牌和现成的销售通道。相比以自主品牌开拓海外市场而言,收购国外已有的知名品牌进军国际市场虽然短期成本较高,但市场开拓的时间短,效率高。2006 年,永发集团成功地将美国保险箱品牌"SAFEWELL（盛威）"和其现有的销售渠道纳入旗下，2009 年盛威国际控股（中国）有限公司正式成立，开启了盛威国际以宁波为根据地不断开拓市场的国际化经营。

（二）降低成本与开拓市场并重的跨国经营发展阶段

2006 年，盛威国际正式进驻中国，逐渐成为国内保险箱行业的领导者和跨国经营的示范者。2006—2008 年中国 GDP 实现了年均 10% 以上的增长，经济的繁荣使得宁波原有的劳动力、原材料等优势逐渐减弱，2007 年年底美国次贷危机爆发更是进一步减弱了中国制造业的成本优势。这一时期，盛威国际开始以跨国经营的方式拓展销售渠道，开拓海外市场，建立海外生产基地，启动了一系列国际化经营项目。2007 年为韩国最大的保险箱制造商凡一公司提供国际销售网络，该公司生产的防火保险箱借助盛威国际销售网络，批量出口到印度和东南亚市场。同年，盛威国际在越南投资建立盛威保险箱（西贡）有限公司，主要生产各类具有 UL 国际认证的防火类保险柜产品，三年时间开设 13 家旗舰店，品质和销售规模占据越南第一位。2008 年后国内制造业产能过剩的问题开始呈现，实体经济的利润空间随着经济危机的全面爆发进一步受到压缩，制造业过剩的产能流向房地产、证券、投资等各个领域，国外市场需求的下降使得宁波以外向型经济为主导的企业经营受到更严重的冲击。在这种严峻的形势下，盛威国际同样采取收购的方式来化解危机，2008 年收购卓越企业（香港）有限公司，正式步入金融股权投资业务领域。通过这次收购，盛威国际开始了以金融投资为突破口的多元化经营。

（三）借助跨国经营渠道开拓全球化市场与多元化经营阶段

2009 年，盛威国际控股有限公司盛威国际大中华区计划全面实施，"SAFEWELL"品牌全面进入中国市场服务大众。盛威国际利用跨国巨头现有的品牌和销售渠道，利用西方文化对消费市场的影响，站在巨人肩膀上推广自主品牌；对海外公司全部实行本地化管理，在科技创新方面与海外公司高效整合。凭借融合之道以及"SAFEWELL"品牌的国际知名度，盛威国际开拓国际市场如虎添翼，快速打开了更多的国际市场大门。其在欧洲、东南亚、中东、澳大利亚、日本、俄罗斯、南非等地设立了分销机构，在英国、印度、土耳其、新加坡的市场占有率超过 30%，在埃塞俄比亚的市场占有率更是超过了 70%，成为当地保险箱行业的主导品牌。在盛威国际市场开拓的同时，公司继续深化多元化经营，多渠道拓展品牌影响力。2012 年成功收购

Clos La Madeleine 酒庄,建立海外红酒基地,投资成立宁波俪盛(国际)酒业有限公司。2013 年盛威国际与政府签约投资 6 亿元人民币,规划建设占地 60000 多平方米的盛威国际总部园区。

(四)销售渠道建设与自主研发为主导的跨国经营阶段

2014 年之后公司利用跨国经营实现了品牌价值的提升和销售渠道的拓展,在全世界建立起了较强的品牌影响力,具备了技术创新的能力。此时公司步入了以销售渠道建设与自主技术研发为主导的跨国经营阶段,通过跨国经营成功地实现了自主创新能力的提升。2014 年盛威国际首家保险柜专场店在澳门登陆,为当地民众提供安全、安心的产品和服务。盛威保险柜专场店在上海、北京、广州等一线城市陆续展开营业。2015 年盛威国际防火箱生产基地盛威保险柜公司启动,通过自主研发、产品升级进一步拓展市场。2016 年盛威国际在香港的第七家专营店开店,为香港民众提供安全、安心的产品和服务。2017 年 3 月,盛威国际成功参加了德国汉诺威消费电子展。为期 5 天的展会中,盛威国际成功地向全球客户推介了创新的产品和系统的解决方案。盛威国际通信设备已连续 7 年参加德国汉诺威消费电子展会,作为一家专业的通信设备生产企业,盛威国际充分发挥工厂实力,本着钻研、创新的精神,不断升级产品,研发出了如一体化机柜、模块化数据中心(MDC)和高端智能机柜远程电源管理器(PDU)等前沿产品。凭借自身的生产实力和研发实力,盛威国际全力为客户打造定制化的服务与系统的解决方案,得到了新老客户的一致肯定。海外市场潜力巨大,盛威国际通过跨国经营实现了资源的获取,正在逐步从中国制造走向中国创造。

第四节　案例讨论

盛威国际借助跨国经营实现了企业的快速发展,在不同的阶段跨国经营表现出不同的特征。本节在以上研究的基础上,总结盛威国际跨国经营成功的经验。

一、跨国并购是企业技术获取的重要途径

跨国并购是当今企业进行国际化扩张的重要形式,也是跨国公司对外直接投资常用的手段之一(赵常林,易至高,2005),它可以避开国外企业知识产权保护的壁垒,快速获得核心技术,在短期内形成较强的技术实力和自主创新能力,海外收购是我国企业国际化发展、提高核心技术能力的一条捷径。通过并购获得的研发技术时效强、不确定性较低。随着全球化的推进,企业间在时间上的竞争日益重要,快鱼吃慢鱼现象日益普遍。在这种情况下自主研发由于不确定性大、周期长,可能会使企业丧失一些战略性时间窗口,错过最佳市场时机。而如果通过企业并购来获得相关技术,其操作无论在风险上和时间上都相对比较容易控制。通过跨国企业并购可以获取核心技术能力,而技术引进却不能。从盛威国际的发展历程也可以清楚看到这一点——我们所引进的都是那些国外早已成熟甚至过时的技术或设备,这虽然有效地帮助我们形成了一定的制造能力和技术水平,却很少给我们带来持续性的竞争优势,以至于我们一直跟在别人后面追赶。而通过企业并购却可以在很短时间内跨越技术门槛,实现技术能力质的飞跃。

二、海外公司的本地化运作是企业跨国经营成功的关键

企业海外经营是指企业通过对外直接投资,在国外建立分公司或子公司来开拓国际市场的经营活动,是企业国内经营活动在海外的延伸。所谓本土化战略,就是指企业在海外经营时,从战略全局的角度来规划运营海外企业的人员、组织管理、资本、产品、技术等各个层面,使之适应本土的社会文化、法律、宗教、政策等,使企业的一切经营管理融入本土的社会中去。它是我国企业海外经营成功的关键所在,是企业国际化的微观基础。例如,中国的绍兴酒在日本市场上实施标准化产品策略就是一个十分成功的例子(欧阳峣,晏国祥,2006)。跨国公司海外经营本土化战略的成功能加快我国企业市场化运作的发展进程,有利于我国境外直接投资规模的发展,有利于我国跨国公司国际竞争能力的加强。

盛威国际海外公司的本土化运作实现了良好的国际化经营绩效。本土化经营战略的成功使其在国际化的人才网络、信息网络、产品技术开发网络、市场营销网络等方面得到加强,并提升了国际竞争力。

三、海外分销是企业国际市场拓展的重要措施

盛威国际能够在 20 年左右的时间里在保险箱行业的国际市场上占有重要的地位,得益于其成功地设立了海外分销公司。2006 年公司收购美国品牌"SAFEWELL"以后,开始了海外分销公司的建设与收购,通过海外分销公司迅速占领了当地市场。公司于 2007 年在越南建立分公司;2009 年,在欧洲、东南亚、中东、澳大利亚、日本、俄罗斯、南非等地设立了分销机构,成为当地保险箱行业的主导品牌。海外分销公司的建立对企业了解产品需

求特点,熟悉国际市场,更好地进行产品改进提供了良好的渠道。同时,建立海外分销公司也使企业能够迅速进入当地市场,相对于单纯的出口贸易,在当地建立分销公司有益于企业实现技术获取和信息获取。此外,对于当前不稳定的国际需求来说,海外分销能够在一定程度上避免国外客商需求变动带来的不确定性,这也成为盛威国际在 2009 年全球经济形势严峻的情况下,能够实现飞速发展的关键所在。

第五节　结论与启示

本章通过对我国民营企业跨国经营历程的梳理,总结了我国企业跨国经营不同时代的发展特征,并与美国、日本、欧洲国家的跨国公司发展模式进行对比,总结了民营企业跨国经营的理论基础。通过对盛威国际跨国经营与发展过程中经验和做法的提炼,总结了盛威国际跨国经营成功的主要经验。随着宁波经济转型升级的步伐加快,将有更多的企业走向国际化,宁波作为"一带一路"的重要起点城市,国际化经营势必成为未来宁波民营企业发展的重要措施。宁波民营企业要抓住当前难得的机遇,从经济转型升级和可持续发展的全局出发,找准境外并购与全省经济发展的有机结合点,因势利导,充分发挥跨国经营对于调整经济结构和转变发展方式的积极作用。宁波要结合国内外产业融合的需要,加强民营企业跨国经营的培训,满足宁波经济转型的技术、人才等要素需求,加快培育具有国际竞争力的跨国公司,推动民营企业更好地走出国门。

第一,建立民营企业跨国经营综合服务体系。宁波民营企业跨国经营相对大型国有企业而言,其对国外市场的认识还相对较少,国际化经营经验更是不足。从当前宁波面临的形势来看,无论是"一带一路"建设还是"东方文明之都"建设都需要一批民营企业进行跨国经营。在面临机遇时,如何推动民营企业更好地走出国门,是当前宁波亟待解决的问题。目前宁波还没有专门针对民营企业跨国经营的领导小组。因此,建议首先成立由政府部门、社会中介机构和企业共同组成的领导小组,主要负责企业跨国经营的统筹协调;其次,建立境外投资"一门式"审批、核准平台,在企业跨国经营上提供政策审核的便利;再次,要设立企业跨国经营综合服务平台,提供对外投资合作指南、产业指南、东道国法律政策等信息咨询,对重点项目进行综合策划和协调,推荐专业中介机构,并定期对有对外投资需求的企业进行专家指导,对跨国经营的风险进行综合评估。

第二,推动与宁波产业结合度高的产业领域的国外投资。宁波目前已经有一批企业通过投资、收购的方式进入国外市场,通过利用国外企业的品牌、技术优势实现了企业产品质量的提升。随着宁波国际化程度的加深,将有更多的企业选择以跨国经营的方式进入国际市场。当前宁波经济面临新一轮的起飞,企业的跨国经营将是推动宁波经济再次发展的关键所在。无论对宁波经济的发展,还是对企业自身的层次提高来说,跨国经营都是必须关注的重要措施。宁波经济发展面临着技术、人才、资源缺乏等瓶颈,而跨国经营在一定程度上为解决这些困境提供了新的思路。宁波企业已经在国内许多领域建立起较大的影响,如服装、文具、家电等产业,宁波经济再次起飞要以宁波优势产业为基础。因此,要研究国外优势产业布局,了解国外先进技术特点,重点推动与宁波产业结合度高的领域的政策支持,选择对宁波经济未来贡献度大的企业和产业进行重点支持,争取形成具有宁波产业和经济特色的跨国经营格局。

第三,建立跨国经营人才培养机制。相对于宁波经济的地位,宁波高校、研究机构、科研院所等还存在着较大的差距。在新的形势下,国与国之间的竞争,包括知识竞争、科技竞争、信息竞争、经济实力的竞争等,归根到底是人才的竞争。民营企业实现跨国经营,尤其需要人才的支持,没有足够的人才支持,民营企业跨国经营的局面难以打开。宁波经济发展到现阶段,高层次人才需求也在日益增加,无论对于宁波民营企业的跨国经营还是对于宁波经济的快速发展,人才约束将是一个重要的限制。宁波已经引进英国诺丁汉大学,但相对于宁波庞大的人才需求,还是杯水车薪。建议宁波一方面加大人才引进的力度,更多地在人才落户、家属安排等方面创造更好的条件;另一方面,也要注重高校院所的引进,选择与宁波经济发展相关的专业,引进国内知名高校进驻宁波,这将是解决人才短缺的必要措施。在民营企业跨国经营方面,要建立专门人才引进与培训机制,加强校企联合培养机制的建设,形成宁波民营企业跨国经营人才支持体系。

参考文献

成思危,2001. 中国境外投资的战略与管理[M]. 北京:民主与建设出版社。

范黎波,王肃,2011. 中国跨国公司海外并购的成长路径演进——基于北一并购科堡的案例分析[J]. 财贸经济(8)：101-105.

康荣平，1997. 华人系多国籍企业的勃兴[M]. 东京：亚洲经济研究所.

康荣平，柯银斌，2001. 华人跨国公司成长论[M]. 北京：国防大学出版社.

康荣平，柯银斌，2002. 华人跨国公司的成长模式[J]. 管理世界(2)：103-109.

康荣平，赵曙明，李瑞瑾，等，1996. 中国企业的跨国经营：案例研究·理论探索[M]. 北京：经济科学出版社.

柯银斌，2009. 中国企业：学习式并购还是征服式并购[N]. 第一财经日报，2009-10-27(C03).

李朝明，鲁桐，2003. 温州民营企业跨国经营调查[J]. 经济理论与经济管理(1)：70-74.

鲁桐，2003. 中国企业跨国经营战略[M]. 北京：经济管理出版社：185-220.

欧阳峣，晏国祥，2006. 中国民营企业国际营销模式标准化与本土化[J]. 系统工程，24(2)：87-91.

邱筵婷，2015. 我国民营企业跨国经营的模式研究——以海尔、联想、华为公司为例[D]. 长春：吉林大学.

邵祥林，2003. 入世后"走出去"战略与工程承包的跨国经营[J]. 上海对外贸易学院学报(11)：9-14.

邵祥林，2004. 中国企业跨国经营研究[D]. 长春：吉林大学.

孙建中，2000. 资本国际化运营：中国对外直接投资发展研究[M]. 北京：经济科学出版社.

王季深，潘祖永，1987. 李国钦、何日华和华昌的发展[M]// 天津新技术开发集团.华夏科学家·企业家. 北京：科学出版社：118-122.

赵常林，易至高，2005. 南京民营企业跨国经营战略模式分析及其选择[J]. 南京社会科学(A1)：145-150.

CANTWELL J, TOLENTINO P E E, 1990. Technological Accumulation and Third World Multinationals [M]. Reading, Berkshire：University of Reading, Department of Economics.

HYMER S H, 1976. The International Operations of National Firms：A Study of Direct Foreign Investment[M]. Cambridge, Massachusetts：MIT Press.

第八章　杉杉集团：基于品牌竞争力的
跨国经营模式

第一节　引　言

一、研究背景

国际化竞争浪潮中，企业逐步推进跨国经营。跨国经营指企业以母国企业为基地，通过对外直接投资，在其他国家或地区建立子公司或分支机构，并以此为基础所展开的跨国界的以营利为目的的生产经营活动。企业参与跨国合作的实质是一种涉及资金、技术、信息、形象、利益等的交换。进行跨国经营的企业，不仅实现了自身的发展、为其他企业提供了积极的借鉴，也为推动产业和经济的发展做出了贡献。

我国企业在国际竞争舞台上已崭露头角多年，形成了多样化模式，比如融资战略、技术获取、产品策略等。其中，品牌是产品策略中一种有力的竞争手段和强大的无形资产。众多国际知名企业，无不是因为良好的品牌俘获了市场。相较之下，我国企业在国际竞争舞台上常被指为低端，严重影响了品牌形象，制约了跨国经营水平。以劳动密集为特征的服装产业更是如此。虽然我国是世界最大的服装生产国和出口国，但世界知名品牌却属于意大利、法国、美国等。未来，实现我国由制造大国向制造强国转变，突破国际竞争中的低端锁定并实现产业升级，提高品牌竞争力是一个必然途径。

回到本土宁波，服装业可谓一张名牌。从 20 世纪八九十年代以服装代工起家，到发展自主品牌，服装产业依托自身优势，借助渠道探索和模式创新，成为宁波经济增长的重要力量。作为"中国制造 2025"试点城市，宁波需要做好服装这张名牌，服装企业必须从根本上提升品牌价值。应该在龙头企业的引领下，依靠品牌竞争力带动企业真正做大做强，有效参与跨国竞争。

那么，品牌竞争力如何形成？如何利用它参与跨国经营？成功的跨国企业如何实现较高的品牌资产价值？如何利用品牌引领企业发展？本课题欲对此寻求答案。

宁波杉杉集团股份有限公司作为宁波服装业的龙头，依靠跨国经营，取得了极大的成功，在国内外产生较强的影响力。本课题将以该企业为研究对象，跟踪其从成长至壮大、从民企至跨国企业的历程，探索跨国经营的特点规律，分析探索成功经验，为宁波服装企业发展壮大并走出去提供思路；分析案例企业在跨国经营中的品牌策略，帮助探索宁波企业如何利用国际平台实现跨越发展，在新的产业发展契机中占据有利地位。

二、杉杉集团的案例典型性

杉杉集团是集科技、时尚、投资、医疗、旅游等产业于一体的多元化产业集团。本研究仅针对杉杉集团服装产业部分，因其具有较强典型性：

第一，杉杉集团从服装领域开始经营，多年来，以产品为核心，成为行业龙头企业，创造了服装业发展中的多个第一（如表 8-1 所示）。

表 8-1　杉杉集团发展历程中创造的第一

年份	创造的第一
1989	第一个提出品牌发展战略
1990	在中国服装界第一次提出了"无形资产"的概念
1991	在中国服装界第一个对企业进行了规范化的股份制改革
1992	第一个建成当时国内服装业最大规模的市场销售网络
1994	第一个导入 CIS，整合提升品牌形象，完善品牌内涵
1996	第一个提出"名牌、名企、名师"的联合，推出设计师品牌"法涵诗"
	成为中国服装业第一个上市公司

续表

年份	创造的第一
1998	第一个建成国际水准的服装生产基地,全面引进国外生产管理工艺
	第一个提出推广品牌的概念,大型时装发布会"不是我,是风"在中国主要城市巡演20余场
	第一个与世界顶级服装公司合作,推出具有国际水准的多品牌时装
1999	第一个进入国家重点建设企业名单的服装企业
2000	成为第一个通过绿色环保认证的服装企业

第二,本研究分析基于品牌竞争力的跨国经营行为。杉杉集团是典型的以品牌为核心理念,依靠品牌经营获得市场空间并成功实现跨国经营的企业。企业成立伊始,便定位于品牌发展策略,打出旗号——"创中国西服第一品牌",经多年发展实现品牌国际化,打造了"多品牌、国际化"的时装,成功实施跨国经营。

三、研究方法及资料收集

本研究利用经济学、管理学等学科知识奠定理论基础;采用文献调查、资料搜集获取佐证材料;通过纵向分析探究企业发展历程规律;通过归纳分析演绎形成研究结论。

文献资料来源主要为相关书籍、中国期刊网,获取的内容是相关理论、文献回顾;通过利用百度、Google、公司官方网站等网络工具以及企业访谈等途径,获取关于公司成长经营基本理念、关键性事件的分析。

第二节　理论框架

本节重点界定相关概念,说明品牌由弱到强的成长规律,指出利用品牌进行跨国经营面临的选择,分析品牌跨国经营的具体实现方式,为后续分析奠定理论基础。

一、概念界定

跨国经营是指企业以国际需求为导向,以扩大出口贸易为目标,进行包括海外投资、营销在内的一切对外经营活动,即在资源获取、产品生产和销售、市场开发目标的确立等方面,将企业置身于世界市场并发挥自身比较优势,开展对外经济技术交流,参与国际分工、国际协作和竞争等一系列经营活动。从我国和世界大多数国家实际出发,可把企业跨国经营分为"内向型跨国经营"与"外向型跨国经营"两类。

如现代营销学之父科特勒所指出的,品牌是指销售者向购买者长期提供的一组特定的特点、利益和服务。品牌事实上是公司形象和产品的综合体现,是关于产品的质量、价格、特色甚至售后服务的综合展示。通过品牌,将产品与市场其他同类产品区别开来,产生市场影响力。一种品牌如果获得了较高的知名度,习惯上称之为"名牌",构成竞争力。

品牌竞争力是指一个成功的品牌能帮助顾客识别产品、服务、人员或地方,把品牌加在产品、服务上,能最好地满足购买者需要的独特附加价值。品牌的成功源于其在竞争环境下,能持续地保持这些增加的价值。

品牌跨国经营指品牌跨出国界在国际市场上的运作,其实质是在全球市场上建立一整套有关品牌的创立、延伸、管理以及保护的品牌运营体系,参与国际市场竞争求得发展并且发挥品牌效应,最终形成竞争优势,提高企业品牌在国际市场上的占有率(朱文娟,王宗坑,2009)。

二、品牌竞争力的形成及强势品牌的确立

通过建立品牌竞争力实现跨国经营,首先需要建立强有力的品牌。这种竞争力可以是国内的竞争力,也可以是国际的竞争力。至少在初期,应该形成国内的强势品牌,只有这样,才有可能把握市场。

关于品牌的成长和壮大,学者常用品牌成长曲线(brand growth curve)来描述(如图 8-1)。

在初始状态,商品几乎没有任何品牌资产价值,在同质化状态下依赖价格竞争获取市场份额,进入品牌化阶段后,通过品牌战略和运作,慢慢地具备了基本的能见度、相关性和可信度,这个时候商品就演进为品牌;紧跟着进入强势化阶段,通过品牌战略运作,渐渐地具备了一定的知名度、品质感、联想、忠诚和差异性,这个时候品牌就演进为强势品牌;接着进入平台化阶段,通过品牌战略运作,开始横跨不同的品类环境和品牌环境,呈现的特色为协同性、杠杆力和品牌组合的清晰度,这个时候强势品牌就演进为广域品牌;最后进入国际化阶段,通过品牌战略运作,从地方市场走向区域市场最终迈进世界市场,在多元性地域环境中实现一致性,此时广域品牌就演进为全球品牌。

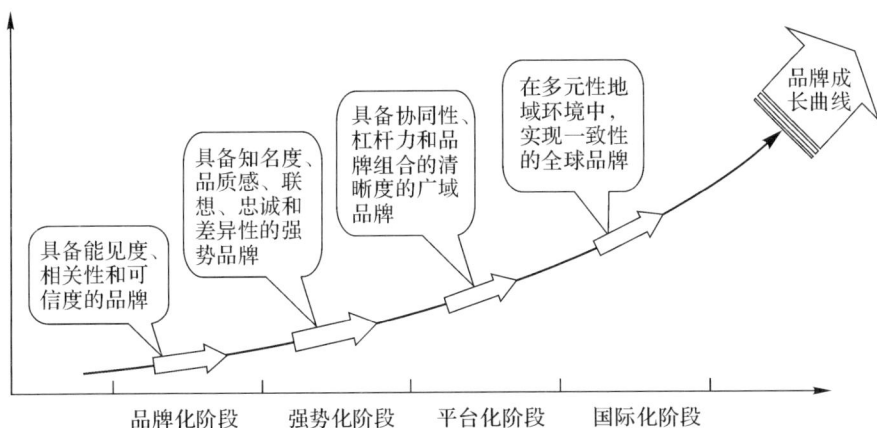

图 8-1　品牌成长曲线

三、品牌主导的跨国经营模式选择

在以品牌为主导的跨国经营中,企业都会考虑以什么样的方式方法开展跨国经营,"模式"就是这些跨国经营行为方法的集合,包括目标市场的选择、市场进入方式、市场竞争策略等。

(1)目标市场的选择。一般意义上认为,选择地域临近或文化接近的市场是不错的选择。在国内市场打造强势品牌之后,可以选择将自有品牌扩展至心理距离较近或处于类似发展阶段的部分国家市场。例如,对我国企业而言,首先进入心理距离较近的东亚、南亚邻国或地区及经济发展水平大致相当的其他发展中国家往往是更为合理的选择。心理距离接近,意味着母国与东道国之间的文化、语言、消费偏好更为类似,企业与东道国市场之间的信息流动更为通畅(Johanson,Paul,1975),产品所需的适应性调整较少(Sousa,Bradley,2005);而在经济发展水平大致相当的国家之间,在一国可行的产品被另外一国接受的可能性相对较高。然而,经济全球化的新趋势,使得跨国经营不像传统意义上仅受制于运费约束以及产品市场区的有限性,也就是说,良好的品牌形象尤其是强势品牌,可以使企业突破地域限制从而在更为广阔的国际市场空间上获得目标市场。由于传统意义上的价格战、促销战越来越被新一轮的品牌较量所取代,高品质的产品和服务与积极有效的顾客沟通是塑造企业品牌的重要工具(韩慧林,孙国辉,2015)。

(2)市场进入方式。当企业决定了拟进入的目标国市场之后,就要考虑以什么方式进入的问题。从经营管理的角度看,目标国市场的主要进入方式可以分为贸易经营进入、契约经营进入和投资进入三种(费明胜,2004)。

贸易经营进入是将产品在目标国境外制造完毕,然后再销往目标国境内市场,是跨国经营企业对国外市场介入程度最小的一种进入方式;契约经营进入可被定义为一种合同安排,一个公司(许可方)向另一公司(被许可方)提供一种可供使用的资产,交换条件是专利使用费、许可费或是其他形式的补偿,被许可的资产可能是一项专利、一个商业秘密或是公司的名称;投资进入指企业通过直接投资在国外建立生产性的实体进入目标国市场。与发达国家的跨国公司相比,我国的跨国公司在先进技术、专有知识及著名商标等无形资产方面不具有优势,因而在契约经营方面处于劣势状态。但一旦在某些方面具备了条件,可以考虑选择契约经营的市场进入方式,以低成本迅速地拓展更大范围的市场。

(3)市场竞争策略。一般包括价格竞争、技术竞争、品牌竞争等。作为一种无形资产,品牌竞争有赖于产品的技术质量、客户关系等在内的一系列内容,这些共同构建并形成产品品牌形象,产生品牌优势,并形成强大竞争力。世界上许多大型跨国公司只是负责研发与设计产品,并不生产产品,凭借品牌优势便可横扫世界市场。即使是采用其他竞争手段的企业,最终也会着眼于品牌价值。发挥品牌市场竞争策略,首要的目标是使品牌存活下来,在国内积蓄品牌潜力使之成为国内的领导品牌,然后再根据品牌成长曲线所揭示的规律,逐渐国际化。或者反过来说,那些国内领导品牌更容易通过品牌竞争策略实现跨国经营。

四、品牌跨国经营的实现

利用品牌进行跨国经营,事实上包含两方面的内容:一是利用品牌的力量促进企业跨国经营的实现,二是在此过程中实现企业品牌自身的国际化。

品牌参与跨国经营的方式一般有品牌输出、品牌跨国并购、品牌跨国创立三种(朱文娟,王宗坑,2009)。品牌输出指一些在国内外具有品牌优势的企业,通过独资、合资、加盟、连锁、特许经营等方式在国外投资经营进行品牌输出。这种品牌输出方式主要指企业利用自身的品牌优势进行对外直接投资,要求企业在海外具备一定的品牌知名度和自主知识产权。品牌跨国并购是指企业通过对国外品牌并购来开拓当地市场的一种投资经营方式。通过品牌跨国并购,企业可以扩大市场占有率、获得品牌资产和提升品牌知名度。品牌跨国创立是指企业在海外进行直接投资并且在海外建立研发基地、生产基地和营销网络,创立自己的品牌。三种不同的方式到底选取哪一种,应根据企业自身的特点而相机抉择。

品牌策略的运用可以有三种方式。其一，"创牌模式"，是指企业在进行跨国经营活动中使用在本国市场上使用的牌名、商标或者使用新的牌名、商标，并且努力使该牌名、商标成为国际著名品牌；其二，"借牌模式"，是企业在跨国经营中不使用自己的品牌，而是采用国外企业的品牌，通常是采用国际著名品牌；其三，"混合品牌模式"，是跨国经营活动中企业根据自身的情况和不同国家市场的情况，混合采用以上几种方式。

品牌跨国经营的过程中，良好运作的企业能够在全球市场上用同一个品牌或不同品牌进入他国进行品牌营销，进一步提升品牌的竞争力，与发达国家企业进行正面的直接竞争。随着企业和品牌的实力进一步增强，形成海外较高的品牌知名度，实现品牌国际化，从另一个层面上，也进一步推进企业跨国经营的实现。

第三节　案例剖析：杉杉集团品牌跨国经营轨迹

本节主要回顾杉杉品牌由弱到强的发展历程，寻找每一阶段关键事件，发现其对企业成功的影响因素，为后续分析提供线索。

一、品牌创建

1989 年，地方小厂——宁波甬港服装厂即将倒闭。时任鄞县棉纺织厂厂长的郑永刚受命于危难之时，接管甬港服装厂另立杉杉企业。企业成立的第一件事，便是打出旗号——"创中国西服第一品牌"。这绝非偶然冒出的念头，经营企业多年的郑永刚深知事物的规律：第一，抓住市场的需求，保证产品质量；第二，抓住消费者的眼球，将品牌魅力植入人心。也正是这一关键的开端，奠定了企业日后成功的基石。

为了成功创建品牌，企业采取了以下措施：其一，品牌命名。在苦思冥想品牌名称时，甬港服装厂门口种着的三棵杉树挺拔苍翠的样子激发了郑永刚的灵感，他当即决定起名为"杉杉"。其二，品牌定位。有一次出差，在火车上，一个穿着进口旧西服的青年出现在郑永刚面前。受到这一启发，他决定改变厚、重、硬、皱的传统西服工艺，取而代之以轻、薄、挺、软，水洗不变形的新西服。曾经以代工美国的苹果西服为主业的甬港服装厂，直接将为国外代工的工艺移植运用到了自主品牌上。其三，品牌宣传。通过广告和用户体验策略扩大品牌的影响力。20 世纪 90 年代的中国，上海如同测试商品是否适应市场的试金石。在大家还没有广告意识的时候,郑永刚花了六万块钱在上海滩打出了"不要太潇洒"的电视广告。与此同时,杉杉服装店门口摆着两台洗衣机,通过现场试验,使围观群众对杉杉西服品质心悦诚服。其四,品牌经营理念。企业家深知,品牌是优质的无形资产,但它必须用心经营。1990 年,杉杉提出无形资产经营理念,并将此作为企业长远的发展战略。

可以说,"卖到上海去"是成就杉杉品牌的一个关键。进入上海的第一次胜利,初步奠定了杉杉在市场中的地位,成功树立了品牌,并产生效应:1991 年,杉杉顺风顺水,全国各地商家提前 3~6 个月就预付全额货款,还需要在宁波等待一周甚至 10 天,才有可能拉走订货量的一半;另外,杉杉渴望进驻当时在全国具有标志意义的上海中百一店,满足了苛刻的进场条件后,中百给杉杉提供了一处 70 平方米左右的展厅,开业第三天开创了单店日销量 230 套的纪录,而当时杉杉工厂的日产量只有 600 套。

二、品牌壮大

品牌战略初见成效,杉杉顺势而为,采取一系列措施对品牌进行包装和运营,迅速提升了品牌的影响力,品牌竞争力形成。

首先,销售网络的建立。1992 年,杉杉建成当时全国最庞大最完整的市场销售网络,建立了"产供销一条龙"体系,在全国建起 35 个市场分公司和 3600 多人的销售队伍。其次,CI(Corporate Identity,企业形象识别)导入。1994 年,为了塑造和提升公司形象,公司斥资 200 万元人民币,成功导入 CI,旨在提升杉杉品牌地位,提高公司的形象,进行品牌统一再造,杉杉的霓虹灯、灯箱广告竖立在许多城市的标志性大街上,促进了杉杉品牌、市场、产品的全面发展。

杉杉凭借优良的品质保证和强大的营销力量,确立了"杉杉"品牌在全国的名牌地位,品牌竞争力形成:1994 年,杉杉西服被中国服装协会及其他权威机构评为"中国十大西服"之一和"中国十大名牌服装"之一,同年作为服装界的唯一代表被《中国名牌》杂志选为中国名牌最佳品牌。在全国市场产品竞争力排行榜中,杉杉连续七年位居"心目中理想品牌"、"实际购买品牌"、"购物首选品牌"第一。1995 年,被中国纺织总会、中国服装工业总公司评为"中国服装工业八强"之一,名列第二。公司综合经济效益多年位居中国服装百强之首。1992 年起,杉杉西服的市场占有率连续 8 年在同类产品中名列第一,市场占有率最高时达 37%。

三、自主品牌建立

1996 年,杉杉股份有限公司成为中国服装业第一家上市公司。新的阶段,品牌美誉度需要提升。郑永刚认为,日趋追求个性的消费者走过温饱阶段后,对服装会有更高的要求。于是,杉杉开始了设计品牌之路。

其一,以消费者选择理念引领设计。随着买方市场的来临,企业以拉动式体制取代产供销一条龙,开始从销售网络和设计两方面摆脱以往工业品销售模式,提出非常时尚的设计理念让消费者自己来选择。其二,打造自主品牌。推出"名牌、名品、名企、名师"的"四名"战略。1996 年,杉杉聘下中国名气最大的两名设计师张肇达、王新元,开创服装名牌与名师联手之先河,"法涵诗"和"梵尚男"成为杉杉按国际高级成衣理念和品质打造的原创品牌。其三,引入国外先进理念进行设计。1998 年 10 月,杉杉与日本、意大利的企业开始合作,推出具有国际水准的多品牌时装。与此同时,分派技术骨干赴日本、意大利研修,将国外企业的质量文化带回杉杉,并且在巴黎成立了自己的设计工作室,带动中国服装品牌进入"设计品牌"时代。

杉杉在走上品牌设计之路后,成效颇丰:1997、1998 年在全国第一、第二届服装设计博览会上,杉杉荣获中国男装十大品牌之首。1998 年,国内贸易部公布全国重点大商场消费品市场监测报告,杉杉服装名列 1997 年度同类商品市场综合占有率第一位。

四、多元品牌跨国经营

1999 年年初,杉杉集团总部由宁波搬迁至上海浦东。同年,为了服务于国际化、现代化目标,吸收上海国际化的特色,杉杉集团开始了"国际化、多品牌"经营方式。同时从对内和对外两个角度着手,全面启动多品牌战略。其特点可以用三个词概括:品牌运营、国际化、多元化。

第一,品牌运营。杉杉原先按照传统方式建立起来的销售网络,运转成本极其昂贵,在市场开始转向买方后,这种模式使其面临市场份额迅速减少的考验。在此背景下,杉杉决定借助特许经营的形式,逐步淡出销售、生产环节,学习耐克的做法,只专注于品牌经营,并采用了以下改革方案:一是放弃产供销一条龙的传统经营模式,打破原有的各地分公司销售模式,通过产权改制、品牌托权管理和过渡阶段的特许加盟经营转向"订单制"模式;二是在渠道再造的同时,针对细分市场增加产品的分众性,以丰富设计元素来增加产品的含金量和时尚感,在中国服装产业中第一次提出自主创新;三是于2002 年年初,从服装生产加工领域抽身而退,以前由杉杉集团在宁波全资建立的 5 家服装加工厂的控股权和具体运营权全部被转移给外资公司或个人。

第二,国际化。与意大利、法国合作,通过外方销售网络,将杉杉集团的品牌服装打入国际市场。同时,以资本为纽带,拿到一些国际品牌的中国市场经营权,并参与设计和运营,每个品牌的运作交给具体的品牌公司来做。为培育原创品牌,在品牌授权经营的同时,杉杉集团将自己设计、兼并、收购、控股的在国内外注册的品牌,授权给富有市场经验和设计经验的品牌团队进行经营,不断孵育代表不同个性文化的民族品牌。杉杉集团下属两家国内上市公司、7 家海内外(公司)事务机构、12 家产品开发公司、12 家产业公司、19 家品牌公司,近 3000 家专卖店(厅)遍布中国各大中城市及部分欧美主流商场。

第三,多元化。通过与日本伊藤忠、大东纺织,意大利法拉奥,法国高级时装公司克里斯汀·拉夸,以及美国杜邦、卡拉威等国际一流公司和组织进行合作,实施国际化多品牌战略,以不同风格和品牌定位满足不同层次的消费者。除了自主品牌"杉杉"外,还直接控制了 22 个品牌,如法涵诗男装、玛珂·爱萨尼、万星威、Le coq、莎喜、纪诺思、萨法思迪、法涵诗女装、菲荷女装、卡莎迪娅、菲莱、梵尚、意丹奴休闲、贝儿森、小杉哥童装、马基宝、麦斯其莱、玫瑰黛薇等品牌。

优质的产品不仅让公司赢得多达 3000 家专卖店(厅)的国内规模最大的服装市场网络,而且在纽约和巴黎也很畅销。2007 年杉杉集团率七大民族品牌亮相米兰时装周,中国品牌首次登上国际舞台。由世界品牌实验室和世界经济论坛评出的"中国最具价值的 500 品牌","杉杉"品牌赫然名列其中。

第四节　案例讨论

杉杉集团,围绕品牌发展核心理念,以多种策略成就品牌竞争力,以强大的核心竞争优势实现跨国经营。

一、杉杉集团跨国经营演化路径

杉杉集团跨国经营演化路径有以下三种:

（一）确定品牌发展战略，迅速将品牌形象渗透市场

在 20 世纪 90 年代，当企业普遍没有很强的品牌意识时，杉杉集团领导人以多年的企业经营经验，果断以品牌作为企业发展定位，开始品牌创建。品牌创建，就是要创建基于顾客需求的品牌的正面价值，并通过品牌表达某种传统、某种象征、某种信仰、某种价值观。这需要为自己的品牌在市场上树立一个明确的、有别于竞争对手品牌的、符合消费者需要的形象，在潜在消费者心中占领一个有利的位置。为此，杉杉集团通过一系列的创建工具来实现品牌创建。

首先是品牌要素的选择，其中包括品牌名称、标志、符号象征、包装、口号和特征等。公司以寓意"杉树"挺拔形象而命名品牌名字为"杉杉"；以"不要太潇洒"的广告，使品牌富有意义便于联想和记忆。其次是营销组合策略的开发，通过洗衣机中滚动的杉杉西服，呈现优良品质，并创造感知价值；通过销售网络的建立和广告的投入，实现"推"和"拉"作用，提高知名度。

当然，有效的品牌思想应该是以提升品牌的社会形象为中心。为此，通过企业 CI 导入，将杉杉的品牌形象深植于各个城市消费者的心中，在消费者心目中树立起良好的品牌联想和品牌形象。

（二）构建强势品牌，形成核心竞争力

品牌的本质是企业与消费者之间的无形契约，品牌反映的关系是企业与消费者之间的契约关系。品牌核心竞争力要素来源于两个方面：一是企业核心竞争力，二是品牌对消费者的影响。品牌竞争力的一个关键，是品牌差别优势。

品牌差别优势可以分为三种基本类型：其一，基于品牌产品特性或个性的功能性差别优势，如质量、设计、式样、使用寿命等；其二，基于产品支持性服务的附加值差别优势，如免费配送、安装、维修、退换、以旧换新服务等；其三，基于顾客对品牌感知所产生的品牌联想差别优势，如企业实力、产品科技含量和品牌形象等。这些品牌差别优势最终将影响并决定消费者的购买行为，其市场表现就是消费者乐意购买并反复购买某品牌的产品或享用某品牌的服务，即品牌忠诚（胡大立，谌飞龙，2007）。杉杉集团在以下几个方面塑造了差异化：

首先是过硬的产品品质。产品品质是获取消费者对品牌忠诚度的最重要因素。作为同行业中的领头羊，杉杉集团从创业初期就坚持以高于国标的标准作为产品检验标准，把产品品质的把控放在了最基本也是最重要的

位置上,从面料辅料的精挑细选到产前准备、产中控制、交付检验,每一环节都经过严格审批,严把产品质量关。杉杉集团投资建立了国际一流水准的服装生产基地,并全面引进日本、意大利的生产管理工艺,使杉杉服装的制作工艺由原来的 2.5 级逐步达到 5 级以上(国际最高 6 级)。生产中采用从德国、日本、意大利引进的世界一流的全自动吊挂式流水线操作,同时,在工艺、技术、生产流程等方面的软件应用,在国际上也都属于首次。管理上,由日本大东株式会社和意大利法拉奥公司的专家直接主持,并且早在 1996 年就全面采用 ISO9002 质量体系进行品质控制。为了在产品品质方面形成真正属于自己的内在的核心的东西,杉杉集团还自主研发,创立了"法涵诗"等自主品牌。加强在营销领域的运作,针对细分市场增加产品的分众性,以丰富设计元素来增加产品的含金量和时尚感。另外,杉杉集团采用个性化定制,通过个性化、体验式、高品质的服务,加强品牌与高端客户之间的黏度,并且成为他们的私人高级着装顾问。

其次是差异化的顾客感知。以真实的产品实力为基础,以客户体验、广告宣传等多种方式,将品牌的总体形象迅速提升,实现顾客感知。一位经济学家说过,一个国家或一个地区拥有商标的数量,特别是驰名商标的数量,标志着这个国家或地区商品经济发展的程度和经济实力,世界上发达国家就是靠驰名商标、驰名品牌树立起自己的经济形象的。最新世界研究资料表明,公司赢利的关键在于了解顾客需求并以富有竞争力的营销文化影响他们,其中包括高水平的广告制作、广告宣传、信息传递、CI 战略等。通用电气公司(GE)的营销战略家伦纳德·A.摩根指出:"我们不仅要产品的质量,而且也要关心广告、服务、产品说明、配送、售后支持等活动的质量。"杉杉集团正是这样做的。从一开始,杉杉集团就非常重视通过各种宣传及营销渠道提升品牌影响力,并采用品牌运营的策略将良好的品牌形象植入消费者心中,实现顾客感知。

事实上,当极富吸引力的市场机会以及较高的市场占有率出现、业绩大幅攀升、品牌资产上的投入开始得到稳定而丰厚的投资回报时,意味着企业已经成为强势品牌,品牌优势已经转化为品牌竞争力。

(三)以强大的品牌运作能力及多元化策略,实现跨国经营

如品牌成长曲线所描述的那样,强势品牌阶段之后,品牌继续进入平台化阶段,通过品牌战略和运作,开始横跨不同的品类环境和品牌环境,展现出协同性、杠杆力和品牌组合的清晰度,这个时候强势品牌就演进为广域

品牌。

为了达到这一目标,杉杉集团果断实行从传统的销售网络转向特许加盟经营模式的变革,实现"渠道瘦身";并从服装加工领域退出,通过加工外包并借助特许加盟商之手,彻底地脱离产销一体的模式,专注于服装业"最具核心价值"的环节——品牌经营。通过专注品牌经营,为日后在国际范围内同时运营多个品牌布下了基本棋局。

杉杉集团专心于品牌战略和运作,当运营能力显著增强后,从地方市场走向区域市场进而迈向世界市场,在多元性地域环境中实现一致性,成功地实现了跨国经营。杉杉集团借由日本伊藤忠商社这个高效的平台中介,获得了诸多品牌的经营权;借由其他品牌的经营,拉动本土自主品牌的发展,并实现技术、管理、设计和经营能力的提升。

总之,杉杉集团的跨国经营,就是在清晰的发展定位基础上,依靠每一次的市场契机反复修正和提升品牌能力,经历了品牌市场导入、品牌渗透、强势品牌阶段后,成功借力品牌竞争力实现跨国经营,成为国际品牌。

二、品牌跨国经营的驱动因素

企业持续围绕品牌理念进行发展,并实现跨国经营的系列事件的背后,一定存在强有力的助推因素。结合学者所说一般动因,根据杉杉集团实际展开具体动因分析。

(一)品牌跨国经营的一般动因

关于跨国经营的动因,虽有大致的分析框架,但并没有统一的答案指向。一般认为,跨国经营最初动因之一是为了获得关键要素供给的需求。亦有学者对此做进一步的研究,如武博(2001)指出,科技进步、经济全球化、资源禀赋优化配置是跨国经营的三个动因。资源禀赋优化配置中,寻求市场的动机是重要内容之一。这在那些已经取得某些内在优势、拥有海外市场而带来某些竞争优势的专业技术或著名品牌的公司身上体现得尤为明显。虽然它们最初的态度是机会主义的,但是许多公司最终认识到,在国外市场所增加的销售使它们能够拓展其经济的规模和范围,从而为公司提供了超越竞争对手的竞争优势。

事实上,经济技术和社会发展的推动、自然资源的开发、偶然性事件的发生、公司战略的导向、对于利益的追寻、要素的变革、创新的需求等等,皆有可能成为跨国经营的动因,具体应结合企业实际展开针对性分析。

(二)杉杉集团跨国经营的具体动因

杉杉集团跨国经营演进的动力因素,从企业几次关键转折点中可以察觉和分析出来。几次转折事件分别是:一是树立品牌意识;二是总部搬迁至上海;三是脱离产供销模式;四是创立自主品牌;五是与日本伊藤忠商社合作。虽然几次转折点的发生时间与具体内容都不同,但背后的驱动因素有几个共性特征:

1.企业家精神驱使下的创新

从一开始,郑永刚就将他的企业家精神发挥得淋漓尽致。这种精神表现在:①创新。如他所说,企业家就是"喜新厌旧",企业家的核心就是创新,创新就是一生的追求。②果敢与魄力。在企业发展的几个关键转折点上,他都能迅速而又清晰地做出决策,不断求新,并高效执行。③懂得利用企业和人才的核心竞争优势服务于创新。他的决策,虽然是果断而迅速的,但却并不盲目。比如,开始接手甬港服装厂提出品牌发展战略时,是因为他在原有企业有经营经验而且深知服装加工技术,知道企业有基础去改变旧有服装加工工艺。而且,他也懂得去借用他人的力量,对人才进行合理配置。他常说:"当某一个产业做到最好的时候必须让专业的人去做。我就是一个决策人,不要去做企业具体的事。"

2.市场指向下的转型

纵观杉杉集团的发展历程,其能够胜出是因为每一个时期都能超前而敏锐地感知市场的变化,比如看到市场需求的变化,看到时代的变化,看到国际市场的变化,感知到时代对于企业和人才的要求变化,等等。

不适应市场就会被淘汰,杉杉集团常常以前瞻的精神看到市场的变化并积极采取转型策略。正如郑永刚常说,企业转型是企业自身的需求,就像人到了一定年龄要找对象结婚,不是父母要求才去结婚。当敏锐察觉到国人对于西装品质的要求产生变化时,杉杉集团迅速改变西装生产工艺;当看到市场发生变化时,果断地改革产供销的模式,改为"订单式"模式以及后期的品牌运作;当看到市场萎缩而资金无处可投时,果断采取多元化策略;当集团总部搬迁到上海后,充分利用良好的市场平台,采取国际化策略。正是因为不断尝试、不断变革,杉杉集团实现了转型发展。

3.战略导向下的品牌使命感

品牌是杉杉集团立业的基石、发展的灵魂。发展真正的民族品牌是杉杉集团的信念和使命。杉杉集团在跨国经营中,以自身品牌实力获取了多个品牌的经营运作，最终目的是进一步用这种方式带动自主品牌的发展以及设计能力的提升。这恰恰是我国服装企业的薄弱环节所在。如果嵌入全球产业链的低端生产环节，最终只能沦为代加工命运，而且还会耗费大量的人力物力资源。杉杉集团凭借清晰的品牌战略思路，以一个平台企业的身份，巧妙利用各种资源，实现民族服装企业在薄弱环节上的提升，带动民族品牌真正的发展。

三、品牌跨国经营的模式

杉杉集团的跨国经营，是以契约经营为内容的，内外相结合，"内向型跨国经营"为主，以外升内的跨国经营模式。

从前面所述的跨国经营方式来看，杉杉集团的跨国经营可以界定为契约经营。在品牌合作中，杉杉集团做投资，以资本为纽带控制了法国、意大利、美国、日本、韩国等很多品牌。每个品牌的运作交给具体的品牌公司来做。运作中，剥离了大部分生产和营销业务，基本放弃供应链的上下游，专心做品牌运营及产品设计。将生产环节业务剥离，采取与其他生产企业合作的模式，重点把控产品的设计，提升对产品质量和交货的控制能力。2002年年初，杉杉集团将在宁波全资建立的 5 家服装加工厂的控股权和具体运营权全部转移给外资公司或个人。此时杉杉集团的服装中仅有一半是自己工厂生产的，还有 30% 在国内其他工厂制作，另有 20% 在国外加工，已经部分地实现了全球采购和全球下订单。为杉杉集团生产加工服饰的外资企业包括日本、韩国和意大利的企业。另外，杉杉集团将营销渠道剥离，在市场方面基本上是采取代理商加盟渠道，拥有市场一、二级特许加盟经营企业1500 余家。运营中，杉杉集团主要以品牌运作带动产品开发，也通过技术的转嫁结合自己的品牌运作能力实现盈利。因而，这种契约经营的最大特点，是以无形资产的运作，成功实现对于多国多元品牌的管理，并成功打入他国市场。

合作内容上，通过名称等资产的交换实现合作，实现的是对系列品牌——品牌池的管理，也正体现了杉杉集团多元化的特点。在品牌池运营中，除了自主品牌外，还采用借牌模式。所谓借牌，是企业在跨国经营中不使用自己的品牌，而是采用国外企业的品牌，通常采用国际著名品牌。实施借牌模式对于企业来说不用投入大量的人力、物力、财力在自己不熟悉的国外市场来提高自己产品的知名度，并且往往有比较稳定的销售渠道，因此跨国经营的风险较小。在实行借牌模式的时候，不同的企业会采用不同的方式,通常有收购外国品牌和 OEM 两种方式。杉杉集团在与多个品牌合作过程中,也成功借用品牌合作途径,借用国际品牌的影响力,来实现自己的市场开拓目标。

在跨国经营思路上,杉杉集团采用的是内外结合的方式,包含两层意思:一是在多元品牌战略下,多次的变革都是同时从国内市场和国外市场改革,服务于跨国经营目标。二是将内向型跨国经营和外向型跨国经营相结合。杉杉的内向型跨国经营主要体现为引入国外品牌,通过经营运作,服务于本土市场,进一步带动杉杉自主品牌的提升,即通过国际合作带动自主品牌的价值提升。外向型跨国经营体现为在国外市场销售。

第五节 结论与启示

新常态下,经济形势更加复杂,企业面临诸多困境。为有效实施跨国经营,结合杉杉集团的发展经验,提出如下建议供借鉴:

一、挖掘企业核心优势,重视品牌培育及价值提升

杉杉集团在几十年的经营中,虽然不断调整变化策略,但始终都是围绕品牌展开。企业的研发、生产、销售等都是围绕品牌核心价值去演绎,在此基础上,进行品牌跨国经营。

作为服装类企业,尤其是中小民营服装企业,在新的经济形势下,需要对自身重新审视和调整,整合自身资源,明确发展定位,调整目标,要在企业内部培育既能带来高附加值又能短期内不易被竞争对手模仿的核心能力,确立核心的优势并使其成为强大的竞争力。

密切关注市场发展动态,有效调整发展策略。向杉杉集团学习,在每一次新的形势出现时,及时进行转型,找到新的业务增长点。而且,每一次发展策略的调整,实质都是服务于同一目标——不断提升品牌价值。因此,服装类企业应当在劳动力等要素成本上升,使其原有优势受到冲击时,改变原有发展模式,沿着清晰的发展主线,加快创新和升级步伐。

重视品牌培育工作。品牌已经成为企业综合实力的体现,现代企业之间的竞争表现为不同品牌之间的竞争。任何企业要想在竞争激烈的国际市场占有一席之地,就必须以质量、品牌求生存。利用一切有利环境,为品牌的成长创造可能。坚持品牌策略,维护品牌价值,企业的产品研发、设计、包

装、定价、广告、促销到售后服务等都要助力品牌价值的提升,根植于内生性的国内市场,做强品牌。

二、依靠品质及品牌实力,寻求跨国经营的恰当方式

以品质和品牌实力,作为跨国经营的基石。我国包括服装在内的很多企业产品在国际市场上销售时,备受争议,往往是由于品质不被信任。虽然通过各种渠道暂时能够获得较大的市场空间,但从长远来看可持续性较弱,也是长期跨国经营中迟早会遇到的瓶颈。所以,当前亟须通过国际合作的平台,提升品牌的最核心的内容——产品自身的品质。质量是所有名牌的成"名"之道,创名牌必须闯过质量关。在信息不对称所导致的劣质品驱逐优质品现象中,长远的生存必须依赖良好的品质,这是品牌长久树立于消费者心目中的基本保证。另外,买方市场正在发生变化,消费者的需求不仅多元化而且碎片化,企业应该针对市场的需求实现有效供给,不仅包括产品内涵的供给,也包括品牌其他元素如服务、广告等系列内容在内的有效供给;同时要善于去识别和发现有效需求,把握形势,完善产品品牌内涵。

在此基础上,结合企业实际,寻求跨国经营的有效方式:结合产品属性特点、企业文化理念,选择目标市场,实现产品和文化相融合;根据企业品牌战略,探索创牌、借牌、品牌嫁接、品牌收购等适合的方式;分析目标市场的特点,寻求品牌快速成长的途径,探索贸易经营进入、契约经营进入、投资进入等进入方式;寻求良好的合作伙伴,建立密切联系及互动,打开跨国经营通道。另外,在跨国合作中注重知识产权保护,维护好品牌。

三、善于在跨国经营中,成就企业的竞争力

跨国经营的实质,是资源的交换,只有等价的交换才是可持续的。等价交换的内容,可以是短期目标,也可以是长期目标。比如我国企业在与他国企业合作中,就常出现让渡自己的市场优势来交换他国企业的技术、管理经验等现象。就这一问题,许多学者也在争论:最后我们的确是让渡了自己的市场,让他国企业获取了丰盛的利润,但我们是否真正获得了自己所需的技术、管理经验? 所以,我们必须思考究竟怎样合作。

从杉杉集团的跨国经营来看,其合作经验在于:借用国外品牌的力量拉动自主品牌的发展,利用国外品牌提升自主品牌在市场中的形象。杉杉集团引入的国外品牌,如法国的 Lecoq、美国的 Callaway、意大利的 SASCH、日本的 Pinky & Dianne、韩国的 QUA 等,全部通过合资公司进行管理。这些国外知名品牌与"杉杉"的名号关联,增加了"杉杉"在消费者心目中的效应,

提升了品牌价值;而且在合资运营中,杉杉集团获得了管理、技术和设计经验。借此,不仅进一步提升了品牌的价值,获得了国际认可,而且为自主品牌的发展夯实了基础。

为此,企业在参与国际合作的过程中,需要有意识地通过合作提升自身的能力,真正获取他国的管理和技术经验,提升企业自身的竞争力;成就自己的品牌实力,真正实现自主品牌价值。

四、以企业家精神推动跨国经营

企业家精神在企业发展中扮演着非常重要的角色。从杉杉集团发展的经验来看,企业家精神在依靠品牌信念支撑企业发展并成功进行跨国经营的道路上起着强有力的作用。

未来,应该从多角度重点培育企业家精神,以企业家的诚信、敬业、执着、学习、创新、合作等作为企业发展中强大的信念系统,形成清晰的企业发展定位,并将企业家的精神逐渐升华为组织的精神,引领企业不断合作创新,谋求可持续发展。树立跨国经营中企业的人的形象、物的形象、组织的形象,最终形成优质的品牌形象。

五、政府为企业跨国经营提供更多支持

政府应该给企业跨国经营提供更多的支持。企业依靠自己的力量跨国经营,难免会有短视行为,追求短期利益所采用的策略从长远来讲并不一定符合产业长期发展的要求。另外,有些企业在跨国经营中,需要策略上的指导,或者面临着资源的制约,等等。

政府首先应该给予企业一定的引导和指导,根据国家产业发展规划,有计划地引导企业以有效的方式参与跨国经营,帮助企业获取有效资源;其次,在这个联合分享的时代,靠企业单打独斗并不能产生良好的效益,政府应该给予企业更多的帮助以及充分合作的平台、信息等,助力企业走出去。

参考文献

费明胜,2004.跨国经营市场进入方式的选择[J].江苏商论(9):87.

韩慧林,孙国辉,2015.基于中国企业跨国经营的公司品牌影响机理研究[J].商业经济与管理(9):44.

胡大立,谌飞龙,2007.论品牌竞争力的来源及其形成过程[J].经济管理(18):40-44.

刘光明,2013.品牌文化[M].北京:经济管理出版社.

武博,2001. 论中国工业企业在跨国经营中的核心竞争能力[D]. 南京:南京农业大学:21-24.

朱文娟,王宗坑,2009. 品牌跨国经营的实质与模式[J]. 企业改革与管理(7):38-39.

JOHANSON J, WIEDERSHEIM-PAUL F, 1975. The Internationalization of the Firm: Four Swedish Cases[J]. Journal of Management Studies,12(3):305-323.

SOUSA C M P, BRADLEY F, 2005. Global Markets: Does Psychic Distance Matter? [J]. Journal of Strategic Marketing,13(3):43-59.

第九章　赛尔集团:基于总部经济的国际贸易发展模式

第一节　引　言

一、研究背景

当前,外贸面临转型升级的关口,发展国际贸易总部经济是宁波实现外贸转型升级、产业优化的重要途径。总部经济作为国际分工的高端环节,是总部企业充分集聚,对经济社会发展产生强力带动和辐射作用的经济形态,具有知识含量高、产业关联度强和集聚带动作用大等显著特点,是城市竞争力和现代化水平的重要标志。加快建设宁波国际贸易企业总部基地,将有力推动宁波总部经济的培育和发展,有利于推进宁波承接国际制造业和服务业高端环节,在更高层次融入全球经济;有利于推进产业结构调整,促进经济转型升级。

我们选取宁波市外贸行业中发展较为成功的赛尔集团作为案例研究的对象,试图从赛尔集团近 20 年的转型发展历程中,总结提炼其成长过程中外部环境变化、国际贸易平台及其支撑体系的形成发展过程以及其发展变化轨迹,从中揭示宁波传统外贸企业通过创新商业模式,创建平台转型升级,并向总部企业跨越的成功经验。

赛尔集团成立于 2010 年,前身为创办于 1997 年的赛尔国贸,现集团控股优越投资、赛尔国贸、高岳进出口、优胜国贸、优景进出口、优讯进出口、优鼎进出口、优贸供应链、环宇港通、优途国旅等 10 余家子公司,集团和控股子公司总注册资金超过 3 亿元。赛尔集团以日用百货的进出口业务为核心主业,经过多年自营贸易利润的积累,已经具备相当雄厚的经济实力,2013年获"市优势总部企业"称号,公司正跨步向多元化综合型的总部企业发展。

二、赛尔集团的案例典型性

相比于大规模的统计调查问卷方法,单一案例研究可以提供很多纵向性、指导性和实用性的启示(Pettigrew,1990)。本文采用了探索型案例研究方法,案例研究的对象选取了宁波市外贸行业中发展较为成功的赛尔集团。我们选择赛尔集团作为典型案例,主要基于以下原因:

第一,在宁波市外贸行业企业中,赛尔集团的商业模式具有典型的总部企业的特点。贸易型总部企业是指境内外企业在本地设立的具有采购、分拨、营销、结算、物流等单一或综合贸易功能的总部机构,既包含传统贸易企业,也包含基于互联网等信息技术,从事撮合交易或提供配套服务的平台型贸易企业。经过近 20 年的发展,赛尔集团 2013 年获"市优势总部企业"称号,已和全球 100 多个国家和地区的 1500 多个买家建立了稳定的贸易合作关系。集团以供应链管理为切入点,将供应链管理引入外贸综合服务领域,建设以供应链管理为特色的新型外贸服务平台,积极整合行业上下游资源,加快从外贸产品提供者向综合贸易服务提供商转型。集团外贸供应链平台集聚庞大的客户信息、供应商信息、产品信息、贸易信息、金融信息、物流信息,为下游外商提供面向全国的采购配送和高效的供应链一条龙服务;为上游供应商打通面向全球买家的国际市场渠道,并提供包装设计、产品展示、在线交易、产品检验、贸易融资、信用保险、国际物流、进出口通关、国际市场研究等服务。

第二,在当前宁波市外贸企业转型升级大背景下,赛尔集团以建立总部企业为核心的发展模式,具有很强的现实启示和借鉴意义。因此,分析赛尔集团基于总部经济的创新发展模式,可以为其他成长型外贸企业提供宝贵的借鉴。

第三,赛尔集团地处宁波市,与课题组所在单位同处一地,在组织实地调研和深度访谈方面具有较好的区位优势,有利于开展相关资讯考察和数据资料的整理总结。

三、研究方法及资料收集

本课题的研究方式主要包括理论分析、案例研究、逻辑归纳演绎等方法,在充分阅读相关文献和对企业进行实地调研访谈的基础上,提炼主要观点,形成假设,并经过反复论证和咨询专家等方式,形成理论研究框架;在理论研究框架指导下,开展对赛尔集团的单一纵向案例分析,最后得出结论和启示。

本案例研究的数据资料主要来自:①实地访谈和调研资料:课题组成员主要通过设计访谈提纲、提炼主要问题等方式,对集团的中高层管理人员、控股公司管理人员、相关客户、供应商等进行实地访谈、电话访谈和面对面交流与咨询,获取第一手资料;并通过对公司实地考察、征询对研究报告的意见反馈及咨询观点等方式,形成完整的资料库。②收集二手资料:包括从中国期刊网、宁波商务委网站、百度及赛尔集团和子公司官方网站获得的资料,赛尔集团的媒体访谈报道,企业内刊《赛尔志》、《赛尔月报》、《赛尔周报》,以及公司提供的其他资料,等等。

第二节　理论框架

与本案例相关的理论主要有总部经济的内涵、作用与优势以及宁波的总部经济等与总部经济的相关研究和与国际贸易总部企业的相关研究。

一、总部经济理论

（一）总部经济的内涵

小艾尔弗雷德·钱德勒(Chandler,1977)第一次在理论上对企业总部形成、演进的过程和规律进行系统的阐释。他指出总部由企业的负责人和专家组成,根据企业运营需求下设多个事业部。赵弘(2013)提出总部经济是指某区域通过创造各种有利条件,吸引跨国公司和外埠大型企业集团总部入驻,通过极化效应和扩散效应,企业总部集群布局,生产加工基地通过各种形式安排在成本较低的周边地区或外地,从而形成合理的价值链分工的经济活动的总称。

（二）总部经济的作用与优势

专家学者均认为总部经济有利于优化产业结构、有效配置各种资源、促进经济发展。何勇、田志友(2014)通过分析北京、上海、深圳、广州等地总部经济政策的区别得出结论:总部经济政策是政府引导其发展的有力手段,因而要大胆创新政策,高效执行政策。孙君晟、孙启明(2014)在分析北京市总部经济特征的基础上，选出具有代表性的产业，运用投入产出法，探讨了总部经济是如何带动北京经济发展的。张瑞珍、白茹(2015)通过对呼和浩特市总部经济的发展进行研究，认为通过总部经济这种经济形式，可以在其经济区域内，优化产业结构，有效配置各种资源，促进区域经济的发展。李泽融(2015)对国内样本城市数据进行了具体分析，结合北京市总部经济发展的现状、发展条件、发展劣势和未来的发展方向几个方面，提出合理的发展建议：切实提高总部经济辐射力，改善总部经济发展条件，协调北京与周边城市的利益关系。

(三)宁波的总部经济

宁波市发展和改革委员会(2012)对宁波市总部经济发展现状展开研究，认为宁波总部经济的发展已形成了一定的空间集聚态势，主要表现在两个方面：一是总部企业主要集中在中心城区。二是一些产业功能区成为宁波总部企业的重要空间载体。如东部新城依托国际贸易展览中心、国际金融服务中心等载体，积极打造以金融、国际贸易为特色的总部聚集地；高新区是宁波建设创新型城市的重要载体和长三角南翼的科技创新基地；南部商务区是本土总部企业的重要集聚区域。随着一批总部企业的相继入驻，宁波各产业功能区逐步成为总部经济发展的重要载体。任冬圆、王超(2014)从上海外高桥保税区、珠海保税区、天津保税区的总部经济发展现状中，总结其实践经验，同时结合宁波保税区的现状和特点，为其发展总部经济提供实践借鉴，并提出宁波保税区应在产业发展中优先发展国际贸易总部经济。

二、国际贸易总部企业的相关研究

学者的相关研究表明，国际贸易总部是服务型总部经济的重要形式，国际贸易总部是外贸企业转型升级的主要途径。上海外高桥保税区管委会(2008)提出积极发展总部经济，打造国际贸易基地的措施之一是发展以营运中心为载体的总部经济，使之成为发展外高桥国际贸易的重要抓手。方霞、姚志铭(2010)提出福建外贸面临转型升级的关口，发展国际贸易总部经济是福建实现外贸转型升级、产业优化的重要途径。张永庆、季秀君(2012)基于全球价值链视角指出总部经济是在信息技术快速发展的条件下，企业通过总部与生产制造环节在空间上分离，从而在不同区域内实现资源的再配置，形成中心城市与制造基地的地区优势互补，实现区域合作共赢的一种经济发展形态。全球价值链作为当代经济全球化的一种组织方式，实现了资源在全球范围内的重新配置,与总部经济形态结合,以国际化的视角,为我国实施企业"走出去"战略、实现企业转型升级,进而影响区域经济发展提供了新思路。江若尘等(2014)从上海总部经济发展的现状与诉求出发,分析了行政审批、投资限制、金融管制等因素对上海总部经济的掣肘,讨论了中国(上海)自由贸易试验区的机制、政策创新对化解上述障碍的作用,并从建立与国际规则相适应的法律制度、减少行政干预、完善"负面清单"管理模式、金融创新等方面探讨了完善上海自贸试验区与上海总部经济联动机制的政策措施。王慧珍(2015)认为宁波本土总部经济发展的路径以培育本土民营总部经济为主导,壮大五大总部企业市场主体,要充分发挥国际开放优势,发展壮大开放型经济跨境经营总部。戴旭永(2016)从加强总部经济发展硬件设施建设、加强总部经济发展软环境建设、发挥总部经济发展中政府作用三方面提出宁波市政府发展总部经济的对策,其中发挥总部经济发展中政府作用的措施主要有:明确定位,加强政策支持;合理规划,推动错位协调发展;转变政府职能,全面深化改革,提高行政服务效率。

第三节　案例剖析:赛尔集团基于总部经济的国际贸易发展轨迹

　　宁波赛尔集团有限公司成立于 2010 年,前身为创办于 1997 年的赛尔国贸,现集团控股 10 余家子公司,总注册资金超过 3 亿元,以日用百货的进出口业务为核心主业,目前正跨步向突出核心主业、拓展关联领域、打造外贸生态圈的综合型集团公司发展,跻身市综合百强、市出口十强、省服务业百强及中国服务业 500 强企业。经过多年的发展,赛尔集团已和全球 100多个国家和地区的 1500 多个买家建立了稳定的贸易合作关系。集团以供应链管理为切入点,将供应链管理引入外贸综合服务领域,建设以供应链管理为特色的新型外贸服务平台,积极整合行业上下游资源,加快从外贸产品提供者向综合贸易服务提供商转型。集团外贸供应链平台集聚庞大的客户信息、供应商信息、产品信息、贸易信息、金融信息、物流信息,为下游外商提供面向全国的采购配送和高效的供应链一条龙服务;为上游供应商打通面向全球买家的国际市场渠道通路,并提供包装设计、产品展示、在线交易、产品检验、贸易融资、信用保险、国际物流、进出口通关、国际市场研究等服务。目前赛尔集团已经成长为以供应链管理为特色的多元化综合型的总部企业

(见图 9-1)。

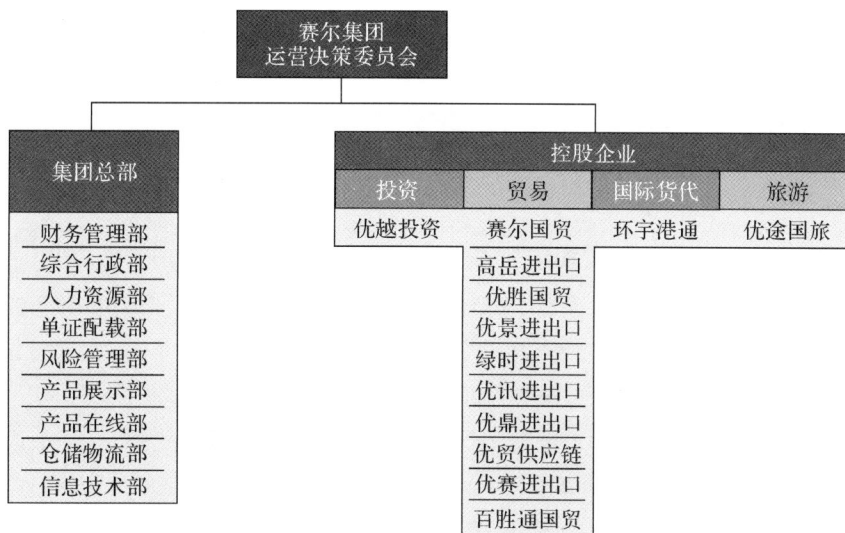

图 9-1　赛尔集团组织架构

资料来源:赛尔集团网站,http://www.sellersuniongroup.com.cn/cn/arti.php?tid=247。

赛尔集团逐步形成自己的企业文化,包括企业使命、企业愿景、核心价值观和企业精神:企业使命是为全球客户提供卓越贸易服务;企业愿景是同创知识领先的跨国商贸集团、共建幸福企业;核心价值观是诚信为本、开放共享、术业精进、达人成己;企业精神是超越自我,不断演进。

赛尔集团 1997 年开始运作,其发展历程可以大致分为以下三个阶段。

一、拓展国际贸易市场阶段(1997—2002 年)

1997 年:赛尔国贸在宁波保税区注册成立,注册资金 150 万元。在宁波冷静街太阳公寓办公,面积 90 平方米,创始团队为徐平炬、王彩虹等 7 人,主营浴帘、台布等家用塑料产品出口。

1998 年:赛尔国贸出口额达 500 万美元,以南美国家智利、阿根廷等为主要市场。

1999 年:赛尔国贸出口额超 1000 万美元;入驻宁波兴宁路宁大商务中心办公,员工人数 20 余人;转型成宁波最早的日用百货出口商,成为日用百货出口行业的先锋;在浙江义乌成立采购办事处,办公地点在义乌江东商苑小区,面积 90 平方米。

2000 年:赛尔国贸出口额 1200 万美元,获评保税区"外贸先进企业";入驻宁波会展中心大厦办公;首次建立宁波大型产品展示厅,达 1000 平方米。

2001 年:赛尔国贸获保税区首批民企自营进出口权;自营出口额超 1500 万美元。

2002 年:赛尔国贸自营出口额 2200 万美元,员工数达到 50 人,率先将全体员工纳入国家规定的社会保险体系;义乌办事处扩大,入驻工人北路,办公面积 360 平方米。

二、成立子公司模式和内部股权激励创新发展阶段(2003—2009 年)

2003 年:赛尔国贸自营出口额超 3000 万美元,年底在宁波开发区注册成立凯越国际贸易有限公司,在宁波民营外贸界率先尝试子公司模式和内部股权激励公司治理方式;被评为"宁波市出口百强企业"、"浙江省出口 300 强企业";明确公司使命为"推动中国产品全球化",公司愿景为"二十年成为亚洲知识领先的进出口集团"。

2004 年:赛尔国贸与凯越国贸进出口额超 4000 万美元;年底成立高越国际贸易有限公司,推进子公司股权激励模式;自建和管理运营宁波物流仓储分拨配送中心。

2005 年:赛尔国贸、凯越国贸及高越国贸出口额超 7000 万美元;年底在宁波开发区注册成立优胜国际贸易有限公司,员工人数达 150 人;赛尔国贸等入驻自有物业银亿外滩大厦 23、24 层办公;被评为"宁波市外向型经济示范企业"。

2006 年:赛尔国贸、凯越国贸、高越国贸及优胜国贸出口额超 1 亿美元;年底公司组织全体员工(200 多人)前往大洋洲、欧洲、马尔代夫等地旅游;公司举行十周年系列庆祝活动;公司开通中文网站;赛尔国贸获海关 A 类管理企业评级;义乌优讯进出口有限公司注册成立;建立义乌产品展示厅;自建义乌大型仓储分拨中心;国际市场突破 60 个国家,重要合作供应商突破 1000 家,产品品种数超 5 万多种。

2007 年:被评为"宁波市进出口诚信企业"、"宁波市服务业 50 强企业"、"宁波市企业联合会副会长单位";赛纺国际贸易有限公司注册成立;捐建松阳县赛尔国贸希望小学;义乌公司入驻宗泽路赛尔集团大楼,面积达 4000 平方米。

2008 年:被评为"宁波市综合百强企业"、"浙江省服务业百强企业"、"中国服务业 500 强企业"、"宁波市劳动关系和谐企业"、"宁波市外经贸企业协会副会长单位";员工总数 300 多人;向汶川地震灾区捐款 30 多万元;浙江省慈善总会向集团颁发"慈善爱心奖"。

2009 年：公司经历国际金融危机，总体进出口额下降 10%，集团进行内部整合优化和管理提效。

三、布局外贸服务生态圈的总部企业发展阶段（2010 年至今）

2010 年：凯越国贸及其子公司陆尊、荣御、乐驰等独立运营；赛尔集团有限公司注册成立，注册资金达 1.01 亿元；集团集中各子公司行政、人力资源等后勤团队，成立运营支持部；新建宁波 4000 平方米产品展示中心；在宁波民建江东总支成立 600 万元赛尔慈善基金；自营进出口额突破 2 亿美元，国际市场突破 120 个国家，重要合作供应商 2000 多家，产品品种数超 10 万种；集团参与发起设立股权投资基金，成立宁波华建风险投资有限公司，注册资金 1 亿元。

2011 年：优越进出口公司成立，注册地为宁波市江东区，主营大宗商品的进口业务；全集团员工数 500 多人；举办首届年度大型供应商答谢会；参与发起设立宁波华建汇富创业投资有限公司，注册资金 1 亿元；参与投资宁波海达鼎兴创业投资有限公司，注册资金 2 亿元；荣获江东区慈善机构奖；义乌优讯进出口公司荣获金华市政府"自营进出口千万美元"奖牌。

2012 年：成立优景进出口公司、优赛进出口公司；将义乌物流仓储运营面积扩展到 2 万平方米；首次编制集团三年发展规划；创办《赛尔志》季刊；参与发起成立全国首家行业小额贷款公司宁波外贸小额贷款公司；入选国家海关 AA 类企业；被认定为首批采购出口商品二类备案试点单位；连续跻身宁波季度进出口和出口前 108 强企业；荣膺"宁波市现代贸易物流企业"称号；赛尔国贸荣获"浙江省知名商号"称号；赛尔国贸喜获"宁波市出口名牌企业"称号；赛尔国贸、优胜国贸荣获"北仑区第二届住房公积金诚信缴交企业"称号。

2013 年：成立优越投资公司、优铂进出口公司和优鼎进出口公司；与博闻进出口公司达成股权合作；参与发起成立宁波保税区中盟小额贷款有限公司；全集团员工数突破 1000 人；在宁波市季度进出口 200 强排名大幅上升；单月进出口额 5800 万美元，全年进出口额 5.2 亿美元，创历史新高；义乌运营中心迁入 2 万平方米的新独栋办公大楼；设立核心供应商产品展示中心；赛尔课堂首支内训师团队成立并建立培训基地；董事会决定将每年利润的 1% 用于公益慈善事业；成立"赛尔爱心基金会"；捐资设立义乌工商学院赛尔奖助学金；向慈善总会、雅安地震灾区及余姚内涝地区捐赠救灾善款

40 余万元;成为宁波大学商学院国际商务研究生教育创新实践基地;当选省国际商会第五届理事会副会长单位,宁波保税区商会会长单位;获中国出口信用保险战略合作客户 AA 评级;荣膺市"外贸实力效益企业"、"优势总部企业"、服务业十佳"成长之星"企业、"和谐企业创建先进单位";赛尔国贸荣获"外贸发展先进企业"、"浙江出口名牌"称号;赛尔国贸、优胜国贸喜获"宁波市外贸成长优势企业"称号;优胜国贸顺利通过三大体系认证,喜获"宁波出口名牌"称号;举办首届"赛尔好声音"大获成功。

2014 年:国务院副总理汪洋来集团考察调研;企业实力稳步增强,集团位列宁波市民营企业 50 强第 37 位,集团注册资本增至 2 亿元。投资设立百胜通(跨境电商)、环宇港通(国际货代)、优贸供应链(外贸综合服务)等新企业,布局外贸服务生态圈。战略决策积极推进,设立集团运营决策委员会,首届委员 16 人;成立集团发展战略研究会,召开集团首次发展战略研讨会;首赴境外(香港)召开集团董事会,探索国际化之路;确定集团新的使命、愿景和核心价值观。企业文化有效提升,启动"山野清风"环保公益活动,着手打造企业自主公益慈善体系;成立语言桥翻译社,升级《赛尔周报》,创办英文月报 *Monthly Express*、中文月报《赛尔月报》,设立脸书(Facebook)账号,形成了以日(微信)、周(周报)、月(中英文月刊)、季(季刊)为框架的企业文化宣传体系。人力资源管理创新,首次举办拟提拔人员述职会并成惯例,"赛尔课堂"首推"培训护照",全年培训 2904 人次。对外交往呈新气象,多次接待来访的外国政府高级代表团,政企交流增多。企业经营获新肯定,集团被评为省"守合同重信用"A 级单位、宁波市"外贸创新企业",赛尔国贸入选"中国外贸出口先导指数(ELI)样本企业",荣获"浙江出口名牌"、保税区"重点行业小巨人"称号,优胜国贸被评为市"采购贸易改革示范区优秀企业"、"宁波出口名牌",陈勇珍副总裁获市"十佳外贸企业经营者"荣誉称号。

2015 年:大力开拓国际市场,全年参加境内外展会、拜访客商 200 多人次,出口业务逆势增长,集团首进宁波出口企业十强。优化企业组织架构,新设风险管理部、产品在线部和信息技术部,增强业务促进和风险防控能力。进一步延伸外贸服务链,"赛尔在线"平台上线,创建宁波优途国际旅行社,为国内外合作客户提供线上产品展示交易、线下外贸综合服务和旅游等服务。赛尔课堂"未来总监班"开班。投资宁波同心文化发展有限公司、"鬼脸家族"影视文化项目,探索对外投资新领域。推进企业文化建设,整理企业文化理念 20 条,集团荣获"宁波市企业文化建设先进单位"称号,《赛尔志》获评为"宁波十佳企业内刊",集团中文网站全新改版。积极承担社会责任,捐资 100 万元设立"赛尔丝路"教育基金项目,支持宁波海上丝绸之路研究院建设;新设以关爱失独家庭为主题的"赛尔亲风"基金项目,首期捐资 10 万元,和宁波市江东区计生协会合作开展关爱活动;捐资 8 万元支持金华贫困村祝村修建村路;积极参与民建宁波市委组织的公益慈善活动。集团被评为 2015 年度"宁波十佳雇主",优胜国贸被评为"全国港口物流服务产业知名品牌创建示范区创建工作先进单位"。优胜国贸、优讯进出口分别举办创立十周年纪念活动。

2016 年:集团出口业务发展稳定,跨境电商出口、国际货代和定制旅游业务增长快速,创设绿时进出口、优达进出口等新公司,并成为丫丫趣购、丫丫乐购公司大股东,拓展日本、欧美商品进口供应链业务。成立赛尔学院,开设"未来经理班"等课程,举办企业文化分享会,加强知识技能培训和企业文化建设。举办一期集团战略研讨会和两期"赛尔思想汇"公益论坛,分享行业成长智慧,完善企业发展战略。集团英文网站全新改版。徐平炬总裁当选民建宁波市委会副主委,并担任 2016 年度宁波民建企业家协会执行会长,热心服务宁波民建事业发展。联合浙江赛伯乐、上市公司韵升股份、市区产业引导基金等共同设立赛韵基金投资宁波本土高科技项目,正式签约投资"鬼脸家族"影视文化项目,布局投资新领域。集团上榜"2016 年宁波市民营企业 50 强",并被中信保宁波分公司认定为"战略合作伙伴",再次获评为义乌市"年度最佳雇主",集团员工周雪娜、田园、陈祥等人在行业性评比竞赛中屡创佳绩。

第四节　案例讨论

赛尔集团基于总部经济模式的成功经验主要表现在与供应商深度合作,实现互利共赢,打造供应链服务平台,构建贸易型总部企业,延伸外贸服务链,拓展服务领域等方面。

一、与供应商深度合作,实现互利共赢

赛尔集团长期坚持与供应商深度合作,实现互利共赢。国内与赛尔集团展开重要合作的生产厂家有 3000 多家,年合作金额超百万元的厂商数百家,出口产品几十大类 10 万余种,年自营出口 10000 余 40HQ 集装箱。每年赛尔集团的进出口业务间接为 2 万多人创造生产企业就业机会。

(一)联合参展

赛尔集团选择精而少的合作供应商联合参展,合作供应商产品系列丰富,有需求的客户市场范围广,价格在行业内有竞争力,工厂开发新产品能力较强。目前旗下的优讯主要和三家工厂保持联合参展的合作,产品涉及马口铁盒系列、喷塑及浸塑铁线收纳系列。联合参展将工厂对产品的专业度和优讯的外销销售能力结合起来。联合参展时,赛尔集团都会邀请工厂懂产品的人员一起参与,给业务团队讲解产品知识,并当场及时回复客户的一些具体要求,给客户一些建设性的建议等,这不仅充分借产品之力吸引客人,进而挖掘客人更多需求,也让现场销售变得更加自信。

(二)与合作客户共同成长

赛尔集团从销售渠道、业务知识和销售技巧上帮助合作客户,达到与客户共同成长、互利双赢的效果。清缘密胺企业是典型的"夫妻档",夫妻俩妻子看店,丈夫负责管理仓库统筹送货,生意稳定却略显平淡。出于风险考虑,他们和非洲客户合作一直是求稳,宁愿少做,也不要冒险。付款方式都是现金,款到发货。由于付款方式苛刻,虽然时有订单,但是客人每次的订单量都比较少。和赛尔集团合作以后,由于赛尔集团的信保支持,可以采取给客户放单等措施,客户采购量大大增加,原来买一个柜子的客户,现在一次性可以采购三四个柜子的量。赛尔集团虽然要三个月甚至更久才能收到客户的付款,但是却很及时支付工厂货款,清缘密胺企业和赛尔集团做生意感到很放心。

除了资金支持,在平时的合作中,赛尔集团也在慢慢给企业主灌输一些业务知识和销售技巧。以前的清缘密胺企业,除了客户直接到店面看样品下单以外,几乎没有其他销售渠道,哪怕有大量新产品出来,也只能等客户下次来的时候才能下单,错过最佳销售时期。在赛尔集团的辅导下,清缘密胺企业开始有了主动推销的意识,学习如何做报价表格,从开始的赛尔集团做好表格格式让企业填内容,到现在主动发详细完整的报价单给赛尔集团,以便赛尔集团第一时间给客户推荐新品,清缘密胺企业的成长,有目共睹。除此之外,赛尔集团还时常反馈给清缘密胺企业非洲市场的流行趋势、客户喜好,指导产品颜色搭配、包装改良。赛尔集团的专业服务和市场敏感度,加上清缘密胺企业的专业产品知识和稳定品质,达到与客户共同成长、互利双赢的效果。

从 2010 年合作之初的小单子,到 2015 年将近 300 万元人民币的采购量,五年多的时间,赛尔集团和清缘密胺企业的合作量增长了数十倍,清缘密胺企业也成长为赛尔集团密不可分的合作伙伴,清缘密胺企业的品牌也成了加纳客户群中的一个响亮"品牌"。从开始的相互磨合,到如今的信任共赢,赛尔集团和清缘密胺企业共同成长着。

(三)通过外贸代理实现共赢发展

市场是海,质量是船,品牌是帆,为了打造代理界的"航空母舰",搭建更加专业的出口代理操作平台,赛尔集团成立"浙江优贸供应链服务有限公司"(以下简称优贸公司),专门负责出口代理业务,以解决广大中小企业出口问题为服务宗旨,力争跻身金牌代理服务行列。

义乌飞天集团主营孔明灯等产品,产品出口到世界 90 多个国家和地区,是该行业唯一两度受中央电视台《财富故事会》和《致富经》栏目专访的企业,2012 年 6 月开始与优贸公司进行代理合作,目前合作金额已超千万元。

飞天灯具在义乌市场上已经运营多年了,在全国具有很高的知名度,飞天灯具在决定与优贸公司进行合作之前,先去了解过优贸公司的成立背景,它是赛尔集团旗下的一家分公司,赛尔集团已经在宁波和义乌两地稳健运营 10 多年了,所以飞天灯具很放心,而且飞天灯具很认同优贸公司的发展文化,最终选择与优贸公司合作,实现共存共赢。飞天灯具放心将每一笔出口的单子都交给优贸公司来代理。由于飞天灯具的产品比较特殊,需要做商检,飞天灯具也找过其他代理公司,都没有像优贸公司业务办理得这么快的,而且整个代理、商检一条龙服务,不用飞天灯具操心。优贸公司还提供仓库供商检人员看货用,这些可能都是小的服务,但对飞天灯具来说既贴心又省心;最关键的是收费也不高,而且报关后,飞天灯具把各项单据都交齐给优贸公司,基本两三天就拿到退税款了,效率高,不压款,也方便飞天灯具周转资金。

二、打造供应链服务平台,构建贸易型总部企业

赛尔集团整合供应链各环节,建立集商流(供应商流和客户流)、信息流、资金流、贸易物流"四流合一"的一站式供应链服务平台,提供包装设计、产品检验、贸易融资、信用保险、国际物流、进出口通关、国际市场研究等综合服务。协助平台成员企业实现与上游供应商、下游客户的无缝对接,降低运营成本,提高企业竞争力(见图 9-2)。

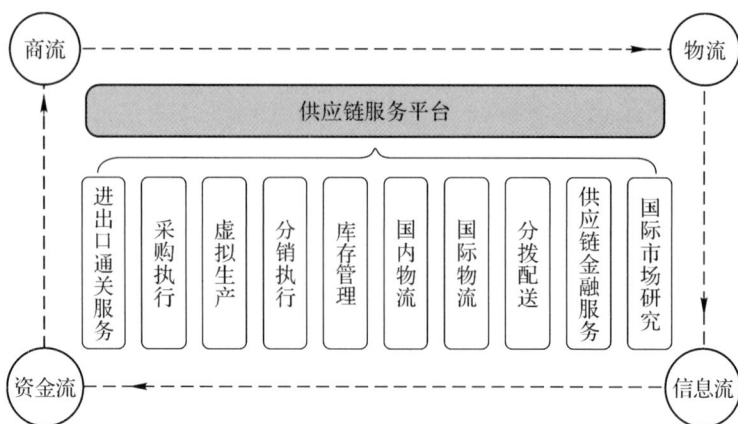

图 9-2　赛尔集团供应链服务平台

（一）供应链服务平台的优势

赛尔集团供应链服务平台有以下几点优势：

1. 专业高效的团队

赛尔集团汇集了贸易领域的采购、质检、通关、设计等专业精英人士，具备 10 多年的进出口行业从业经验，能够根据企业需求量身定制最适合的服务解决方案，具备快速处理订单的能力，高效商务运营的能力，以及对运作过程中出现异常情况的应急处理能力。

2. 强大的服务网络

赛尔集团计划在全国外向型港口城市建立供应链服务网点，为全球客户提供外贸采购、信息搜集等服务。

3. 先进的物流仓储

赛尔集团自营大型物流仓库，建立了完善的仓库安保和管理系统，帮助中小客户实现多品类零散订单的高效配送。

4. 强大的资源整合能力

作为专业的进出口供应链整合服务商，经过近年来的经营和创新发展，形成了强大的资源整合能力和竞争优势，帮助供应商提高企业经济效益。

5. 专业、创新的供应链金融服务

凭借良好的商业信誉和经营业绩，赛尔集团与众多银行结成了深度合作关系，拥有充足的银行授信额度，在严格、规范的风控管理原则下，可为战略合作客户提供完善的资金配套服务，帮助解决其面临的资金压力。

(二)供应链服务平台的服务内容

赛尔集团供应链服务平台主要有十项服务内容:

1. 进出口通关服务

赛尔集团供应链服务平台为中小微企业提供报关、报检、运输、保险、收汇、退税等进出口通关服务,在缩短通关时间的同时,降低通关费用。

2. 采购/采购执行

凭借制造商和产品数据库资源,赛尔集团供应链服务平台为客户提供采购计划、订单管理、库存管理、运输配送、仓储管理、融资结算等一系列日用百货采购环节所需的各种服务。通过集合集团内全国的日用百货的采购订单,实现规模采购、科学采购和阳光采购,从而降低采购成本和库存成本。

3. 虚拟生产

对产品的原料采购、生产制造等供应链环节进行优势整合,为客户提供产品定制服务,从而优化现有供应链结构,提高产品品质及市场竞争力(见图 9-3)。

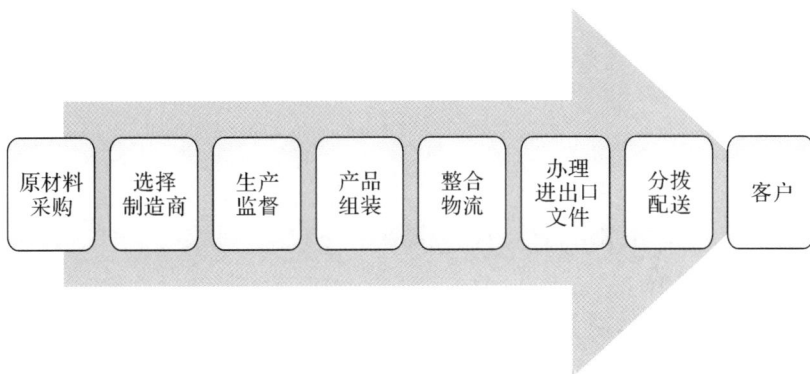

图 9-3　赛尔集团虚拟生产流程

4. 分销/分销执行

即由厂商到各类经销商、卖场、终端零售店的分销及分销执行,实现深度商务、深度物流、深度信息管理和深度结算及金融,帮助客户扁平渠道,降低运作成本。赛尔集团与境外大型零售商在香港共同投资的全球分销中心,辐射至越南、印度、巴基斯坦等国家,国际营销网络高效、灵活、开放。

5. 库存管理

协助供应商管理库存,依据核心客户以往配送货物的要求及历史数据,保存一定的货物库存,对核心企业的配送指令,快速反应。赛尔集团供应链服务平台的库存管理服务,有利于信息共享,实时地监控客户的库存水平和需求信息,快速满足客户的库存需求;有利于制造商将更多的精力集中在提高整体服务水平上;有利于降低整体物流成本,改善现金流(见图9-4)。

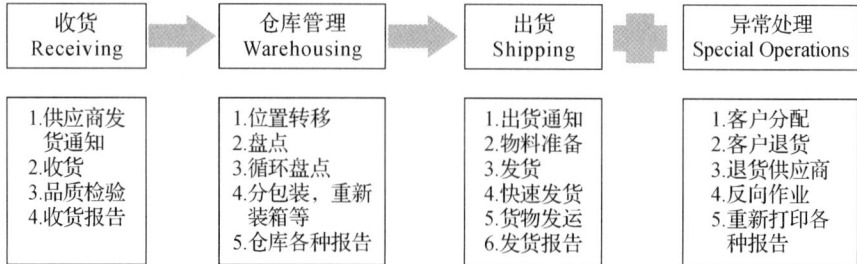

收货 Receiving	仓库管理 Warehousing	出货 Shipping	异常处理 Special Operations
1.供应商发货通知 2.收货 3.品质检验 4.收货报告	1.位置转移 2.盘点 3.循环盘点 4.分包装,重新装箱等 5.仓库各种报告	1.出货通知 2.物料准备 3.发货 4.快速发货 5.货物发运 6.发货报告	1.客户分配 2.客户退货 3.退货供应商 4.反向作业 5.重新打印各种报告

图 9-4　赛尔集团库存管理程序

6. 国内物流

利用国内各物流网点,协助客户实现货物在全国范围内快速、有效流动。

7. 国际物流

利用国际各物流网点,协助客户实现货物在全球范围内快速、有效流动。

8. 分拨配送

赛尔集团供应链服务平台利用其在物流、仓储、配送方面的技术和资源优势,发挥系统集成作用,将材料、成品统一分拨配送。

9. 供应链融资

赛尔集团供应链服务平台凭借其风险把控能力,从商业银行获得一揽子信贷,再给上下游中小微企业提供垫付资金等融资服务。

10. 国际市场研究

运用科学的调研方法与手段,系统地搜集、记录、整理、分析有关国际市场的各种基本状况及其影响因素,以帮助平台成员企业制定有效的市场营销决策,实现企业经营目标。

三、延伸外贸服务链,拓展服务领域

30年前的世界500强企业,现在还在榜单上的不到20%,所以企业要适应变化,主动求变,善于应变。"穷则变,变则通,通则久。"当前,我国外贸发展面临的国际环境和国内发展条件都发生了重大变化,外贸发展进入新常态。对于外贸企业而言,必须加快转型升级,才能在新的游戏规则下生存，进而发展。

作为外贸行业的领军企业之一，赛尔集团敏锐地嗅到了时代大趋势，紧锣密鼓地开始了从传统外贸企业向新型外贸生态链企业转型发展的探索之旅，在立足自营出口业务的基础上，积极布局跨境电商、国际物流、外贸综合服务平台、定制旅游等新业态，积蓄更加多元的发展动力，集团运营继续保持稳健发展态势。

2014年年底，集团确立了新的企业使命——"为全球客户提供卓越贸易服务"，卓越意味着一流的服务质量，也隐含了为客户提供更多的、超出期望的服务内容。

（一）优胜国贸试水出口跨境电商

近年来我国外贸增幅持续在低位，一些新兴贸易业态逐渐涌现，跨境电商成为寻求海外商机的新选择，成为外贸企业转型升级的新路径。我国政府关于跨境电商的政策随之陆续出台：2013年8月，国务院办公厅转发商务部等部门《关于实施支持跨境电子商务零售出口有关政策意见的通知》，即国家支持跨境电商产业发展的"国六条"正式出台，明确通过海关、质检、税收、外汇、支付和信用等六项措施支持跨境电商发展；2014年1月，财政部、国税总局联合发布通知，明确跨境电商零售出口税收优惠政策；2014年5月，国务院发布《关于支持外贸稳定增长的若干意见》，鼓励我国企业在海外设立批发展示中心、"海外仓"等各类国际营销网络等；跨境电商还被纳入中国海关监管体系。

在多重利好的推动下，2013年11月，赛尔集团旗下子公司优胜国贸依托传统外贸的扎实积累，组建跨境电商团队，试水跨境电子商务领域。由于熟悉海外市场，依托集团自营版块的上万家供应商资源，跨境电商业务迅速做大。短短两年时间，已先后在AliExpress（全球速卖通）、ebay（易贝）、Amazon（亚马逊）、Wish、Bellabuy等在内的各大国际电商平台开设专业分类店铺数十家，产品领域涵盖服装配饰、鞋子箱包、儿童玩具、户外用品等多个领域，基本上能够覆盖平台上最主要的、需求量比较大的类目。

目前，跨境电商部团队成员已超过50人，他们中90%是"90后"，他们大都拥有跨境电子商务从业经验。他们当中，除英语人才外，还有德语、日语、俄语、西班牙语等优秀小语种人才，最大限度地满足与不同国度的客户进行顺畅沟通的需求。这群伴随着互联网成长起来的年轻人，以对新技术、新需求的特殊嗅觉，以更快的行动力，以创新、活力和激情，成为跨境电商的主角。2014年全年,跨境电商团队完成销售额200万美元,日均订单量达到500单,顺利完成并超越了第一年的销售目标。

为更好地管理产品、订单和客户,跨境电商团队还独立开发了ERP系统,从采购到发货,从数据统计到财务审批,开展跨境电商的每个环节都是在这个系统里完成,有序而高效。目前,跨境电商部又在致力于海外仓业务的开展和自有平台的建设。

跨境电商,可以推动传统外贸各环节的网络化、数据化和透明化,具有面向全球、流通迅速、成本低廉等诸多优势,对开拓外贸市场的新渠道、扩大国际市场份额、转变外贸发展方式等具有重要而深远的意义。经过两年多的努力,优胜国贸的业务涵盖了众多平台,和预期发展速度基本吻合。今后优胜国贸将在人才培养、物流整合、供应链整合、操作规范化等各个方面加大力度,努力将出口电商事业做大做强,树立行业标杆。

(二)优游国旅跨界打造的外贸服务生态圈

赛尔集团旗下子公司宁波优游国际旅行社成立于2015年4月,业务定位为为国内外高端客户提供个性化、高品质的旅游产品服务。成立优游国旅,就是集团延伸外贸服务链、拓展服务领域的一次全新尝试。

赛尔集团深耕日用百货出口行业18年,积累了庞大的外销客户群体,目前集团拥有紧密合作关系的国外客户1500余家,保持联系的国外客户8000余家。国外客户来华从事商务之余,也有较强的旅游休闲意愿,但和国人出境旅游一样,面临着人生地不熟等问题,国内也少有专业接待外国人来华旅游的旅行社。为此集团决定投资设立优游国旅,从外贸人的视角出发,直接为国外客户提供优质的在华旅游服务。

一家纯粹的外贸公司跨界做旅游,在宁波乃至浙江的外贸圈,都是首创之举,这是外贸生态圈和旅游生态圈的一次价值碰撞。从这个意义上讲,优游国旅深深地打上了外贸价值圈的烙印,天生注定不是一家仅在旅游圈里争地盘、谋发展的旅行社,而是一家重在外贸圈中开疆拓土、树立优势的旅行社。因此,研发适合外国人特别是商务人士出行习惯的旅游产品和服务标准,既是优游国旅的使命所在,也是未来优游国旅参与市场竞争的优势所在。

与此同时,集团还连接着国内上万家工厂,特别是宁波、金华周边地区的合作工厂相对密集,这些工厂的老板和高管们的经济条件好,旅游需求旺,但对旅游品质也比较挑剔,这也是一个潜力巨大的市场。因此,优游国旅以高品质、个性化服务为着力点，积极打造高端定制旅游品牌，精心设计不同寻常的特色旅游产品，充分满足这些高端客户群体不一样的旅游期望。

定位准，故而发力猛；使命大，所以步伐稳。从 2015 年试运营至今，短短数月内，优游国旅招兵买马，培养新人，拓展业务，已顺利实现了 300 多万元的营业额，2015 年全年突破 500 万元，发展势头喜人。展望未来，优游国旅计划在前景广阔的旅游市场中，闯出新天地，树立大品牌；规划在集团着力打造的外贸服务生态圈中成为重要一员，不断完善外贸服务生态圈。

优游国旅是旅游和外贸跨界的一种全新尝试，作为集团旗下年轻的子公司之一，既承载着期待，又承受着压力，而优游国旅的未来，有着无限发展空间。

（三）环宇港通进军国际货代市场

赛尔集团旗下子公司宁波环宇港通国际货运代理有限公司成立于 2014 年 6 月，业务定位为国际海运货代及其相关业务。物流是外贸的重要环节。宁波是外贸大市，物流及货代业务的市场需求量极大。每年仅赛尔集团自营出口的标准集装箱就有近 20000 个。为满足集团及合作伙伴不断增长的物流需求，集团于 2014 年 6 月成立了集国内国际运输为一体的综合物流服务供应商企业环宇港通，弥补了外贸生态链上的重要一环。

短短一年时间，环宇港通已与 18 家大中型船公司达成紧密合作关系，并与中国远洋运输公司（COSCO）、MCC 海运公司、澳大利亚航运公司（ANL）、韩进航运公司（HJL）实现战略合作关系，成功开展卡车运往口岸报关并与国际卡车衔接的业务，国际电商配套配送业务，国际大宗散杂运输业务，国际客户自拼箱业务，客运 DDU（未完税交货）、DDP（完税后交货）服务业务，等等。同时，环宇港通也积极探索人项目运输业务，先后与中国建材集团、中国铁建集团、杭州久祺、安徽技术等大工程承包商紧密接触。目前，环宇港通已为包括集团在内的 5000 多家大中小型客户提供了完善、有效的物流解决方案。

下阶段，环宇港通还将积极探索并不断实践物流新业态，如开展新船公司合作模式等，延长货代服务线，将物流服务延伸到客户的销售终端，尽最大努力从船东服务向货代服务提升。

环宇港通这个集团新兴的主力军，已在物流领域积极探索前行，在急剧下行的外贸物流行业逆流勇进，他们正奔跑在实现赛尔梦想与完善外贸生态链的道路上。

（四）积极运用"互联网＋"转型升级

赛尔集团的互联网转型是追求稳步前行的策略。

赛尔集团通过互联网信息技术建造一个更深入了解客户、进一步挖掘客户需求、能对客户进行精准营销的平台；通过互联网信息技术建造一个与客户保持接触互动的平台，平台能够到达客户，客户能够到达平台；通过互联网信息技术建造一个能够融合线下优质资源，将其直接友好地呈现给客户，让客户真正感受到便利、效率、节省的平台。

利用当前互联网各大 B2C 平台进行出口跨境电商零售的尝试，是体现赛尔集团拥抱互联网发展的态度，那么赛尔集团真正迈出互联网转型的第一步，是 2015 年成立的赛尔产品在线部负责的"赛尔在线"平台项目。"赛尔在线"平台，是基于客户产品需求的服务平台，赛尔集团用一个简单易懂的概念来阐释：它就相当于一个网络样品间，集团通过筛选、融合目前的优质供应厂商资源，集聚海量产品信息呈现给赛尔集团的客户群体（平台规划1000 家优质供应厂商，50 万个产品数量，每月保持 1 万个产品的动态更新），甚至让赛尔集团的客户能够与供应厂商直接接触，平台优化提升合作效率，更好地满足客户购买需求。

事实上，赛尔集团运用"互联网＋"并不是简单地将互联网移植到传统产业上，而是通过某种更有效率的方式对传统产业进行改造升级。在全民"互联网＋"概念的时代，不少传统企业发现，喊口号容易，真正行动起来难，其实无不与企业内部本身的信息化程度有关。如果不能通过轻资产、扁平化、信息化来满足市场与客户的需求，"互联网＋"的概念将犹如空中楼阁。

第五节　结论与启示

赛尔集团基于总部经济的商业模式，使其成功从一个传统外贸企业转为多元化综合型的总部企业，其成功经验值得其他传统外贸企业学习借鉴。但是，该案例也告诉我们，对于外贸企业来说，其能力成长有一个渐进的过程，在发展的不同阶段，企业所面临的外部环境、能力成长条件和创新保障体系等要求也有差异。不同企业要结合实际情况做出选择，政府等外部利益主体也要因势利导，从制度、法律、组织和政策等多方面加强保障。

一、根据企业发展的不同阶段调整发展战略

赛尔集团的案例说明，作为外贸企业，在发展的不同阶段，企业的商业模式要随着外部环境、能力成长条件和支持体系要求等各方面因素变化，适时做出调整。赛尔集团经历了拓展国际贸易市场阶段（1997—2002年）、成立子公司模式和内部股权激励创新发展阶段（2003—2009年），最后进入布局外贸服务生态圈的总部经济发展阶段（2010年至今）。赛尔集团总部经济国际贸易经营模式，是企业现阶段适应国际国内市场变化的发展战略，与宁波加速推进城市化和向工业化后期转型相吻合，取得了很好的效果，值得其他企业借鉴。

二、企业要用足用好政策

赛尔集团在发展的每一个阶段都得到政府政策的支持，企业在出口退税、出口信用保险、出口展会补贴等多方面积极用好国家扶持政策。如宁波市积极发展总部经济国际贸易经营模式，加大产业开放力度，积极鼓励发展贸易型总部，2013年赛尔集团获"优势总部企业"称号，既树立了企业形象，又获得了政府财政支持。如今，各级政府对企业从事国际贸易在出口退税、出口信用保险、国际参展、人才培训等多方面出台了很多优惠政策，企业要用足用好这些政策，以促进国际贸易的健康发展。一是要抓住自贸区建设契机优化出口结构。结合自贸区的建设步伐，企业要抓住政府体制改革和加强贸易便利化的契机，促进宁波产业结构优化升级，并带动出口结构优化。二是要抓住"一带一路"建设契机提升贸易总部辐射效应。宁波贸易总部企业要抓住国家提出"一带一路"倡议的契机，要逐步打开"一带一路"沿线国家（地区）市场，努力打造服务贸易和货物贸易同步、国际国内市场互通的发展格局，提升贸易总部辐射效应。

三、企业要发挥人才的集聚效应

人才集聚、使用、服务、管理、保障，对赛尔集团发展起着关键的作用，基于总部经济的国际贸易经营模式，需要大量的专业人才，赛尔集团非常注重人才的招募、培养，建立了完善的人才招聘、培训、晋升、考核制度，公司集聚了大量的国际贸易人才，这是赛尔集团能够快速发展的核心力量。企业在发展总部经济过程中，要积极引进国内外高端技术人才、管理人才，进而形成多层次、专业化的人才储备结构，为贸易总部的发展提供充足的人才资源。

四、完善政府和行业组织的服务

企业的成长,除了内部发展体系建设外,还需要一个良好的外部环境配合,政府需要提供覆盖企业成长所有阶段的创新扶持政策。地方政府要高度重视贸易总部企业的发展,结合企业技术成长不同阶段,采取有针对性的政策扶持措施。

一是出台覆盖贸易总部企业各个方面的激励政策。建议政府进一步加大贸易总部企业的支持力度,出台涉及出口退税、出口信用保险投保、海外参展等覆盖贸易总部企业各个方面的激励政策,积极鼓励有条件的企业建成贸易型总部,从而加速推进宁波城市化建设和向工业化后期转型,强化宁波城市生产和服务功能。

二是加强贸易总部企业的资金扶持。结合贸易总部企业成长的阶段性特点,制定合理的财政资金引导措施。对不同阶段的贸易总部企业在贷款贴息、出口补贴、出口退税等多方面给予资金支持。

三是加强贸易总部企业高端人才引进和国际行业信息交流的政策扶持。贸易总部企业建成的关键在于人才,人才集聚、使用、服务、管理、保障,对企业的发展起着关键作用。建议政府利用新闻发布会、广交会、进出口展会、商品交易会等多种途径宣传贸易总部企业,将贸易总部人才列入紧缺人才目录,每年政府部门组织的专业技术人员培训将贸易总部人才的培训列入计划。同时,行业协会要注重国际行业信息交流,及时为行业内企业提供信息,为贸易总部企业提供精准、贴心的服务。

四是建立政府与贸易总部企业的长效沟通机制。上海市早在 2006 年就成立了总部经济发展的专门机构——上海市总部经济促进中心,其主要职能是促进总部经济发展,为上海市政府有关职能部门更好地服务总部经济发展提供一个综合性的平台。宁波要加快发展贸易总部经济,不仅要制定总部经济扶持政策,而且要定期编制总部经济发展规划和制定(修订)相关政策,统筹城市总部经济发展服务工作。同时,建议健全政府与总部企业的对话机制,建立专人、专线联系制度,定期举办研讨会、座谈会等,为总部企业提供常态化服务。

总之,宁波在制定贸易总部经济促进政策的过程中,要积极借鉴国内外的先进经验,实施多样化、差异化、具可操作性的扶持政策,除财税补贴及优惠外,还要更多地注重服务环境的营造与服务水平的提升。

参考文献

戴旭永,2016.政府在宁波总部经济发展进程中的策略与作用[D].南昌:南昌大学:29-31.

方霞,姚志铭,2010.发展福建国际贸易总部经济,促进外贸转型升级[C]//亚太经济转型与海峡西岸经济区发展学术研讨会论文集:308-314.

何勇,田志友,2014.我国一线城市发展总部经济政策的比较与研究[J].科学发展(7):28-32.

江若尘,余典范,翟青,等,2014.中国(上海)自由贸易试验区对上海总部经济发展的影响研究[J].外国经济与管理(4):65-71.

李泽融,2015.北京总部经济的发展能力及其效应分析[D].北京:首都经济贸易大学.

宁波市发展和改革委员会,2012.宁波市总部经济发展现状及策略研究[M]//赵弘.中国总部经济发展报告(2012—2013).北京:社会科学文献出版社:213-220.

宁波市人民政府,2010.关于加快推进国际贸易和会展企业总部基地建设的实施意见[Z].2010-08-18.

任冬圆,王超,2014.宁波保税区发展总部经济的条件与政策建议[J].经营与管理(2):92-95.

上海外高桥保税区管委会,2008.发展以营运中心为载体的总部经济是打造外高桥[J].港口经济(7):54-55.

孙君晟,孙启明,2014.北京总部经济特征产业对区域内产业带动作用研究[J].现代经济信息(20):374-375.

王惠珍,2015.宁波本土总部经济发展的路径探讨[J].宁波通讯(1):46-48.

张瑞珍,白茹,2015.发展总部经济探析[J].内蒙古财经大学学报,13(1):9-12.

张萤雪,2014.总部经济理论研究综述[J].沈阳师范大学学报(社会科学版),38(4):69-71.

张永庆,季秀君,2012.中国企业以总部经济方式"走出去"的发展模式研究——基于全球价值链视角[M]//赵弘.中国总部经济发展报告(2012—2013).北京:社会科学文献出版社:192-201.

赵弘,2003.论北京发展"总部经济"[J].中国城市经济(8):39-43.

CHANDLER A D, 1977. The Visible Hand: The Managerial Revolution in American Business[M]. Cambridge，Massachusetts：Harvard University Press：45-78.

PETTIGREW A M，1990. Longitudinal Field Research on Change：Theory and Practice[J]. Organization Science,1(3):267-292.

第十章　宁波萌恒:基于全产业链的企业跨国成长模式

第一节　引　言

一、研究背景

进入 21 世纪以来,经济全球化进一步发展,世界经济在全球内配置资源,国与国之间的经济合作不断加强,产业不断相互渗透,使得跨国经营成为一种普遍的经济行为。中国加入 WTO 后,与世界经济的融合不断加深,中国企业"走出去"实行跨国经营是一种客观需要,也是参与国际竞争的必由之路。宁波作为中国重要的对外贸易口岸和第一批对外开放城市,凭借有利的地理条件,发展外向型经济有着得天独厚的优势。目前,宁波是浙江省外向型经济最发达、吸引外资最多、国际贸易和国际经济合作最大的城市。

服装产业是宁波的传统优势产业,是宁波经济发展和社会进步举足轻重的力量。宁波服装产业在中国服装产业史上创造了无数的辉煌,宁波是中国纺织服装业最具竞争力的产业基地。20 世纪 80 年代,凭借优良的产业基因、敏锐的商业嗅觉和敢为人先的创业精神,宁波纺织服装产业完成了最原始的积累;20 世纪 90 年代,以杉杉、雅戈尔为代表的宁波服装企业,在全国最早倡导"创品牌"战略,形成了一批具有影响力的服装品牌;到 20 世纪末,宁波服装产业形成了以西服、衬衫生产为龙头的庞大产业集群,服装业跃居国内领先队列,服装成为宁波的一张靓丽名片。

但自 21 世纪开始,随着世界经济形势变化和国际产业调整以及科技变革,在国家宏观经济减速换挡、国内消费升级变革、要素成本持续攀升、国际市场需求持续低迷等复杂发展环境下,宁波人凭借做事踏实和富于创新的个性,为宁波纺织服装业主动寻求转型升级的路径,另辟蹊径实施"走出去"战略。宁波纺织服装业"走出去"的途径主要有三种:一是走传统品牌国际化之路,如雅戈尔、杉杉等,通过收购、买断、代理国际品牌,努力实现国际化。二是外贸加工企业自主开发品牌,其中以申洲针织、狮丹努集团、斐戈集团等为例,这些在国内纺织服装出口领域声名赫赫的企业通过国际贸易积累了雄厚的资金的同时,也积累了合作伙伴先进的设计、运营管理经验,创立自主品牌。三是跨境合作,实施"走出去"战略。宁波纺织服装企业从过去以设立贸易代表处、走专业市场为代表的传统"走出去"形式,发展到以建立境外生产基地、设立境外研发中心、海外并购、海外上市等多种形式"走出去",境外投资企业数和投资额逐年上升。宁波萌恒工贸有限公司就是第三种"走出去"途径的典型代表,因此研究宁波萌恒的案例可以很好地总结宁波服装产业"走出去"从事跨国经营的经验,为其他企业提供借鉴。

在过去的 17 年中,宁波萌恒员工数从创业之初仅有的 3 人发展到 4000 多人,年产值达 40 多亿元,逐步形成了以国际贸易、海外投资、国际电商、国内贸易、生产制造、国内投资为重要支撑的萌恒新格局,是服装辅料领域名副其实的"航母级"企业。宁波萌恒在国际化经营过程中,从传统的出口贸易到海外投资,再拓展到跨境电商业务,依托强大的研发、生产制造能力,不断进行跨国经营模式的创新升级,实现了企业的持续高速成长。宁波萌恒如何突破跨国经营的各种瓶颈,克服各种困难,走出一条不断成长的企业发展道路,值得我们关注,也是本章的研究重点。

二、宁波萌恒的案例典型性

本章采用探索型案例研究方法,通过对宁波萌恒的调研,梳理宁波萌恒不同发展阶段的经营重点和战略,总结宁波萌恒跨国经营的经验与教训,探索宁波萌恒不断持续成长的动力机制,从中揭示宁波传统工业企业如何在全球经济一体化背景下成功参与国际分工,实施跨国经营,宁波萌恒的经验对宁波传统工业企业的发展具有较好的指导和借鉴意义。

我们选择宁波萌恒作为典型案例,主要基于以下原因:

第一,宁波萌恒的成长速度快,远超同行业。宁波萌恒是一家从成立之初就保持高速发展的企业,从事的虽然是传统行业,但成长速度远超同行业。在短短的十几年时间内,员工数量从创业之初的 3 人发展到 4000 多人,年产值达 40 多亿元。宁波萌恒的经营业务也从单纯的国际贸易拓展为包含国际贸易、海外投资、国际电商、国内贸易、生产制造、国内投资等领域的大型企业集团,在服装辅料领域打造出了一条包含设计研发、原料供应、生产制造、跨国销售的完整产业链。在过去的十几年中,公司连续多年名列宁波市综合实力百强、浙江省服务业百强及中国服务业五百强,并荣获"浙江省出口名牌"、"宁波市劳动关系和谐企业"、"宁波市外贸实力效益工程企业"、"宁波市外贸创新优势企业"等多项荣誉,"MH"商标荣获国家驰名商标。因此,我们选择这样一家高速成长的企业作为研究对象具有典型意义。

第二,宁波萌恒在全球服装辅料行业是当之无愧的"航母级"企业。宁波萌恒从事的行业是服装辅料行业,产品包括针织面料、梭织面料、拉链、纽扣、花边、织带、衬布、缝配、纱线等共计三十六大品类,1350 余种服装辅料产品。目前拥有绣花线、涤纶线、刺绣花边、硬质头巾布、染色等多个制造基地。宁波萌恒所从事的行业是典型的劳动密集型传统行业,竞争激烈,技术含量低,并不是高速发展的朝阳行业。而服装辅料又是服装行业里的细分行业,主要生产经营花边、拉链、纽扣等单位价值低的不起眼的小产品。但就是在这样不起眼的传统行业里,宁波萌恒成为一个蒸蒸日上的朝阳企业,短短十几年时间成为服装辅料这个传统行业里当之无愧的"航母级"企业。对宁波萌恒这样的隐形冠军,其成功的原因及经验值得我们探索和挖掘。宁波的服装工业历史悠久,特色明显,宁波是我国重要的服装生产、加工和出口基地,也是世界闻名的服装产业基地,因此对宁波萌恒的研究对于宁波其他服装企业的发展具有重要的借鉴意义。

另外,宁波萌恒位于宁波市区,是宁波市知名的民营企业,宁波萌恒集团公司、生产制造基地、外贸公司等均位于宁波市区,有利于课题组成员开展调研。

三、研究方法及资料收集

本课题的研究方法主要包括理论分析、案例研究、逻辑归纳演绎等方法,在充分阅读相关文献和对企业进行实地调研访谈基础上,提炼主要观点,形成假设,并经过反复论证和咨询专家等方式,形成理论研究框架;在理论研究框架指导下,开展对宁波萌恒的单一纵向案例分析,最后得出结论和启示。

本案例研究的数据资料主要来自：①收集二手资料，渠道包括中国期刊网、百度搜索、宁波萌恒及其子公司遨森电商的官方网站，以及宁波萌恒公众号等。②实地访谈和调研资料。课题组成员主要通过设计访谈提纲、提炼主要问题等方式，对公司内部人员等进行实地访谈、电话访谈和面对面交流与咨询，获取第一手资料。

第二节　理论框架

成长和发展是企业永恒的主题，企业进行跨国经营，实现商品、劳务、资本、资源与技能的跨国转移，最终目的是使企业更好地成长，这种依托跨国经营带来的跨国成长可以看作是企业成长的一个特殊阶段。为了实现企业的持续成长，企业在进行跨国经营模式选择时需根据国际国内环境的变化以及企业核心能力发展状况，进行战略变革，制定符合企业不同成长阶段的战略，引领企业不断发展壮大。从当代企业面临的外部环境来看，企业的成长模式已明显呈现出从产品生产平台向产业链整合平台以及产业生态圈构建平台发展的趋势，企业全球资源整合能力和产业链整合能力的高低，很大程度上决定着企业的核心竞争力高低，决定着企业能否持续成长。因此，本节的理论研究将以企业的持续跨国成长为目标，构建一个全产业链战略下的跨国经营模式。

一、企业成长和企业跨国成长

（一）企业成长理论回顾

西方对于企业成长的研究经历了从外生成长理论到内生成长理论的两个主要阶段。其中，外生成长理论强调企业无法控制的外部因素导致企业最终成长。由于企业对这些外在的因素无法控制，这使企业只能通过利用和适应这些因素来促进企业的发展。如古典经济学用分工的规模经济效益来解释企业成长问题，代表人物有亚当·斯密。在企业外生理论中，新古典经济学常常把企业看作一个负责投入—产出的"黑箱"，企业成长的动力和原因就在于对规模经济以及范围经济的追求，而新制度经济学又试图从交易费用角度来理解企业的边界和成长。总之，外生成长理论中，认为影响企业的因素往往来源于企业外部，由于外部因素的不确定性和无法控制性，企业选择的往往是适应外界因素的影响和变化，被动地寻求企业的成长方式。

企业内生成长理论起源于英国著名经济学家彭罗斯（Penrose）于 1959 年出版的《企业成长理论》，该书正式提出了企业内生成长理论。企业内生成长理论强调从企业内部的资源、能力等方面着手研究企业的成长，尤其是注重强调人力资源、管理等因素对企业成长的决定性作用。在借鉴彭罗斯的基础上，有学者开始从企业内部寻找促进企业成长的真正竞争优势。作为可持续竞争来源的企业资源应包括四个特征，即具有价值性、稀缺性、不可模仿性和不可替代性。之后，理查德森的研究扩展了彭罗斯的企业成长理论，将"资源"和"能力"在企业中成长的作用有机地结合起来，这为丰富以资源为基础的企业内生成长理论具有重要的意义。总之，企业内生成长学派认为，正是企业拥有不可复制、稀缺、独特的能力，才使企业能够拥有相对其他企业的竞争优势，从而实现可持续成长。

（二）企业跨国成长理论回顾

1. 传统的跨国成长理论

研究企业跨国成长的传统理论可以归纳为两种分析框架：一是市场势力理论，也叫海默（Hymer）的跨国公司成长理论，这种框架的基本观点是企业是一个寻求市场的垄断势力和合谋的单位。巴兰（Baran）和斯威齐（Sweezy）以及科林（Cowling）、萨格登（Sugden）等都从垄断势力角度分析了企业的跨国成长。二是科斯（Coase）、威廉姆森（Williamson）等人发展的内部化理论。这种理论将企业看成是取代市场的一种手段。

2. 资源和能力观的跨国成长理论

尼尔（Neil Kay）认为从以资源为基础的企业发展道路的角度来分析跨国公司是相当有价值的，从而建立了一个资源的集合跨国公司模型。企业通过对资源或资产的利用，通过有形和无形的资产共享而减少成本。企业通过对营销资源、生产资源、研发资源、国家资源的利用方式，可以选择专业化成长、多样化成长和国际化成长。随后，杨杜博士提出了"经营资源"这个核心概念，使企业内部资源的概念更加严谨和明确。资源可以在竞争较充分的市场交易中获得，只有隐藏在资源背后的企业配置、开发和保护资源的能力才是企业竞争优势的深层来源，由此产生了"知识基础理论"和"核心竞争能力理论"为主要内容的"能力基础论"。能力基础论强调分析企业自身的竞争力，认为核心能力（核心竞争力）是企业可持续竞争优势的源泉。

综上所述，企业通过跨国经营实现国际化成长是企业成长的一种形式，是企业在国际化背景下的必经发展方向。企业需要充分利用自身的资源、知识和能力,培育自身的核心竞争力,从而在国际竞争中保持优势,获得持续成长。

二、产业链和全产业链

(一)产业链理论

产业链是属于产业经济学的范畴,是指基于一定的技术、市场关联而形成于产业内部的企业群,包含价值创造、市场供求、企业分工、辅助服务和基于价值创造最大化的空间布局等内容,价值流、信息流和资金流完整地贯穿其中。传统上,产业链内部价值、信息和资金等价值要素从上游到下游单向流动并形成封闭环路。随着大数据、智能终端、移动互联网和云制造、云服务为代表的新经济的兴起,价值要素的流动越来越具有多节点、即时性和开放性特征。

(二)全产业链理论

全产业链可以从两个角度界定,包括产业层次和企业层次。在产业层次上,全产业链是一个行业从原材料的生产、半成品和成品的加工制造到产品销售和售后服务以及相关信息的反馈等所有产业链条的集合;在全球化日益发展的背景中,很多国家并不追求全产业链的竞争优势,往往在某个链条上形成自己的全球性专业竞争优势;在企业层次上,全产业链往往以行业龙头企业为核心,依靠市场、技术的巨大影响力把相关生产环节和众多中小企业整合成为一个整体。通过制定企业标准对其他企业或产业环节进行标准化管理和协同,形成从原料供应到终端市场的一体化管理。

三、基于全产业链战略的跨国经营模式构建

现代企业之间的竞争不再是单个企业之间的竞争,而是链与链之间的竞争。本文将以持续成长为企业发展的目标,构建一个基于全产业链的企业跨国成长模式,在该模式下,龙头企业充分利用企业内部资源和能力,培育核心竞争力,形成竞争优势,以此为依托逐步向上下游延伸,依靠市场、技术的影响力把相关生产环节和众多中小企业整合成一条产业链。该产业链的下游销售环节向国外市场延伸,开展跨国经营。上游设计环节,开展国际合作,顺应国际市场的需求,开发出满足国际市场需要的产品。中游充分利用国内资源和生产能力,培育品牌,将生产制造环节做大做强,使之成为整个产业链具有核心竞争力的环节。

(一)企业目标

杨杜(1995)认为企业的成长比规模更重要,在激烈的市场竞争中,只有持续成长才能立于不败之地。根据企业生命周期理论,企业走过高速成长期之后会步入成熟期,增长速度会减缓。因此,企业的成长不是单纯的量和规模的增长,而是质与量两个维度动态增长的过程。其中,"量"的扩大即经营资源量的增加;"质"是企业的变革与创新,如企业创新能力的增强、对环境适应能力的增强、资源结构的改善等等。因此,在本章中我们将企业的目标定位于两个层面的企业持续成长:既有企业规模的增加,又有企业创新能力的增强。

(二)全产业链战略

1. 全产业链战略的概念

"战略"一词具有非常浓厚的军事色彩,将军事战略上的原理应用到商业竞争,就形成了战略管理。全产业链战略是一个"中国化"的概念,2009年,中粮集团率先提出要将"全产业链"的开发和建设作为企业在新时期的竞争战略。赵琼(2012)认为全产业链战略是"企业通过产权或契约的形式向产业链的上下游进行延伸,控制产业链中的关键环节,占据主导地位"的一种发展战略;李韬(2013)认为全产业链战略是"企业经营业务同时向产业链上下游延伸,将原料供应、产品生产和流通销售等环节共同纳入企业组织内部进行管理的一种战略模式"。从国内学者对全产业链战略的定义研究中我们看到,全产业链战略从本质上说是企业纵向一体化战略的一种特殊实现形式。

2. 全产业链的各环节

一条完整的产业链主要包括以下几个环节:研发设计—原料供应—生产加工—物流仓储—市场营销。实施全产业链战略的核心企业需要增强对产业链各环节的控制力。在产业链上游,核心企业通过整合原材料供应商,确保关键原材料和服务的稳定供给;在产业链中游,核心企业要对所有价值链环节进行严密的质量控制;在产业链的终端,核心企业可以通过及时把握需求信息,进而调整产品和服务供应,在实现全产业链质量控制的同时,增强该产业链对市场的适应性。

在跨国经营背景下,采用全产业链战略的中国制造业核心企业,首先依托强大的加工制造能力,实现跨国销售,进一步增强核心企业实力,再将设计环节引入国际合作,增强核心企业产品的国际竞争力,最终实现全球范围内的资源与能力配置,增强核心企业对整个产业的掌控,形成核心企业的核心竞争力,实现核心企业量和质两个层面的增长,形成整个产业链的竞争优势。

(三)资源和能力

全产业链战略的实施,需要核心企业有一系列资源与能力作为支撑,充分整合上下游企业的资源和能力,最终形成核心企业的竞争力,形成对全产业链的掌控,在跨国经营中取得较强的竞争力。这种基于资源的战略观已发展成为三大主流战略观之一(彭维刚,2007),其基本主张是:所有企业都拥有一系列的资源和能力,这些企业特有的资源和能力决定了企业的绩效。基于资源和能力的战略观重点研究资源和能力的价值性(Value,V)、稀缺性(Rarity,R)、模仿性(Imitability,I)以及组织性(Organizational,O),由此形成 VRIO 的分析框架。当一个企业拥有了一些其他竞争者难以获得的有价值的、稀缺的和不易被模仿的、有组织的资源和能力之后,就会取得成功,比其他竞争者经营得更好。这些资源和能力包括有形的和无形的两类:

1. 有形的资源和能力

有形的资源和能力是指能够观察到的并且容易量化的资产,一般包括以下四类:①财务资源和能力,是指企业有能力获取的内部资金和筹集的外部资本;②物质性资源和能力,包括企业的车间、设备、地理位置等资源,以及获得原材料和分销渠道的能力;③技术资源和能力,是指能开发出前沿产品和服务的技能与资源,这些产品和服务受专利、商标、版权及商业秘密的支撑;④组织资源和能力,是指企业的正式计划、指挥和控制系统。

2. 无形的资源和能力

无形的资源和能力是指企业很难观察而且很难量化的资源和能力,一般包括以下三种:①人力资源和能力,是指深嵌于企业内部,通过正式有形的系统和结构所不能获取的知识、信任和才能;②创新资源和能力,是指企业拥有这样一些资产和技能,使用它们可以培养和产生新想法,研究和开发新产品与服务,或者进行组织创新并改变组织方式;③声誉资源和能力,是指企业发展和促进其声誉的能力,借此企业可以成为一家可靠的商品或服务的提供商、一个吸引人的雇主和一个对社会负责的法人。

第三节　案例剖析:宁波萌恒基于全产业链的跨国成长历程

一、宁波萌恒简介

宁波萌恒工贸有限公司成立于 1999 年年底,成立之初主要从事国际贸易活动,主营产品为:面辅料,包括涤纶线、绣花线、尼龙线、拷边线等;塑脂纽扣、金属纽扣等;塑料拉链、金属拉链、尼龙拉链等;T/C 花边、经边花边、水溶花边、花边面料等;长丝面料、短纤面料、针织面料、装饰面料、皮革等。

随着竞争的加剧,公司在 2003 年成立第一家绣花线工厂,2003 年开设第一家海外公司——尼日利亚办事处,正式拉开了宁波萌恒全产业链战略下进行跨国经营的序幕。电子商务的兴起对传统贸易造成了前所未有的冲击。宁波萌恒又一次抓住历史机遇,于 2011 年启动宁波萌恒的国际电商项目——邀森电商,目前邀森电商拥有包括户外用品、藤编产品、居家用品、健身用品、宠物用品和儿童用品六大类 7000 余种商品,拥有 300 余人的专业电商服务团队,已相继在美国、加拿大、德国、法国、英国、意大利、西班牙 7 个国家建立了近 3 万平方米的专业仓储中心和本土化仓储队伍的分拨中心。经过第一阶段的积累,开始迈入自有平台营运的阶段,国际电商的快速发展,成为宁波萌恒新的增长点。至今,宁波萌恒已形成集生产制造、国内贸易、国际贸易、电子商务等为一体的集团型企业,集团组织架构见图 10-1,打造出了一条完整的跨国经营产业链。

二、宁波萌恒全产业链的跨国经营发展历程

宁波萌恒的全产业链跨国经营发展大致经历了三个阶段:①第一阶段,公司成立之初是一家单纯从事服装辅料的纯外贸公司,这个阶段的宁波萌恒是宁波市成千上万的小型外贸公司中的一员,依托宁波的有利地理位置和良好的国际贸易环境,淘得第一桶金。②第二阶段,开始建立自己的生产加工中心,并以此为契机大力发展制造环节,并向产业链的上下游延伸,逐步形成了服装辅料行业完整的产业链。③第三阶段,在国际环境恶化,传统外贸行业利润率下降,跨境电商迅猛兴起的环境下,宁波萌恒抓住机遇成立国际电商公司,迅速开展业务抢占先机,从事跨境电商的邀森电商成为宁波萌恒的一个新的增长点,见表 10-1。

集团管理总部			
集团总裁办公室	集团财务管理本部	集团人力资源管理本部	集团信息管理总部

国际贸易事业部					
总经办	业务一部	业务二部	业务三部	业务四部	业务五部
人力资源部	财务部	海外信息部	渠道管理部	终端管理部	设计部
尼日利亚办事处	卡诺办事处	哥伦比亚办事处	孟加拉国办事处	刚果办事处	马里办事处
塞内加尔办事处	冈比亚办事处	坦桑尼亚办事处	科特迪瓦办事处	几内亚办事处	

遨森电子商务(中国)有限公司					
遨森总经理办公室	遨森财务部	遨森人力资源部	遨森信息管理部	遨森产品管理部	遨森供应链管理部
遨森营销管理部	官网运营组	遨森海外分公司			

制造事业部					
总经理办公室	生产营运部	采购管理部	财务管理部	人力资源部	后勤保障部
信息管理部	小机厂	裁片分厂	萌恒花边(15♯大机)	棉线花边	头巾厂
织带厂	滚边带厂	绣花线厂	长丰大机	镇海涤纶线厂	镇海花边染色厂
萌恒花边(10♯大机)					

国内营销事业部		
总经理办公室	花边销售中心	线带内销中心

集团投资事业部			
事业部总经办	基建团队	宁波健宸置业	淮安健宸置业

图 10-1 宁波萌恒的组织架构

资料来源:宁波萌恒工贸有限公司官方网站。

表 10-1　宁波萌恒全产业链跨国经营发展历程

发展阶段	主要业务	产业链环节	企业战略重点
1999—2002 年	服装辅料的外贸业务	国际销售环节	以国际贸易为主,同时开始谋划生产环节
2003—2010 年	集服装辅料生产、制造、外贸于一体	延伸至设计、国内生产、国际销售等环节,完成全产业链的布局	全力发展生产制造环节,创立品牌,形成核心竞争力
2011 年至今	新增国际电商业务	顺应市场形势,开拓新的增长点	在已有格局基础上,二次创业,打造跨境电商平台

（一）第一阶段（1999—2002 年）：单纯从事国际贸易阶段,淘到第一桶金,为产业链的延伸打下基础

1999 年 12 月,宁波萌恒工贸有限公司在宁波保税区注册成立,注册成立之初仅有员工 3 人。与宁波众多的小型外贸公司一样,宁波萌恒成立之初单纯从事外贸业务,凭借着几个拳头产品,如花边、滚边带、UU 绳等快速进入了西非及中东市场,宁波萌恒也因此在蓬勃发展的外贸行业淘到了第一桶金,为宁波萌恒下一阶段的发展积累了财务资源、人力资源和宝贵的国际化经营的经验,宁波萌恒事业发展的大幕由此拉开。

成立之初的宁波萌恒,势单力薄规模小,能迅速在外贸领域淘到第一桶金,我们认为有以下几个原因:第一,外贸市场环境好。2000 年前后是我国外贸发展的黄金期,20 世纪 90 年代后,我国将外贸体制改革与调整汇率、关税等配套进行,实行人民币在经常项目下的可自由兑换,官方汇率与市场浮动汇率并轨。外贸宏观调控体系逐步完善,外经贸协调服务体系不断健全。特别是 2001 年加入世贸组织以来,我国积极参与经济全球化进程,抓住国际产业转移的历史性机遇,成功应对各种挑战,2001 年我国进出口总值为 5097 亿美元,2004 年首次突破 1 万亿美元大关,对外贸易赢得了历史上最好最快的发展时期。宁波萌恒正是抓住了发展的时机,迎头而上,完成了企业发展所需要的原始资金的积累。第二,依托宁波服装产业基地和港口城市的有利地理位置。宁波的服装工业历史悠久,产业特色明显,实力雄厚,是我国重要的服装生产、加工和出口基地。宁波历史上诞生了我国第一个近代服装流派——"红帮裁缝"。宁波"红帮裁缝"创造了中国"第一套西装"、"第一件中山装"、"第一家西服店"、"第一部西装裁剪书"、"第一部服装

理论著作",因此宁波堪称是我国近代服装的发祥地。改革开放之后,宁波服装产业迅猛发展,由于国际服装加工业的转移以及国内服装市场的繁荣,宁波服装产业积极参与国际合作,形成世界级的服装产业集群,正是凭借这样的有利地理条件和行业环境,宁波萌恒在服装辅料行业取得了初步的成功。

最为可贵的是,宁波萌恒的创业者取得初步的成功之后并没有止步不前,而是心怀远大理想,锐意进取。2001 年投资 300 万美元购入宁波长丰工业区 2 万平方米土地的使用权,正式拉开了萌恒实业的序幕,紧接着 2001 年投资 1001 万美元购入宁波江北投资创业园 C 区 8.3 万平方米土地的使用权,着手建设宁波萌恒第二块生产基地——洪塘生产基地。可见,宁波萌恒的战略规划从一开始就没有局限在外贸销售一个环节,当通过外贸积累了第一笔财务资源之后,立刻将其转变为土地资源,建立自己的生产基地,为产业链从外贸销售环节延伸到加工制造环节打下基础。

(二)第二阶段(2003—2010 年):国内制造和国际贸易共同发展阶段,形成全产业链经营格局

2003 年,宁波萌恒绣花线厂和织带厂正式投产,标志着宁波萌恒正式开始了产业链的延伸之旅。这个阶段是宁波萌恒发展的最重要的阶段,宁波萌恒完成了从一个小型外贸公司到集团公司的转变。宁波萌恒在这 7 年中,以每年上一个台阶的速度扩大企业规模,夯实基础,一步一步以服装辅料的研发、生产、物流到销售终端的产业链打造为战略目标向前发展,最终形成了全产业链经营的格局,宁波萌恒产业链见图 10-2。

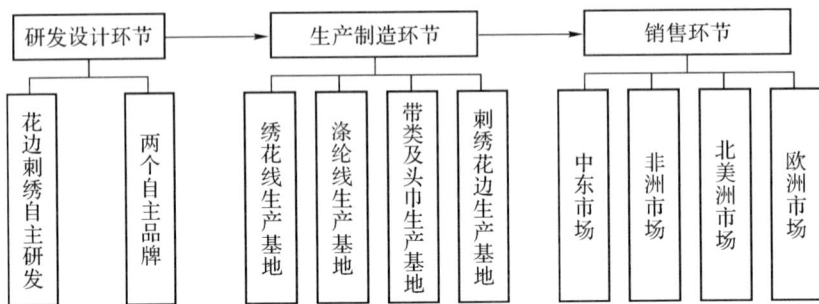

图 10-2　宁波萌恒产业链简图

1. 研发设计环节

中国被世界很多国家视为"世界工厂",一般的外贸公司卖的基本上是

产品,很少拥有自己的品牌,而宁波萌恒始终秉承"品牌是企业灵魂"的品牌观,始终认为品牌是企业最宝贵的资产,在市场拓展和产品销售中,也一直坚持使用自己的商标和品牌。经过多年的经营,宁波萌恒的"MH"商标和"Two birds"商标在海外许多国家都已经拥有了很高的知名度,自2002年开始先后在30多个国家和地区注册了这两个商标。宁波萌恒的自主品牌背后,是对自主设计和研发的坚持。如在刺绣花边领域,宁波萌恒已成为全国最大的花边研发和制造基地,是众多一线服装品牌指定合作伙伴,目前拥有200余人的专业刺绣产品设计和业务服务团队。正是因为对自主研发和设计的重视,宁波萌恒的产品才能独具特色,在国际市场上畅销多年。

2. 生产制造环节

生产制造环节是宁波萌恒重点打造的环节,经过多年的经营已成为宁波萌恒的核心环节。从第一家绣花厂成立开始,宁波萌恒陆续建厂。仅2005年宁波萌恒棉线花边厂、织带厂、绣花线厂、滚边带厂、小机厂全面投产,当年实现生产总值2亿元人民币。经过几年的努力,宁波萌恒继续打造服装辅料的生产基地,逐渐形成了强大的生产制造能力,生产制造能力的提升进一步带动了国际市场的销售占有率,生产与营销两个环节形成良性发展。这一时期宁波萌恒建立并投入运营的生产制造基地有:

(1)绣花线生产基地:位于鄞州区钟公庙长丰工业区60号,占地面积2万平方米,目前拥有年产绣花线2500吨的全套捻线、染色、半自动高速成形设备,半自动包装流水线,能供应各种规格、包装的人造丝、涤长丝绣花线。

(2)涤纶线生产基地:位于镇海区蛟川街道南洪村,占地面积2.4万平方米,目前拥有年产涤纶线1万吨的全套涤纶线制线设备、电脑集控一体化染色设备、半自动高速成形设备、半自动包装流水线,能供应30s~60s各种规格、包装的涤纶线。

(3)带类及头巾产品生产基地:位于江北区洪塘开发区通宁路,占地面积4.5万平方米,目前拥有织布机118台、电脑提花机84台、锭织机2270台,各种无梭机、钩编机72台,以及全套生产包边带、切割带流水线,能满足各类头巾、围巾、棉线花边、流苏带、切割带、包边带、松紧带(绳)、扁紧带、包芯绳、窗帘带、波浪带等常规带、花式带等产品的生产。

(4)刺绣花边生产基地:位于江北区洪塘开发区银海路300号,占地面积8.3万平方米,目前拥有进口多头距(5.5cm、8.5cm、11cm、12cm、16.5cm、22cm、27.5cm)电脑绣花机540台,电脑激光机4台,进口珠片绣花机13台,从瑞士与日本引进的各类飞梭电脑绣花机43台,能满足不同风格、材质的精细绣花面料与条花、棉布棉线花边、水溶花边、裁片绣、立体绣花边、特种绣花等电脑绣花产品的生产,产品广泛适用于高档女装、内衣、婚纱、家纺、窗帘等。

3. 销售环节

宁波萌恒在成立之初就是一家外贸公司,一直以来宁波萌恒充分贯彻国家"走出去"的贸易政策,大力拓展国际市场。早在2001年,公司就已享有了进出口经营权。自2002年打开中东、非洲、北美洲、欧洲的服装辅料市场以来,宁波萌恒在以上区域的市场份额一路见涨。在尼日利亚,公司的"MH"牌服装辅料产品在该国服装辅料市场中占比80%以上;在孟加拉国、加纳、马里、摩洛哥等国的服装辅料市场,公司的产品市场占有率也都达到了30%以上;在埃及、俄罗斯等大国,"MH"商标的产品市场也达到了各国服装辅料市场的10%以上,并保持上涨的势头。

为促进公司的发展,均衡产品的市场拓展情况,2005年,宁波萌恒在国内的服装辅料销售也迈开了步伐,经过3年的不懈努力,并凭借公司强大的产品研发和生产能力,目前,宁波萌恒生产的服装辅料在国内服装辅料行业内也已拥有较高的知名度。

综上所述,在第二个发展阶段,宁波萌恒完成了从单纯的外贸公司向集团公司的转变,产业链从单纯的外贸环节扩展到研发、生产制造等上游环节,完成了全产业链的打造。至此,公司规模得到空前发展,2010年宁波萌恒正式开始事业部运作模式,在集团总部下设集团投资事业部、国际贸易事业部、海外投资事业部、国内营销事业部、制造事业部等,形成了宁波萌恒事业的新格局。

(三)第三阶段(2011年至今):跨境电商成为公司新增长点

随着国际国内形势的变化,我国外贸行业走过了加入世贸组织前后几年的黄金发展期,汇率变化、国际金融危机等造成了外贸市场环境恶化,加上国内原材料成本和人工成本上升,我国外贸企业经营环境越来越恶劣,利润率越来越薄。在这种形式下,萌恒人锐意进取,抓住电子商务大力发展的契机,于2011年正式进军跨境电商领域,成立了遨森电商全资子公司,该公司的成立给宁波萌恒注入了新的活力,成为宁波萌恒的一个新的增长点。

2011年启动的宁波萌恒国际电商项目——遨森(AOSOM)电商,目前拥有包括户外用品、藤编产品、居家用品、健身用品、宠物用品和儿童产品六大类7000余种商品,致力于为中产家庭提供满意的商品和优质的生活。遨森目前拥有 300 余人的专业电商服务团队，已相继在美国、加拿大、德国、法国、英国、意大利、西班牙 7 个国家建立了近 3 万平方米的专业仓储中心和本土化仓储队伍的分拨中心。经过第一阶段的积累，开始迈入自有平台营运阶段。目前遨森网上商城活跃的用户量有上百万，日均订单量过万，2014 年销售额已达到 500 万美元的规模，比 2010 年在第三方平台上的销售额增长了 4 倍，2015 年达到 1000 万美元的规模。未来，遨森将承载"缔造全球首选跨境电商平台"的宏伟愿景，继续致力于自主平台的运营与发展。

同时，宁波萌恒继续夯实生产制造能力，于 2013 年投资建设湖南萌恒工业园，该项目是宁波萌恒为进一步完善服装辅料产业链，实现产业技术升级的重点投资项目。湖南萌恒工业园是一个万吨级的线业制造基地，位于湖南澧县开发区桃花滩西路南侧，占地面积 22 万平方米；中高档涤纶线年产设计规模为 2 万吨，引进全套进口涤纶线制线设备、电脑集控一体化染色设备、高速成形设备和半自动包装流水线，能满足各种规格、包装的涤纶线供应；中高档绣花线年产设计规模为 0.7 万吨，引进全套进口捻线、染色设备、半自动高速成形设备，以及半自动包装流水线，能供应各种规格、包装的人造丝、涤长丝绣花线。

总之，从公司的发展历程来看，宁波萌恒正是在全产业链战略的指引下，一步步完成了服装辅料的全产业链的打造和升级，从一个小小的外贸公司，用短短十几年的时间升级成为一个服装辅料领域当之无愧的"航母级"企业，宁波萌恒的发展之路走得快而稳，那么宁波萌恒的成功背后有哪些值得我们思考和借鉴的呢？

第四节　案例讨论

宁波萌恒成功的原因，归纳起来主要是企业注重战略管理，并及时进行战略变革，让宁波萌恒在瞬息万变的市场中能存活下来并发展壮大。宁波萌恒一直坚持走自主品牌之路，坚持做小行业里的隐形冠军，并为此打造出了企业的核心竞争力。成功的背后离不开企业家锐意进取的精神，也离不开千千万万萌恒人的勤奋努力。

一、坚持全产业链战略，并及时进行战略变革

当今社会市场竞争日趋激烈，企业要想长远发展，必须将战略管理放在

重要位置。随着经济全球化的发展,企业的长远发展将面临更大的挑战。科学合理的战略是指明企业发展的指南针,如果没有良好的企业战略,企业的发展将止步不前。企业只有通过加强自身战略管理,有一个明确的战略作为企业前进的方向和目标,才能实现可持续发展目标。而战略制定了之后,当企业内外部环境发生了剧烈变化,影响到企业已有战略目标实现时,必须根据内外部环境以及企业自身实力进行适当的战略变革。

宁波萌恒正是这样一家拥有清晰战略目标的企业,在外贸行业赚到第一桶金之后,马上投资购入宁波长丰工业园区 2 万平方米的土地使用权,为宁波萌恒未来的事业发展打下基础。当外贸行业走过黄金发展期,在金融危机的影响以及互联网的冲击下,宁波萌恒及时果断地进军跨境电商行业,成立遨森电商公司,在亚马逊、ebay 等网站销售产品,同时打造遨森的自营跨境电商平台,开启自有平台运营模式,迅速抓住跨境电商发展的历史机遇,再次找到企业的新增长点。

因此,宁波萌恒的成功首先是因为企业成立之初就制定了适合企业发展的战略,即企业的定位不局限于外贸行业,而是要打造出一条辅料行业的全产业链。但宁波萌恒并不拘泥和局限在固定战略下,当内外部环境剧变时,及时进行战略变革,不断寻找和挖掘企业新的增长点。

二、坚持走自主品牌之路,做小行业里的隐形冠军

我国的发展全球瞩目,我国是当之无愧的"制造大国",但由于缺乏自主品牌与核心技术支撑,我国外贸企业卖的基本上是产品,很少拥有自己的品牌。出口的产品大多数处于产业链和价值链的最低端,"中国制造"不仅利润率低,而且付出了巨额资源和环境成本,同时,还面临产业转移等严峻问题。我国具有国际竞争力的品牌很少,出口产品中拥有自主知识产权的品牌更少,我国是名副其实的"品牌小国"和"贴牌大国"。

而宁波萌恒在成立之初就意识到品牌的重要性,虽然做的是不起眼的服装辅料行业,但坚持走自主品牌之路,最终做成了这个小行业里的隐形冠军。宁波萌恒始终秉承"品牌是企业灵魂"的品牌观,始终认为品牌是企业最宝贵的资产,在市场拓展和产品销售中,也一直坚持使用自己的商标和品牌。经过 8 年的稳扎稳打,宁波萌恒的"MH"商标和"Two birds"商标在海外许多国家都已经拥有了很高的知名度,自 2002 年开始先后在 30 多个国家和地区注册了这两个商标,宁波萌恒的刺绣花边是众多一线服装品牌的指定供应产品。宁波萌恒在练好内功的同时,也一直致力于品牌的宣传。

在宣传策略上,重点突出"新颖独特＋有针对性"的策略,充分采用国内外各种交易会、洽谈会等形式进行广泛宣传,使之深入人心。此外每年还会投入200多万元在环球资源、阿里巴巴、谷歌等国际商务平台上设立宣传页,重点宣传公司的产品和品牌。产品宣传册也是宁波萌恒一个重要的宣传工具。目前,宁波萌恒每年制作8本产品样册(100页以上),并发放给公司新老客户,供他们选择。另外,宁波萌恒还进行了部分电视台及户外广告的投放。

可见,宁波萌恒坚持走自主研发和自主品牌之路是其成功的重要因素。宁波萌恒从成立之初就创立了自己的品牌,并不断提高自主品牌的影响力,最终打造出一个小行业里的隐形冠军,给企业带来巨大品牌价值。

三、充分利用企业资源,打造企业的核心竞争力

核心竞争力,是指一个组织中积累性的知识和技能,特别是协调不同的生产技能以及有机地整合多种技术的知识和技能。它是一个企业所具有的在本行业独树一帜的、难以复制和模仿的能力,可实现用户所看重的高于竞争对手的价值,可提供进入广泛多样市场的潜能,从而是企业长期利润的源泉。通俗来讲,企业的核心竞争力就是指企业赖以生存和发展的关键要素,比如某些技术、技能和管理机制。宁波萌恒从成立之初就保持高速发展,在行业中保持强劲的竞争优势,是一个拥有核心竞争力的企业。宁波萌恒的核心竞争力在于成功的供应链管理。

宁波萌恒的战略目标是每年实现两个增长:销售额和利润的增长,人均销售额和利润的增长。为了实现这两个增长,宁波萌恒非常重视供应链的高效运转,企业创业者认为供给是企业发展的两大动力引擎之一,供给是靠供应链管理去实现的。供应链的核心是"多、快、好、省",本质即"整合"。供应链管理目的就是降低成本和控制风险。在供应链的管理中,宁波萌恒重视流程与工具的运用,重视采用国际上先进的供应链管理工具和理念来帮助企业改善供应链管理水平,将企业的重心放在核心业务上。宁波萌恒重视在供应链上的掌控能力,与上下游企业形成良好的合作关系,这种在供应链上的管理能力成为宁波萌恒的核心竞争力。

第五节　结论与启示

宁波萌恒基于全产业链战略的跨国经营模式,使其从一个小型的外贸

公司成长为一个集团公司,其成功经验值得宁波其他从事跨国经营的企业学习借鉴。该案例也告诉我们,企业的成功需要有长远的战略规划,在这个战略目标的指引下,还需要根据内外部环境的变化,及时做出战略调整。虽然不同类型的企业各具特色,但是企业利用自身资源和能力打造企业的核心竞争力是企业永恒的追求。企业在选择跨国经营模式时,需要根据自身情况进行选择,政府等外部利益主体也要因势利导,从制度、法律、组织和政策等多方面加强保障。

一、企业层面的建议

宁波萌恒是宁波众多民营企业中的代表,宁波萌恒在创业之初,底子薄,人员少,基本是白手起家,短短十几年创造出这样一个庞大的集团,有很多值得其他民营企业借鉴的经验。

(一)要重视战略管理以及战略变革

宁波萌恒的成功,首先是因为企业从成立之初就在清晰明确的企业愿景、企业战略的指引下向前走。企业在市场上摸爬滚打就像万吨轮船行驶在茫茫大海上,而战略就是企业的灯塔,能使企业向正确的方向前进,不至于在残酷的市场竞争中迷失了方向。宁波的民营企业具有量大面广的特点,中小企业数量众多,是宁波民营企业的主体。宁波的中小民营企业大多没有一个明确清晰的战略定位,虽然灵活,对市场适应性强,但也导致很多中小民营企业寿命短,无法做大做强。因此,宁波萌恒给我们的一个重要启示是企业需要有一个适合自身的发展战略,在这个发展战略的引导下持之以恒。而战略的制定,需要企业首先分析内外部环境,明确企业处于一种什么样的竞争环境中,企业自身的实力如何,优势劣势是什么,在此基础上制定出的战略才能真正引领企业的长期发展。

同时,在现代社会,企业发展面临的内外部环境日新月异,在这种瞬息万变的环境中,企业也必须不断改革与转型,以适应不断变化的市场环境。从宁波萌恒的成功经验中,可以看出宁波萌恒一直处于转型和变革中,这才有了其十几年的高速发展。因此,战略变革也是企业需要重视的。

(二)努力做小市场里的隐形冠军

宁波萌恒虽然做的是服装辅料行业,做的是单位价值不高的轻工业产品,但是其多年坚持在同一个行业里精耕细作,创立自己的品牌,提高产品的质量,增强制造能力,不断拓展海外市场,锐意进取,最后凭借强大的研发、制造和销售能力,成长为细分行业里的隐形冠军。宁波萌恒的成功经验告诉我们，经营企业需要有无与伦比的专注力，不断地完善产品的设计、制造、销售和管理等各个环节，坚持做自己熟悉的产品和行业，走专业化经营之路，即使在不起眼的小行业里，也能通过专业化的专注经营成为这些小行业里的隐形冠军。

宁波有众多的中小民营企业，从事着各种各样的行业。但是很多民营企业家心气浮躁经不起诱惑，一个行业还没有做精通的时候，看到市场上其他行业的好机会又忍不住转行，最后导致企业的经营不稳定，管理混乱，最终不能在某一个行业里扎根下来，做不了行业的领导者。因此，走专业化经营之路，坚持在一个熟悉且擅长的行业里做大做强，即使是不起眼的行业也能成功。

（三）要注重培育企业的核心竞争力

核心竞争力是企业在激烈的市场竞争中赖以生存的主要能力。从宁波萌恒的成功经验来看，其一直注重核心竞争力的培养，高效的组织效率和供应链管理能力，是其他企业无法模仿复制的一种核心竞争力，使得宁波萌恒能在激烈的竞争中立于不败之地。每个企业都有自身独特的资源禀赋和能力，如何将这种独特禀赋和能力发展壮大，使之成为企业的核心竞争力，并给企业带来超额利润和价值，是值得每一个企业家思考的问题。

宁波的民营企业，大多处于竞争激烈的行业中，如纺织服装、文具、汽配等行业，行业进入门槛低，技术含量不高，行业平均利润率低，竞争日趋激烈。那么，如何在这样的行业中，培育自身的核心竞争力，使其成为一种竞争优势，是所有宁波民营企业需要解决的问题。从宁波萌恒的经验来看，开放创新的态度、锐意进取的精神是其企业文化的特质，正是在这种不断进取和创新的精神指引下，宁波萌恒逐步拥有了组织管理上的核心竞争力，这是值得其他民营企业借鉴的地方。

二、政府层面的政策建议

宁波萌恒在全产业链战略的指引下走出了一条成功的国际化经营之路，不但给宁波其他民营企业以启示，也给地方政府管理部门带来启示。目前中央政府高瞻远瞩地提出"一带一路"倡议，宁波作为"一带一路"的重要支点城市，正积极参与"一带一路"建设，同时宁波正积极推进"中国制造2025"示范试点城市的建设。宁波的一些传统优势产业如服装纺织产业等，在此背景下必将迎来新一轮升级发展的机遇。地方政府管理部门有必要抓住历史机遇，结合宁波萌恒等本地成功企业带来的经验和启示，做好相关服

务工作,实现宁波传统优势产业的转型升级,促进地方经济的可持续发展。对此,我们认为宁波市各有关部门应该做到以下几点:

(一)加强各种对外交流平台的建设,注重与"一带一路"沿线国家的交流

从宁波萌恒的国际化经营历程来看,宁波萌恒的主要海外市场在非洲,并在非洲做大做强。可见,宁波企业对外经营在区位选择上,不一定要选择欧美等发达国家,反而是一些发展中国家与我国经济发展水平相近,进入发展中国家从事跨国经营有着劳动力和土地资源成本更低、技术门槛更低的优势。特别是在目前我国提出"一带一路"倡议的背景下,加强与发展中国家的合作也是宁波企业参与国际化经营的重要途径。因此,宁波市政府的职能部门应当充分发挥服务型政府的角色,为宁波企业参与国际化经营做好服务工作。这方面宁波市已有一些成功的经验,如中东欧合作平台的建设,近年来为我市企业与中东欧国家的合作发挥了重要作用,宁波逐渐成为中东欧国家与中国沟通的门户城市。另外"海外宁波周"和"宁波国际服装节"等活动的开展,扩大了宁波在国际上的影响力。另外宁波的各个区也有一些值得借鉴的独特做法,如鄞州区为企业提供海外投资保险补助,搭建各类境外投资平台,每年不定期举办各类境外投资合作推介会或说明会。针对鄞州区纺织服装产业现状,区政府引导企业利用东南亚国家的优惠政策、劳动力成本低等优势,鼓励中小纺织服装企业抱团转移,并出台了一系列政策举措。

因此,宁波市政府有必要进一步加强各种对外合作平台的建设,以合作平台为基础,加强与重点国家的沟通与合作,增强互信。在经济合作的同时,要注重文化交流,以宁波建设"东亚文化之都"为契机,增加与各国的文化交流。

(二)进一步建设好企业国际化经营的信息服务平台,及时了解和发布相关信息

宁波萌恒在起步阶段快速发展,一方面是因为我国加入 WTO 带来了良好的外贸市场环境,另一方面是因为宁波是一个独特的开放型城市,有着良好的国际化经营的传统。在这样的背景下,宁波萌恒抓住机遇趁势而上,为后来的事业发展打下基础。但是近年来,随着国际经济形势恶化,出口额和出口增长率均出现下滑,国际化经营环境恶化,增加了宁波企业国际化经营的风险。而宁波企业特别是广大的民营企业存在量大面广的特点,缺少

独自面对国际化经营风险的能力,也缺少单打独斗地进行国际市场调研、国际投资信息收集和甄别的能力。

因此,需要宁波市政府或行业协会搭建一个综合性的对外投资信息服务平台,并及时更新各国的经济政策、法规、发展规划、行业信息等各类投资信息。该平台应配备专门的人员,整合商务部、统计局、驻各国使馆商务参赞处等网站的信息,加强与各国咨询机构的合作与联系,对一些主要的市场进行深入调查和研究,及时更新相关信息资源和数据库,并针对投资风险领域做出及时预警,帮助宁波市企业规避投资风险。

(三)坚持以制造业强市,进一步发挥宁波制造业的优势

从宁波萌恒的成功经验来看,拥有强大的研发和生产制造能力是其成功的重要原因。宁波萌恒正是依托强大的辅料研发与制造能力,成功进行国际化经营。强大的制造能力并不只是宁波萌恒拥有,宁波企业的生产制造能力强大已是共识,其生产制造能力在全省居前列,并且宁波也被列入首批"中国制造2025"示范试点城市。在今后很长一段时间内,制造业将是宁波的立市之本,进一步做大做强制造业将是宁波的重要发展战略。

因此,宁波市政府需要进一步出台鼓励制造业发展的政策,优先发展重点行业和重点产业,通过"走出去"和"引进来"两条路进行全球内的资源配置,在做大做强制造业的基础上鼓励宁波企业参与国际化经营。

(四)积极发展跨境电商,为宁波企业的国际化经营寻找新的商业模式

从宁波萌恒的成功经验来看,在传统外贸发展乏力以及外贸环境发生变化,新的商业模式层出不穷,市场环境日新月异的情况下,宁波萌恒紧跟潮流积极变革,成立了跨境电商公司,积极开展自营电商平台的建设,为公司的发展寻找到了一个崭新的增长点。在跨境电商呈井喷式发展的背景下,宁波又一次走在了发展的前列,成为国务院批准设立的跨境电子商务综合试验区,跨境电商是传统外贸的转型升级模式。为加快宁波跨境电商综合试验区的建设,政府层面需要完善财政、税收、金融等方面的扶持政策,加快自贸区跨境电商平台建设,引导传统外贸企业实施"互联网+",大力支持跨境电商自主创新,创建网商品牌,形成品牌聚集效应,释放跨境电商新活力。要优化跨境物流,拓展跨境电商物流通道,加快引进和培养跨境电子商务人才。

参考文献

冯长利，兰鹰，周剑，2012. 中粮"全产业链"战略的价值创造路径研究[J]. 管理案例研究与评论(2)：135-145.

高顺东，2012. 面向全产业链创新的转型战略研究[D]. 大连：大连理工大学.

李韬，2013. 不要盲从"全产业链"战略[J]. 企业管理(8)：47-49.

李占祥，杨杜，1995. 国外企业管理学的历史演变与新动向[J]. 中国人民大学学报(9)：24-30.

毛明洁，2016. 基于微经济视角我国跨境电子商务发展研究[J]. 改革与战略(2)：125-129.

彭维刚，2007. 全球企业战略[M]. 孙卫，刘新梅，译注. 北京：人民邮电出版社.

沈静芳，2014. 全球价值链视角下外贸生产型企业转型升级的路径探索——以张家港市外贸型企业为研究样本[J]. 企业经济(11)：38-41.

王炳成，于泉，王显清，2009. 供应链成本传递机制下的企业创新动力源与创新方法研究[J]. 科技进步与对策(15)：77-81.

徐康宁，陈健，2008. 跨国公司价值链的区位选择及其决定因素[J]. 经济研究(3)：138-149.

赵琼，2012. 基于中粮屯河案例的全产业链商业模式研究[D]. 北京：北京交通大学.

索　引

后　记

　　本书是浙江万里学院承担宁波市甬商研究基地(宁波市重点研究基地)第二批课题"宁波民营企业跨国经营典型案例研究"的成果。

　　在课题整个研究过程中,我们得到了许多领导、专家和朋友的支持与帮助。本书所选择的盛威国际、宁波华翔、宁波西赛德、均胜电子、圣龙集团、申洲国际、宁波萌恒、杉杉集团、赛尔集团等9家宁波案例企业为课题研究提供了宝贵的第一手资料,并持续配合课题的研究工作。宁波市社会科学院院长陈利权,科研管理处处长方东华、副处长谢国光从课题选题、立项、评审、研究、成果总结提炼及推广等环节都给予了充分的支持和指导。宁波市文学艺术界联合会党组书记林崇建、宁波市社会科学院副巡视员俞建文在课题选题、研究等诸多环节给予有效指导。宁波市职业经理人协会秘书长曹云对案例企业选择、课题研究给予了比较大的帮助。中国社会科学院剧锦文教授多次对课题研究进行指导,并在百忙之中为本书作序。浙江大学管理学院刘锦江教授、浙江万里学院商学院王军锋教授对课题研究报告提出了宝贵修改意见。宁波市社会科学院科研处顾晔老师对基地的研究工作给予了诸多关心和帮助。浙江大学出版社吴伟伟编辑为本书的出版付出了大量的心血。在本书出版之际,一并致以最诚挚的感谢! 宁波市甬商研究基地主任、浙江万里学院校长应敏教授,副校长钱国英教授,校长助理、科技部林志华部长,科技部余丹副部长等学校领导对基地建设工作给予了大力支持与帮助,是基地建设任务完成的重要保障。

　　本书由甬商研究基地首席专家、浙江万里学院商学院院长孟祥霞教授负责研究的选题、研究框架、写作思路、写作风格等的统一和规范,并进行最后的编纂和定稿。刘美玲、陶海飞、朱艳敏、李成艾、张晴、陈林兴、黄文军、吴瑛、杨光、吴瑞勤分别撰写了本书的一到十章。本书写作过程中,各位老师在课题选题、企业调研、理论指导、稿件修改等各个环节付出了辛勤的劳动,本书的出版是对他们共同努力的肯定。甬商研究基地办公室主任、浙江万里学院商学院院长助理黄文军副教授承担了课题日常管理、协调等诸多任务。

　　本书主要根据企业的代表性、成长模式、案例研究的便利性等因素来选择宁波跨国经营的典型企业,作为研究对象。书中的企业并不是按规模大小或行业地位进行排序,主要是依据本书研究的逻辑顺序和企业类别进行排列。关于跨国经营问题的研究已经非常普遍,本书的研究重点是关于民营企业跨国经营的模式问题,每一章主要根据案例企业特色进行研究和梳理,难以面面俱到。同时,由于企业跨国经营的多样性和复杂性,虽然我们已经尽力去探索和研究,但难免还有不足或遗漏的地方,敬请各位读者理解。从现有文献来看,企业跨国经营问题的研究虽然较多,但专门以案例形式深入研究单个企业的跨国经营问题的并不多见,本书的研究希望能够从典型企业入手,为民营企业跨国经营研究提供新的研究思路;同时,也希望能够挖掘出宁波民营企业跨国经营的内涵与特色,为以后跨国经营理论的研究提供借鉴和参考。在国家"一带一路"倡议与宁波"东方文明之都"建设的大背景下,宁波民营企业的跨国经营势必显现出更多具有区域特色的新模式。我们在后续的研究中将继续紧跟宁波民营企业跨国经营的发展,总结宁波民营企业跨国经营的路径、模式,为跨国经营理论的完善和补充提供基础材料,为宁波民营企业跨国经营实践提供参考与借鉴。

作　者
2017 年 3 月